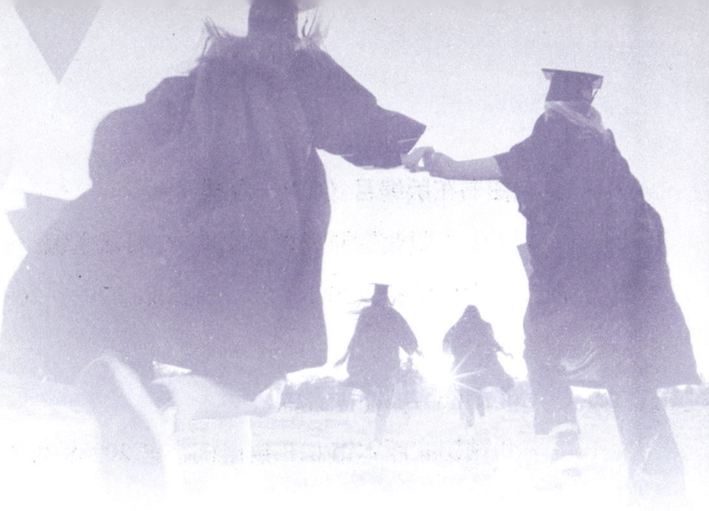

大学生职业生涯规划与实践

主　编　曹　斌
副主编　朱砚屏　邱秋露

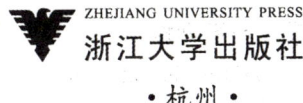
浙江大学出版社
·杭州·

图书在版编目（CIP）数据

大学生职业生涯规划与实践 / 曹斌主编. -- 杭州：浙江大学出版社，2025.2. -- ISBN 978-7-308-25116-7

Ⅰ.G647.38

中国国家版本馆CIP数据核字第2025S1M271号

大学生职业生涯规划与实践
DAXUESHENG ZHIYE SHENGYA GUIHUA YU SHIJIAN

曹　斌　主编

策划编辑	曾　熙
责任编辑	曾　熙
责任校对	郑成业
封面设计	周　灵
出版发行	浙江大学出版社
	（杭州市天目山路148号　邮政编码310007）
	（网址：http://www.zjupress.com）
排　　版	杭州林智广告有限公司
印　　刷	杭州宏雅印刷有限公司
开　　本	787mm×1092mm　1/16
印　　张	17
字　　数	393千
版 印 次	2025年2月第1版　2025年2月第1次印刷
书　　号	ISBN 978-7-308-25116-7
定　　价	59.80元

版权所有　侵权必究　　印装差错　负责调换

浙江大学出版社市场运营中心联系方式：0571-88925591；http://zjdxcbs.tmall.com

编委会

主　编 曹　斌

副主编 朱砚屏　邱秋露

编　委（按姓氏笔画排序）

　　　　王善强　卞小莉　孔溢琳　任　奕

　　　　吴浩杰　张一艺　张勇财　周　祎

　　　　赵青芳　赵茵茵　裘丽霞　樊华妍

前　言
PREFACE

党的二十大报告指出，"就业是最基本的民生。强化就业优先政策，健全就业促进机制，促进高质量充分就业"。[①]

从事学生管理工作和生涯教育工作近 20 年，我经常看到学生在毕业时的那种焦虑或遗憾。这种焦虑或遗憾或是来自对职业选择的迷茫，或是来自选定方向后在制作简历时却发现"巧妇难为无米之炊"，或是来自多次求职失败后的退缩。如果大学可以重来，这些问题在毕业时可能就不会存在。但是大学无法重来，因此，生涯教育便凸显了其在大学教育中的意义。

作为生涯教育老师的我一直在思考两个问题：一是如何通过大学这几年为学生快速适应社会和融入充满未知的职场做好准备；二是如何通过大学这几年提高学生未来的生活质量或幸福感。我觉得首先应该是让学生意识到"做"与"不做"有很大的差异，"做"是探索和建构的前提，"不做"等于零，"做"才有无限可能；其次，"有目标地做"和"没目标地做"有很大的差异，"有目标地做"意味着效率、成果，要知道职场大多数时候都是带着任务目标工作的，生活也是因为有目标才更有意义；最后，"做出成果"和"做出结果"有很大的差异，成果是能力的证明，而结果只要做了都会有。当你对"做"这个问题有了清晰的认识，或许这两个问题就会迎刃而解。本教材就致力于解决"做"的问题。

本教材以认知心理学的信息加工理论为逻辑基础，以知行合一为导向，一共分为五章，分别是唤醒生涯意识、扩充职业认知、深入自我探索、成就大学生涯和备战未来职场。第一章是元认知部分，包括生涯意识唤醒和团队意识唤醒两个部分，解决的是自己要"做"和团队一起相互促进"做"的问题；第二章和第三章是知识信息部分，包括职业认知和自我认知两个部分，解决的是"朝着什么方向做""做什么"的问题；第四章和第五章是决策执行部分，包括规划管理和素养

---

① 习近平. 高举中国特色社会主义伟大旗帜 为全面建设社会主义现代化国家而团结奋斗：在中国共产党第二十次全国代表大会上的报告[N]. 人民日报，2022-10-26（01）.

提升两个部分，解决的是"怎么做""怎么做好"的问题。本教材包含很多推动"做"的元素，从整体上来讲可分为"理论课程"和"实践课程"。理论课程以知识讲解为主体，强调在"学"中"做"，课程中融入了案例分析、活动体验及课堂练习等内容；实践课程以活动体验为主体，注重在"做"中"学"，课程中融入了案例分析和知识讲解。两者侧重点不同，因此，"做"的比重不同。

本教材还结合了赛课融合的理念。为贯彻落实党中央、国务院关于高校毕业生就业工作的决策部署，落实《国务院关于印发"十四五"就业促进规划的通知》（国发〔2021〕14号）精神，加强高校生涯教育和就业指导，增强大学生生涯规划意识，指导其及早做好就业准备，促进高校毕业生高质量充分就业，教育部在2023年举办首届全国大学生职业规划大赛。此项赛事和以往举办的类似赛事不同，强调以目标为中心的职业生涯规划建构。对于低年级的学生，职业目标的确定是个不断探索和调整的过程，但是"有目标地做"是高效生涯实践的基础，因此本教材在生涯唤醒之后，通过对工作世界的探索和目标职业来源的学习，让每个学生初定职业目标，再结合赛事逻辑，完成职业价值挖掘、目标岗位分析、个人优劣势分析，具体目标设定、管理、实施和调整，以及通识性职业素养提升等职业生涯规划和实践的全流程，在实操中理解职业生涯规划的意义，为日后进入职场做好准备。

本教材的编写团队成员均为一线的生涯课程教师，有着丰富的教学经验，部分教师还拥有生涯咨询工作的经历。因此本教材可以作为生涯教育的参考资料，也可以用于学生的自学和实操。我们希望通过此教材为大学生提供力所能及的职业生涯规划指导，帮助他们在未来的职业道路上迈出坚实的第一步，实现自己的人生目标和职业价值。

最后，感谢课程建设前期陆桂芹副教授、冯函秋副教授的指导，感谢课程推进过程中王军副教授、董弋芬教授、谢凌云副教授的支持，感谢团队的坚守和所有陪伴我们一路走来的人！

编　者

2025年1月

目录

CONTENTS

第一章　唤醒生涯意识 / 001

　　第一节　遇见我的生涯　/ 003

　　第二节　共创赋能团队（实践课程）　/ 020

第二章　扩充职业认知 / 035

　　第一节　认识工作世界　/ 037

　　第二节　分析职业信息　/ 060

　　第三节　求职模拟体验（实践课程）　/ 083

第三章　深入自我探索 / 093

　　第一节　探索职业价值　/ 095

　　第二节　发展我的兴趣　/ 111

　　第三节　理解我的性格　/ 126

　　第四节　培养我的技能　/ 138

第四章　成就大学生涯 / 159

　　第一节　学会生涯决策　/ 161

　　第二节　管理我的目标　/ 179

　　第三节　规划我的大学　/ 197

CONTENTS

第五章　备战未来职场 / 215

　　第一节　提升职业素养　/ 217

　　第二节　提高创新能力　/ 234

　　第三节　创新活动策划（实践课程）　/ 252

参考文献　/ 262

第一章
唤醒生涯意识
CHAPTER
1

大学是人生路上一场重要的中距离跑步比赛。为什么重要？因为它是每个大学生走上职场的必经之路。不少人行色匆匆，但从未想过跑向哪里；不少人被赛道两旁的风景吸引，驻足不前；也有人听从别人的指引，奔跑到了指向地，才发现不是自己的目的地。

唤醒首先需要我们认识到这是一场需要自己开启的比赛。大学不是一个驿站，不是想休息多久就休息多久的！它需要一步一步脚踏实地地前行，哪怕目的地不明确，只要方向大致正确，都是在缩短与目的地之间的距离。

唤醒还需要我们认识到这是一场由自己决定鸣枪时间的比赛。它本就不是一次靠裁判统一发令的比赛。每个人手握各自比赛的发令枪，越早鸣枪开始赛程，就会有越的多时间去行动，去选择最适合自己的目的地和最有利的赛程，保持更好的节奏，从而走得更远。

唤醒更需要我们认识到这是一场由自己负全责的比赛。所以我们应该对自己选择的目的地负责，对选择去往目的地的赛道负责。或许路上有人和你结伴而行，甚至为你指点江山，但启程前行的永远不是他们，他们大都只是比赛的看客，你的表现，他们可以评价，但无法左右！

希望在这个瞬息万变、充满挑战与机遇的时代，你可以清醒地面对这场中距离比赛，提前抢跑赢得时间，选对赛道少走弯路，看准终点赢下比赛。

第一节　遇见我的生涯

知识目标

◆ 理解生涯、职业生涯和职业生涯规划的概念。
◆ 了解舒伯的职业发展理论，理解生涯发展的各阶段及其特点。
◆ 掌握职业生涯规划的步骤。

能力目标

◆ 能够理解角色平衡的重要性，能评估自身角色间精力分配的情况，并调整自己的精力分配情况。
◆ 能够形成职业生涯规划的流程框架，规划自身的职业生涯。

明德笃行

通过这一节的学习，我们应真正认识到职业生涯规划对大学学业、求职及个人职业发展的重要影响，树立职业生涯规划的意识，重视这门课程后续的学习；能够认识到生涯各阶段的任务，有意识地去完成人生各阶段需要做的事；能够认识到人生各阶段不同角色对个人生涯的影响，学会有意识地平衡各种生涯角色，为实现个人生活的和谐和幸福奠定基础。

章节导入

案例 1-1

假如可以重新选择

小武是一个乐观、开朗，善于沟通，具有利他精神的人。2000 年参加高考，因为高中时期化学成绩不错，在一位高中副校长的建议下他选择报考了化学类专业并被顺利录取。

进入大学后，小武进入学院的学生组织——科学技术协会，凭着自己的努力在大二下学期就成功竞选为学院学生会主席，之后他又陆续担任学生党支部书记、班主任助理、兼职辅导员等职务。大三结束的时候，班里不少同学报考了研究生，小武也跟着大家报考了本专业研究生。在研究生考试结束至录取期间，小武尝试去找工作，被多所中型化工类企业的研发和市场岗位及高校辅导员岗位录取，最终小武选择了在本校本专业深造。

研究生期间，小武继续将部分精力投入学生工作，陆续担任了研究生班的班长和学院研究生会的主席。对于专业领域的研究，小武并不排斥，但也谈不上特别喜欢，研究生期间参与了导师"863"研究项目的一些工作,也发表了一篇EI(Engineering Index,工程索引)的文章,最终顺利毕业。2006年秋招季,小武面临就业,这是他第一次认真思考自己的去向,七年化学专业的学习形成的惯性思维,让他首先选择了专业对口的工作,比如产品研发、技术服务,甚至化工贸易等,先后参加了陶氏化学、中化集团等多个知名企业的面试,虽然能进入面试,但最终都没有被录用。2007年初,经过总结思考,他开始将求职目标聚焦在专业领域外自己感兴趣的领域,比如外企管培生和高校辅导员等,先后被AO史密斯及多所高校录取,面试成功率高达80%。

因为专业情结,他最终选择了杭州的一所高校做辅导员兼化学教师。虽然,小武对于教学倾注了很多的心血,三年后被聘为化学讲师,但是这并没有给他带来预期的成就感,反而在辅导员工作中引导和帮助学生成长让他觉得非常满足,他开始利用业余时间学习生涯教育、创新创业教育的相关课程,并利用所学在校内开设此类选修课程。2012年,他决定放弃化学,专注于学生职业生涯规划和创新创业教育;2017年,他成为学校生涯规划与创新创业教育教研室主任,并试点开设第一门生涯规划类的必修课;2022年,他在线成立了5年的生涯咨询工作室正式立项线下建设,为学生提供职业探索和生涯咨询服务。

案例思考:

1.如果可以预见2022年后自己的工作方向,你觉得假如小武可以回到2000年的那个7月,他会怎么选择他的专业?

2.如果能遇见2003年那个准备考研的自己,你觉得小武还会选择考研吗?

3.你觉得选择意味着什么?如何选择你认为最科学?

讲解与练习

一、关于生涯的相关概念

(一)关于生涯

《庄子·内篇·养生主第三》有曰:"吾生也有涯,而知也无涯。以有涯随无涯,殆已!"意思是说,人的一生是有限的,但知识本身是无限的,用有限的人生去追求无限的知识,必然是要失败的。所以求知的过程不是盲目地追求越多越好,而是要有选择地学习,有效地汲取。这种选择放在人生发展的角度来讲,就要从未来个人发展的需求出发。这是庄子对生涯的一种理解。

在《辞海》中,生涯被注解为三个意思,分别是"生活""生计""一生的极限"。细细想来这的确可以囊括"生涯"这个词语的全部。因为生命有边界,所以人才会去思考如何利用有限的时间创造生命的价值,而创造生命价值的载体就是人的生活和生计。于是,如何生活得更好、什么样的生计更有利于发展,成为每个人都需要思考的人生命题。

关于"生涯"一词的定义，目前被广泛接受的是唐纳德·E.舒伯（以下简称舒伯）的观点。他认为，生涯是生活里各种事态的连续演进方向；它统合了人一生中依序发展的各种职业和生活角色，由个人对工作的投入而流露出独特的自我发展形式。它也是人生从青春期到退休之后，一连串有酬或无酬职位的综合，除了职业之外，还包括任何和工作相关或者对工作产生影响的角色，比如学生、公民、工作者、家庭中的角色等。通过对这一定义的解读，可以发现生涯具有6个方面的特征，分别是方向性、时间性、空间性、主动性、独特性和现象性。

生涯的方向性在于人的生涯发展往往有指向性，它牵引着你朝着一定的方向前进和发展。这个指向性的来源很多，比如父母的期待、师友的影响、个人的兴趣、环境的压力、社会的导向，以及自己对生命价值的理解等。西湖大学校长施一公说："我的科研兴趣，源于对自然纯粹的热爱和好奇。"这种热爱和好奇就像牵着他前行的线，成为他生涯的方向。

生涯的时间性体现在它是一个依序发展、连续不断的过程。过去的你成就了当下的你，而当下的你在为未来的你做准备。比如一名大学教师的职业生涯是这样的：入职后从助教开始，然后按照讲师、副教授、教授的职称依次晋升。绝大多数大学教师的专业发展都是按照这个时间顺序逐步推进的。再想想当你读完一本人物传记，你会发现主人公的成长经历中一些似乎毫不相干或是价值不高的经历却在成就主人公的事业中有着不可取代的作用，正是这些经历组成了一个人连续不断的生命历程，也在不断地影响着人生的发展。

生涯的空间性体现为同一时间的多种角色的共存。比如作为一名大学生，你首先是一名学生，但也是你父母的子女、他人的同学或朋友、休闲者、学生干部、打工者等。多种角色聚集在你一个人身上，组成了你多元而丰富的生活，但同样也会给你带来时间管理上的冲突和矛盾，比如不少同学到了高年级，学生干部和学习者这两个角色常常会因为有限的个人精力产生冲突，甚至到了鱼与熊掌不可兼得的地步。所以，一个人的生涯的发展必然伴随着许多与其有关的角色的发展和管理。

生涯的主动性在于它的塑造需要发挥人的主观能动性。因你的选择、你的投入，生涯才会有方向的、连续的演进。人的生涯发展需要个人主动地去思考、谋划、实施、总结，进而不断朝着目标改善自身，创造环境，成就幸福人生。正如马克思主义哲学中提到的主观世界和客观世界的关系原理，人们在改造客观世界的同时也改造着自己的主观世界。

生涯的独特性在于每个个体都是独一无二的。不同的生理特征、不同的家庭环境、不同的性格特点、不同的价值需求、不同的教育背景、不同的人生经历……所有的这些都是组成你人生的要素，也必然带给你不一样的个体生涯。即便你们是出自同一个家庭的双胞胎，一直在同样的教育环境中成长，又考上了同一个大学的同一个专业，你们也可能因为不同的爱好、不同的朋友或恋人、不同的经历而走向不一样的人生。

生涯的现象性体现在它是以人为中心的，只有个人主动探寻它，它才会真正地显现。生涯是由个人主观意识所认定的，你如何看待你的工作和生活，如何看待自己在工作中的价值，如何看待成功或是失败对你人生的影响，如何成为那个你想要成为的自己，都由你自己决定。当一个人开始思考自己的未来时，生涯才会"如影随形"。

（二）职业生涯

人的一生中大部分时间和职业有关，要么处于职业准备阶段，要么处于职业选择阶段或职业发展阶段，退休后还能继续发挥余热。一个人从开始为职业做准备，到完全退出职业的整个生命历程就是职业生涯。因此，职业生涯是指一个人在一生中所从事工作、承担职务的职业经历或相关历程。它是包含了个体一生中与工作相关的活动、行为、态度、价值观和愿望的有机整体，是一个连续性的历程。职业生涯是一个动态发展的过程，它不仅依赖于个人的偏好和选择，还受到人口统计学变量、经济、社会、组织及科技因素的影响。

科尔·因克森用继承、周期、行动、匹配、旅途、角色、关系、资源和故事等9个形象生动的隐喻从不同角度通俗地描述了职业生涯的全貌。继承指的是从家族继承来的外貌、天赋、资源财富、社会地位等，这些因素无法轻易改变，却会影响一个人的职业生涯，这就要求我们认识自己，分析自己的先天优势和劣势。周期指的是职业生涯各阶段具有规律性，后面我们讲述舒伯的职业生涯发展理论时会具体展开，这就要求我们把握生涯发展规律，为每个阶段做好准备。行动告诉我们命运是掌握在自己手中的，需要我们找准方向，主动出击，才能实现自我。匹配指的是自我特征和职业要求的契合，这是一个动态的过程，要求我们不断评估自我和一直处于变化中的职业要求，理性做出选择，谋求契合，实现共赢。旅途是指"我来自何方，将要去往何处"，我们应在茫茫一生中探寻方向，做好规划。角色指的是与你职业生涯相关的你所承担的所有角色，人的职业生涯像个舞台，你所扮演的各种角色或先后，或同时登场，这就要求你定位人生，界定角色，分配精力，成功出演。关系指的是社会交往中人与人之间复杂的关系网络，当今社会关系网络对于职业生涯成功的影响越来越大，如何广积人脉，建立关系，为职业生涯发展打造关系网络将是职业生涯探索者的重要课题。资源指的是从社会资本角度解读职业生涯成功的重要因素，资源的核心是稀缺性、投资和回报性，职业生涯探索者需要更充分地利用资源，合理投资，提高投资回报率。故事指的是通过叙述故事为自己的职业生涯赋予意义，在对自己生涯故事的讲述中不断建构自己职业生涯的意义。

（三）职业生涯规划

职业是人生中重要的一环，所以职业生涯规划构成了生涯规划的重要组成部分。相比于生涯规划宏观的生命议题，它更聚焦在职业发展的资源调配和最优化利用方面。职业生涯规划对于大多数人来说其实并不陌生，高考结束后志愿填报的过程往往都会考虑未来的就业需要，这就是一种职业生涯规划的行动。另外，当你在选择选修课、社团、学生活动时，如果有意识地选择与未来的职业发展需要相关的内容，这也是你开展职业生涯规划的具体表现。

职业生涯规划是指一个人在知己知彼的基础上确定职业生涯发展方向、目标和路径，并采取有效行动去达成这一目标的过程。知己，是指充分认识自己，全面了解自身的条件，内容包括个体的价值观、性格、兴趣、能力及由此发展出的与职业相关的自我概念；知彼，是指充分了解目标职业、所在行业需求和趋势、与职业相关的组织等信息，具体包括社会环境、组织环境、市场供需、职业要求、晋升机会等。在知己知彼的前提下，才能理性地确定适合自己的职业方向，有针对性地制定目标和计划，从而有效解决大学期间学习和求职的盲目性问题，并最终实现高质量充分就业。

职业生涯规划的目的不仅仅是帮助个人找到一份和自己的履历、条件相匹配的工作，更重要的是设计一种以工作为主轴的生活方式。帮助个体在了解自我的基础上，向外探索，在探索中形成自身的职业方向定位，并以此为目标，以终为始，促使个体有针对性地开展学习、探索活动，努力提升自己，从而培养核心职业能力，积累个人履历和职业资源，进而提升个人职业获取和发展的能力。比如大学期间，因为喜欢和擅长打篮球，你加入了校篮球队，并开始兼职教小朋友打篮球。你渐渐地发现少儿篮球教练或许是你想要从事的职业方向，虽然你的专业与此无关，但经过探索你发现未来具备从业的可能性，这进一步坚定了你的目标。这会让你将更多精力投入篮球技巧和与少儿体适能相关的学习，同时积累教授他人的经验。你会有针对性地考取相关证书，继续兼职教授少儿篮球，或许也会做些关于这方面的知识的分享，建立个人IP。毕业的时候，大学积累的资源和能力或许可以让你轻松成为一名专业的少儿篮球教练。虽然你学的是化学或是数学专业，但职业规划让你在大学期间不断地朝着少儿篮球教练的目标积累，或许未来你会拥有自己的培训机构，那时你大学的专业已经不重要，但你大学的经历却成就了你的职业生涯。

二、生涯规划的意义

职业生涯规划到底对于个人的职业发展有没有作用，在哪些方面有作用？为了验证这些问题，我们对260家企业的招聘主管进行了调查。调查发现，有251名受访者（占96.5%）认为职业生涯规划对职业发展很有帮助或有些帮助，有254名受访者（占97.7%）认为职业生涯可以或在一定程度上可以规划，有244名受访者（占93.8%）认为大学生在校期间有必要或非常有必要开展职业生涯规划教育。可见，绝大多数企业的人力资源管理者都非常认可职业生涯规划的重要作用。

在调查中，我们还发现职场人士职业规划的内容主要包括培训或进修、岗位选择、职级提升、职场人脉积累、跳槽、家庭与职业平衡等，其中对"培训或进修"有规划的人最多，达到了151人（占58.1%）。在规划的时间长度方面，有73名受访者（占28.1%）对自己的职业生涯有长远的规划，有149名受访者（占57.3%）对自己的职业生涯有阶段性规划，另外有36名受访者（占13.8%）有短期职业生涯规划。可见，阶段性规划成为职场的主导，这和当下多变的职场环境有着密切的关系。

（一）生涯规划的作用

生涯规划不仅仅包括对职业发展的规划，还包括与之相关的家庭、生活、学习方面的规划。因此，生涯规划的作用不仅仅是找一份好的工作，取得事业的成功，它还包括个人生涯的方方面面。总的来说，它的作用体现在以下3个方面。

一是生涯规划具有导向激励的作用，更有利于个人成功。生涯规划是一个过程，规划的意义在于为个人的生涯设定目标。当一个人的生涯发展中有目标的时候，他就会主动去寻找达成目标的方法和步骤，也为他实现目标带来巨大的动力和可能性。1953年，美国耶鲁大学对应届毕业生进行了一项和目标相关的调查。研究人员先问参与调查的学生同样的一个问题："你们有目标吗？"结果发现只有10%的学生表示他们有目标。接着，研究人员问这些学生第二个问题："如果你们有目标，那么，你们可不可以把它写下来呢？"结果发现其中40%的学生能够清楚地把自己的目标写下来。耶鲁大学的研究人员在20年后追访这些当年参与调查的学生，他们发现，当年把目标清楚写下来的那4%的学生，无论生活水平还是事业发展，都远超其他96%的学生，他们拥有的财富甚至超过其他人的总和。在你身边，你也会发现，随着时间的流逝，同学的分化会不断加剧，究其原因，核心在于是否有个人规划。以考研为目标做规划的同学，他会更加专注于英语和考研相关专业课的学习，以便打好基础，成功上岸；以留学为目标做规划的同学，会为了刷绩点，认真备考每门课，以便申请更好的学校；以就业为目标做规划的同学，为了提升履历，会参与更多的社会工作或者兼职实习……这些在目标驱动下，有自我规划的同学往往更能掌控自己的大学生活，成就更好的自己。

二是生涯规划具有协调平衡的作用，更有利于人生幸福。人的一生之中，当你迈入成年，走进职场之后，工作将占据了你大部分的时间和精力。简单估算，一天24小时，除去每日必备的睡眠（以8小时计）、三餐（以1.5小时计）、交通（以1小时计）、梳妆整理等（以1小时计），仅仅在单位的时间（以8小时计）就占据了1/3的时间，这还不包括加班、与工作相关的学习和社交等。因此，工作的压力和质量不仅仅会影响工作本身，还会影响到你的生活状态、婚姻关系和亲子关系等。英才网联曾联合搜狐就业频道做过一次"80后"婚姻质量调查，调查显示，85%的"80后"认为职场压力对婚姻质量有一定影响或者影响很大，有73%的人认为职场压力导致的坏脾气是威胁婚姻稳定的最主要因素。可见，如何管理好工作带来的负面情绪，如何平衡工作与家庭的关系对于工作之外的时间是否幸福有着重要的影响。生涯规划不仅仅有助于通过规划提升职业发展的高度，也可以通过规划提升职业的温度，比如提高工作效率、减轻工作压力、改善工作情绪，这些都有利于工作之余生活质量的提高。在大学里，运动、休闲、人际关系也是大学生活的重要部分，当你把时间都投入学习和社会工作时，寝室关系、身心状态也可能会产生这样或那样的问题，而生涯规划同样可以让你的大学生活更加和谐与幸福。

三是生涯规划具有促进成长的作用，更有利于生涯成熟。贝蒂·内维尔·米凯洛奇指出，生涯规划有突破障碍、开发潜能、自我实现3个积极的目的，如图1-1所示。人生最大的幸福莫过于活出真实的自己。择己所爱，择己所能，择世所需，一个人可以自由地选择生活方式，能胜任自己的工作，能被社会和他人所需要，才会有价值感，才会以己为荣，生活才会呈现出圆融、富足、喜悦、智慧和创造力的状态。

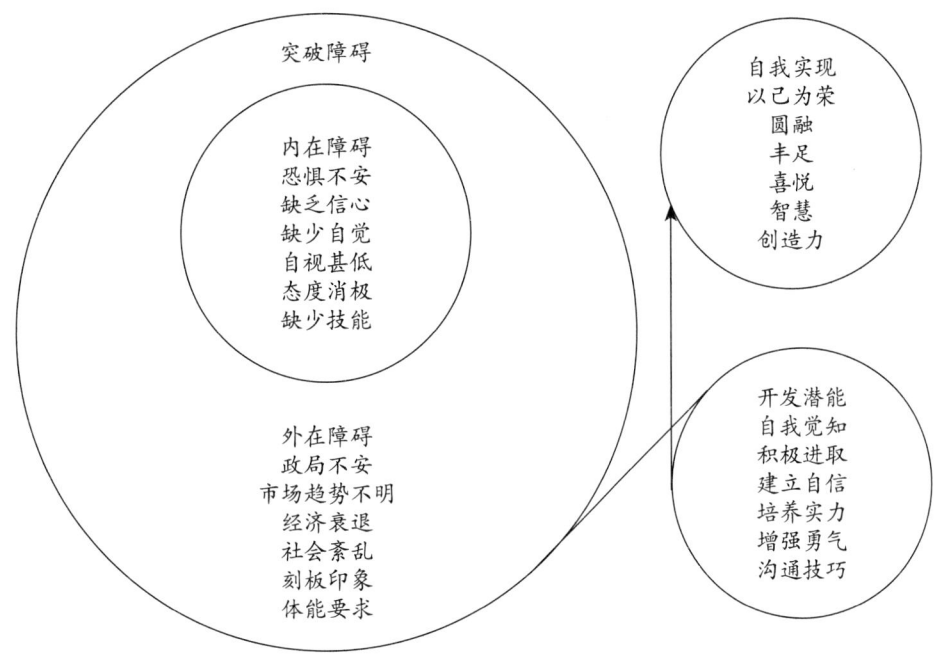

图 1-1 生涯规划的 3 个积极的目的

在大学期间，不少学生对追求理想的工作或人生目标充满困惑，不敢想，也不愿想，觉得过于遥远，难以实现，导致不少学生日常就在游戏中寻找成就感，而对就业充满畏惧。阻碍学生敢想敢做的障碍既有内部障碍，也有外部障碍。

内在障碍通常是由于一个人对自己的不了解、低评价、不自信或者无安全感等原因造成的。例如，有的同学经常拿自己的不足和别人的优势比，自然而然会觉得自己比不上别人，求职也没有优势，从而对于找工作缺乏信心，觉得还没做好踏入职场的准备，随之而来的是盲目升学和慢就业、懒就业。通过生涯规划，正确合理地认识自己，接纳自己的不完美，面向目标，积极进取，培养能力，建立信心，不断开发自己的潜能，从而突破自己，有勇气追求理想的职位，有准备地面对求职过程，让自己在就业季不再焦虑。

外在障碍往往来自一个人所处的环境，通常与就业政策不足、市场的难预测性、经济衰退和社会环境混乱等相关。一个没有生涯目标的人，是很容易受外界因素的影响的。不少学生在就业季会抱怨就业形势差、学校不够好、家里没资源……但你要知道，和你坐在同一个教室学习的同样条件的同学中却有人早早地收到了不错的offer（录取通知）。所以，即便两个学生的人生的起跑线相同，也完全可能因为有无生涯目标而导致人生的不同：一个积极乐观、充满力量，能克服困难、不断进取；另一个被环境所左右、怨天尤人、随波逐流，甚至失去生活信心。尼采说："懂得为何而活的人，几乎任何痛苦都可以忍受。"生涯规划可以帮助人们设立目标、带来希望，预判形势、规避风险，通过内在驱动，突破外在障碍，直面困难，最终实现幸福人生。

（二）大学生职业生涯规划的作用

大学是从学生走向职场人的过渡期，大学阶段的职业生涯规划有着特殊而重要的意义，主要有以下4个方面。

一是大学生进行职业生涯规划有助于充分认识自己，探索人生方向，从而收获有意义的人生。美国心理学家埃里克·洪伯格尔·埃里克森在人格发展阶段理论中提出，青年期是人生发展的关键期，主要任务在于形成自我同一感，解决自我同一性混乱的问题。自我同一性是一个人成长过程中的重要课题。大学生处于自我概念构建的阶段，个体在此阶段达到自我同一性的关键任务就是选择和确定自己的社会角色。然而由于社会、学校、家庭及自身等因素的综合作用，大学生个体往往存在一定范围、一定程度的自我认知失调。一旦出现自我认知失调，就会导致诸多问题，如学生个体在学业生涯规划中因适应不佳导致情绪、行为问题，以及非理性信念等。

职业生涯规划的前提就是认识自己，通过内观外探，同时借助工具等方式逐步形成全面、客观的自我认知，有利于大学生实现自我调控和自我完善，促使自身生理和心理的关系、自己和他人的关系、自己和社会的关系等达到和谐状态，形成成熟而稳定的人格，为进入社会奠定基础。此外，全面、客观的自我认知也是找到合理社会定位、职业定位的前提，有助于个人找到符合客观实际且具有实现可能的人生方向，从而实现人生价值，创造幸福生活。

二是大学生进行职业生涯规划有助于明确学习目标，认清学习价值，提升学习内驱力。"课程学习就是为了通过考试，读大学就是为了拿到毕业证书"，存在这样的想法的大学生不少，究其原因，主要是不知道为什么要学，学了有什么用，要学什么。看着课本上的理论觉得枯燥，听学长学姐说大学的知识工作后甚至用不到1/10，为何要学自然成了大学生的困惑。职业生涯规划能够为大学生朋友答疑解惑。比如你学计算机，通过职业探索，你发现你心仪的公司的招聘要求中有一条：熟悉一种或一种以上的编程语言。因此，你意识到学好C语言是你未来成功就业的基本条件，自然而然，你的学习动力就产生了，它会转变你的学习态度，让你从被动学转为主动学。为了具有更好的求职竞争力，或许你还会去翻阅资料、观看视频、申请项目、参加比赛，而这一切会使你从只满足简单的课堂学习向寻求C语言的精通应用转变，从而为你的求职和职业发展夯实专业基础。

三是大学生进行职业生涯规划有助于摆脱迷茫状态，通过认真规划，提高生涯适应力。我们对5188名在校大学本科生做了一次调查，调查发现有明确职业目标的学生中主动进行职业生涯规划的人数的比例为79.74%，有大致职业方向的学生中主动进行职业生涯规划的人数的比例为38.55%，没有职业方向但思考过这个问题的学生中主动进行职业生涯规划的人数的比例为11.33%，而从来没有思考过职业目标的学生中主动进行职业生涯规划的人数比例仅为6.95%。由此可见，明确职业目标可以有效地促进大学生主动进行职业生涯规划，规划越清晰，行动越能落实，个体的素质和能力提升才会成为可能。同时，在问及学生为何职业生涯规划行动不足时，73.84%的学生归咎于"不知道如何规划"，这也是我们开设职业生涯规划课程的原因。

四是大学生进行职业生涯规划有助于认清职场需求，明晰大学生活努力的方向，提升就业竞争力。大学是面向就业且时间比较自主的学习阶段，这让每个学生有充分的时间去提升自己。科学合理的职业生涯规划可以有针对性地优化求职履历、职业能力和素养，为职场发展打造核心竞争力。比如，你的职业目标是小学老师，通过探索，你大学阶段的学习方向就能更加明确，除了参加常规的普通话考试、教师资格证考试外，你还可以通过在培训机构兼职等方式来提升管理能力，通过参与公益家教或者做兼职助教提升教学能力，通过参加多媒体类社团提升课件制作能力，通过参加团队活动提升沟通能力，通过自学学科知识提升学科专业能力，通过参加儿童心理培训来掌握儿童心理学知识，通过观摩精品课提升备课技巧……这些经历有助于在将来求职时提供一份完整的履历，从而提升你的就业竞争力。同时，也可以根据自己的兴趣和优势深入地钻研一到两个点，比如信息化应用能力，试想你制作课件技术很好，可以完成各种生动页面的制作，或许不仅仅会让你的课堂吸引更多的孩子，还会成为你在职业发展上的一个优势标签。

三、舒伯的生涯发展理论

子曰："吾十有五而志于学，三十而立，四十而不惑，五十而知天命，六十而耳顺，七十而从心所欲，不逾矩。"（《论语·为政》）这段话的意思是说孔子十五岁的时候就立志于学习；三十岁学成并且能够自立；四十岁知道自己想要什么，不再疑惑；五十岁知道自己生命的价值和意义；六十岁能够理性思考，顺应规律，悟彻人生；七十岁懂得顺其自然，不管做什么事，都不逾越法规。认真地品读，其实这段话简洁有力地描述了孔子在不同时间阶段的生涯发展历程，也给我们思考生涯的各个阶段以启示。

在西方的生涯发展理论中，影响力最大的就是舒伯。他的生涯发展论综合了发展心理学、自我心理学、差异心理学及有关职业行为发展方向的长期研究结果。舒伯通过不断地发展与完善自己的理论，于1980年提出了生活广度与生活空间的生涯发展理论，即人一生的生涯彩虹图（见图1-2）。

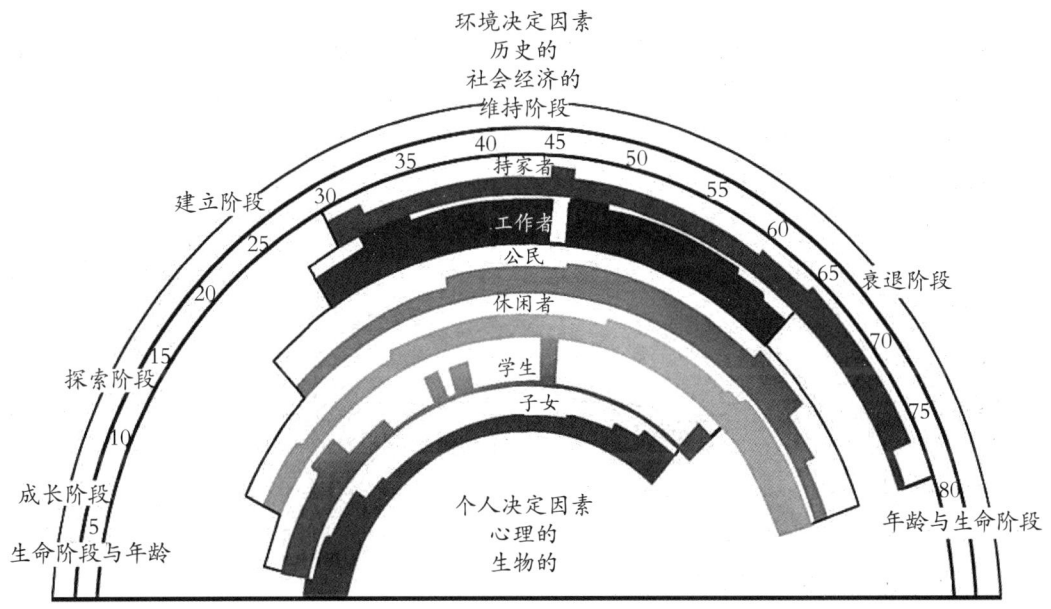

图1-2 人一生的生涯彩虹图

他将人一生中横向的发展阶段、发展任务（即生活广度的部分）和纵向的生涯角色的发展（即生活空间的部分），交织成一个具体的生涯发展结构，综合阐述生涯发展阶段与角色彼此间的相互影响。由于西方的教育体系、退休政策及文化与中国有着明显的差异，我们在应用舒伯这一理论的时候，需要在理解的基础上结合实际加以运用。

（一）横贯一生的彩虹——生活广度

在人一生的生涯彩虹图中，彩虹的外层以年龄轴为主线，标注了人一生中主要的5个发展阶段，即成长阶段、探索阶段、建立阶段、维持阶段及衰退阶段，并对应大致的估算年龄。在这5个主要的人生发展阶段中，各自还有若干小的阶段，具体如下。

1. 成长阶段（0～14岁，相当于儿童期）

需求和幻想是这一阶段的主要特质。这个阶段发展的主要任务是：发展自我概念，发展对工作世界的正确态度，并开始了解工作的意义。在这个阶段，个体在家庭、学校及他人的认同中，逐步发展自我概念。而且，随着年龄的增长、学习行为的出现，以及社会参与程度与接受现实考验强度的逐渐增加，兴趣和能力也逐渐发展起来。个体的成长过程中又可以分为3个成长期。

（1）幻想期（10岁以前）：这一时期"需求"占主导地位，幻想中的角色扮演很重要。儿童从外界感知到许多职业，对于自己觉得好玩和喜爱的职业充满幻想，通过游戏等方式来发展对职业角色的认同。

（2）兴趣期（11～12岁）：这一时期以"兴趣"为中心，个体会逐渐理解和评价职业，职业爱好与职业兴趣会在这一时期得到发展。

（3）能力期（13～14岁）：这一时期以"能力"为主要考虑因素，个体开始考虑自己感兴趣职业所需要的条件，对比自己和这个条件之间的差距，并有意识地进行能力培养。

2. 探索阶段（15～24岁，相当于青春期）

这个阶段发展的任务是：发展一个符合现实的自我概念，使职业偏好逐渐具体化、特定化，通过学习创造更多的机会以实现职业偏好。在这一阶段，个体主要通过学校学习、休闲活动及实践工作进行自我试探、角色探索和职业探索，自我概念与职业概念逐渐形成，会完成择业过程并初步就业。该阶段也可分为3个时期。

（1）试探期（15～17岁）：个体会综合考虑自己的需要、能力、兴趣、价值观与职业社会价值、就业机会等，对职业发展方向做出初步的判断，进行暂时性的职业定向，并在实践中加以尝试。

（2）过渡期（18～21岁）：这是个体在现实和环境中寻求"自我"实现的时期。个体正式进入劳动力市场，或进入大学、职业类学校等接受专业训练，会更加注重现实需求，力图实现自我概念，并将一般性的选择转为特定的选择。

（3）尝试期（22～24岁）：个体初步确定了职业的选择，找到一个入门的工作后，在工作中试探其成为长期职业的可能性，并对职业目标的可行性进行验证。若不适合往往就需要再重复上述过程以确定方向。

3. 建立阶段（25～44岁，相当于成人前期）

这个阶段的发展任务是找到自己想要从事的职业，并在这一职业领域深耕、稳固并不断追求上进。个体会确定适当的职业领域，并通过努力建立稳固的地位，并使其成为自己的长期职业。这一阶段个体的职位可能会升迁，组织也可能会变动，但所从事的职业不太会改变。这个阶段又可分为两个时期。

（1）适应期（25～30岁）：适应期的长短因人而异，有些人甚至可以跳过适应期直接进入稳定状态。个体在这一时期逐渐寻求安定，在已选定的职业中稳步发展，也可能因生活或工作上的变动而对现有职业产生不满，甚至回到探索阶段重新规划。

（2）稳定期（31～44岁）：这一时期，个体的职业最终确定，主要任务在于工作稳固，同时，大部分人在这一时期处于创造力的巅峰时期，能创造出骄人的业绩。个体在组织内会身担重责，而且往往表现出色、业绩优良。

4. 维持阶段（45～64岁，约相当于中年期）

这个阶段的发展任务是专注本职，明白自身的局限，发展新技巧，解决工作中的难题，努力维持在专业领域既有的地位与成就。个体往往已不再考虑变换工作，而是朝向既定目标继续前行，在努力保持已取得的工作成就和社会地位的前提下探索适当的发展或晋升途径，但也有极少数人会冒险探索新领域，寻求新的发展。在这一阶段，个体往往因为年龄原因在工作中的创意逐渐减少，同时要面对更年轻、更有活力的新进人员的挑战；在家庭中往往处于"上有老、下有小"的时期，维持家庭和工作之间的平衡关系也很重要；此外，随着年龄增长，退休年龄越来越近，也逐渐开始为退休做准备。

5. 衰退阶段（65岁以后，相当于老年期）

这个阶段的发展任务是接受角色转变，发展非职业性质的角色，比如发展书法、绘画、唱歌等兴趣爱好，并逐渐适应退休人士的生活节奏。个体在这一阶段由于生理及心理机能日渐衰退，不得不从原有工作上的积极参与转为逐渐退出工作。该阶段个体需要注重发展新的角色，寻求不同的满足方式调节退出工作后的失落。这个阶段又可细分为两个时期。

（1）减速期（65～70岁）：个体所承担的工作责任减轻，工作速度放缓，工作性质也可能发生改变，比如从主要岗位退居到二线，需要适应逐渐退出的身心状态。有些人在这个时期主要从事兼职工作，由全职工作者转变为选择性的参与者，作为这一时期的过渡。

（2）退休期（71岁至死亡）：个体完全停止原有的工作，将精力转移至退休生活等，有些人还会寻找些兼职或者做义工，适当参与社会工作。在这一时期，不同的个体表现出不同的适应性；有些人能很愉快地适应完全停止工作的情况，转而将更多的精力放在休闲生活上；有些人则会有适应上的困难，觉得缺少价值感，郁郁寡欢。

成长、探索、建立、维持到衰退的不同阶段，标志着一个人生涯中不同阶段的成熟程度。生涯成熟是指一个人在不同的生涯发展阶段应对生涯发展任务的准备程度。而个体的生涯发展任务往往受到个体生理与社会发展的程度和社会期待必须达到的程度这两个因素的影响。人需要在每个阶段完成该阶段特定的发展任务，发展到完成该任务需要的水平，而且前一阶段发展任务的达成情况与后一阶段的发展是否顺利密切相关。大学生处在生涯发展的探索阶段，该阶段主要的任务是通过多方面的实践探索自我、探索职业，逐渐确定职业偏好，并在所选定的职业领域有针对性地开展生涯实践的行动，并有所积累。

此外，舒伯特别强调，各阶段的年龄划分根据不同的社会环境和不同的个体情况是有相当大的弹性的。比如各个国家的退休年龄就有明显的差异，退休阶段的起始时间自然不同；不同个体受教育年限时长不同，进入建立期的时间也自然不同，因此要根据实际情况确定各个时期的年龄结构。同时，他认为各个阶段都要面对成长、探索、建立、维持和衰退的问题，因而形成"成长—探索—建立—维持—衰退"的小周期循环。比如高中结束后进入大学，首先必须适应新的学习环境和大学生角色，经过一定时间的"成长"和"探索"，"建立"了一定的适应模式来"维持"大学的学习和生活，之后随着大学生活逐渐结束，就要进入下一个阶段——职业生涯。旧有的习惯在形式上衰退，进入新阶段后又开始新一轮的循环，如此周而复始，直至退休。

（二）纵贯上下的彩虹——生活空间

在人一生的生涯彩虹图中，第二个层面是纵贯上下的生活空间，由多种角色组成。舒伯认为，人的一生当中必须扮演的角色有9种，分别是子女、学生、休闲者、公民、工作者、夫妻、家长、父母和退休者，这些角色都是一个人自我概念的具体表现。图1-2对角色做了简化，将夫妻、父母等角色并入"持家者"角色。

不管一个人愿不愿意，角色伴随着一个人的出生而出现，随着年龄的增长，扮演的角色也越来越丰富。从出生时单纯的"子女"角色，到有了自主意识增加"休闲者"的角色，到进入学校增加了"学生"的角色，到达法定年龄增加"公民"的角色，到入职工作增加"工作者"的角色，到结婚增加"夫或妻"的角色，再到自己的孩子出生增加"父母"的角色，各种不同角色先后或同时会在你人生的舞台上层见叠出，即便到了退休之后，持家者、公民和休闲者这3种角色依然会延续至终。这些不同角色交互影响，塑造出个体独特的生涯模式（career patterns）。一方面一个角色的成功，特别是早期的角色如果发展得比较好，将会为其他角色提供良好的关系基础。另一方面，在一个角色上一旦投入了过多的精力，而没有平衡协调与其他角色的关系，也可能会会导致其他角色的失败。

因为每个阶段的主要任务不同，每个人角色投入的精力在不同的生涯阶段都会有所变化。图1-2呈现了人生中不同阶段哪一种角色更为突出及其突出的程度。其中，每个弧形代表人生中的某个角色，阴影表示每个阶段对这个角色的投入程度。弧形中的阴影部分越多，就表示这个时期在这个角色上投入的精力越多，显示这个角色就越重要。以图1-2为例，这个人在0～14岁的成长阶段凸显的角色是儿童；15～20岁到了探索阶段，凸显的角色是学生；30岁左右到了建立阶段，凸显的角色先是持家者，随后是工作者；45岁左右进入维持阶段，工作者的角色中断，学生的角色分量凸显，公民与休闲者的角色逐渐增加。可见，人在每个阶段均有凸显的角色组合出现，角色凸显的组合可以使我们看出一个人在生涯发展过程中，工作、休闲、学习研究、社会活动及家事对个人的重要程度，以及在不同发展阶段所具有的特殊意义。

在大学期间，学生可能面临的角色主要有 6 种，分别是学习者、工作者（学生干部、实习兼职）、子女、持家者（寝室和家庭、亲密关系等）、休闲者、公民。如果对这些角色做一些归类，那么工作者属于职业角色，持家者、子女、公民属于关系角色，学习者、休闲者属于生活角色。这一时期的显著角色首先是学生，随后逐步过渡到工作者。

练习 1-1

我的角色分配

深呼吸，让身体安静下来，认真回忆上个学期自己承担的各种角色，补充表 1-1 中没有列出且有精力投入的角色。给每个角色的任务以清晰的定义，比如持家者的责任可以包括家庭责任或者寝室责任，子女的责任可以包括陪伴父母和联络父母等。

表 1-1　角色分配

角色	子女	学生	休闲者	公民	工作者	持家者
上学期的精力分配						

随后依次完成如下步骤。

1. 人的精力是有限的，如果将一学期总的精力定义为 100，那么上学期每个角色占用的分值是多少？
2. 圈出目前阶段你认为应该主要承担的角色，可以是一个或几个。
3. 认真观察分值，你觉得你对上学期的精力分配满意吗？你理想中的分配方案是什么？请填入表 1-2 中。

表 1-2　理想的分配方案与计划

角色	子女	学生	休闲者	公民	工作者	持家者
理想的分配状态						
本学期的分配计划						

4. 认真对照两张表的结果，你希望本学期如何分配你的精力，填入表中。
5. 思考你需要做出哪些调整，才能保证这个分配计划，列出或者向身边的人分享。

四、职业生涯规划的步骤

体验活动 1-1

策划你的团队之旅

假如你有机会组织一场团队旅行，你希望是一场什么样的旅行？希望通过旅行获得什么？认真思考策划一次旅行，内容包含目标、计划、准备、实施等过程，请用关键词或流程图描述你的策划。

活动思考：你觉得策划团队旅行的流程与职业生涯规划有哪些相似之处？

完成一次团队旅行事实上不是一件简单的事。你首先需要对这次旅行有一个定位，是一次纯休闲游，还是一次素质拓展的修行之旅，又或是考察提升之旅。不同的目的会有不同的选择，同时你也需要了解团队成员的旅游喜好、身体状况和经济能力等，以便确定最佳的旅行目的地。此外，你还需要确定旅行行程、交通工具、住宿地，列出个人的旅行必备品清单，制定前期的分工计划，并督促落实。即便已经进入旅程，也有可能因为当地人的建议调整旅行线路或改变交通工具等。在完成每天的旅行行程后，你可以把旅程中的美好瞬间展示在你的朋友圈。完成一次旅行会给你带来新的体验，为你的下一次团队旅行总结经验。事实上，职业生涯规划和策划一次旅行有着不少相似之处。职业生涯规划首先需要你有主动规划的意识，然后根据自身条件、兴趣和你对职业的认知选定你的职业目标；接着进行职业生涯规划准备，你需要了解目标，确定需要准备的事项，制订计划；最后实施计划。在计划实施过程中可能会有调整，准备得越充分，目标就越容易实现，实施的过程也会越顺利。

从操作层面来讲，常规的职业生涯规划是一个在探索中不断验证、发现、调整的过程，大致流程如图 1-3 所示。

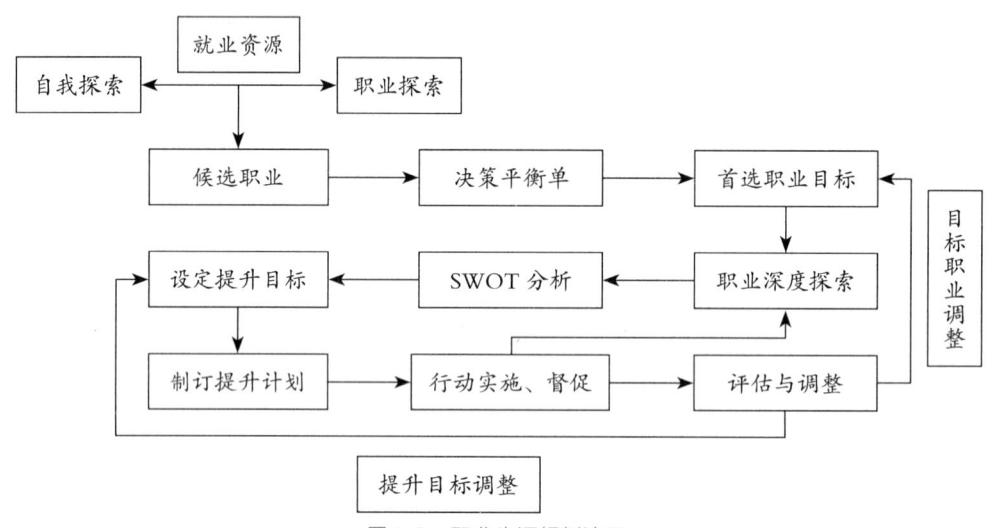

图 1-3　职业生涯规划流程

从系统层面来讲，职业生涯规划应当包括觉知与承诺、认识工作世界、认识自己、决策、行动、再评估 / 成长 6 个步骤。

（一）觉知与承诺

这一阶段非常重要，是职业生涯规划的起点，你需要通过了解职业生涯规划对个人发展的作用，发自内心地认可它的重要意义，从而愿意投入时间和精力来规划自己的生涯。同时，你需要明白职业生涯规划是对职业生涯发展的一种态度，它是一个动态变化、循序渐进的过程，需要有一个合理的预期，从而长期驱动你的生涯规划行动。

（二）认识工作世界

认识工作世界是职业生涯规划的现实基础，涉及对宏观工作世界的探索和对微观具体职业的探索，具体内容包括工作世界的宏观发展趋势，具体职业的工作内容、工作要求、薪资待遇、发展通道及准入条件，专业与职业的关系等。只有了解了工作世界的内容、要求和供需等情况，才能做出科学选择，有针对性地准备。

（三）认识自己

系统、科学的职业生涯规划是建立在对自己有较为清晰认识的基础上的，需要了解自己的兴趣爱好、人格特质；了解自己追求什么、看重什么；了解自己有哪些技能，从而可以胜任哪些工作；需要盘点自己的生理状态、家庭资源及自己的优势劣势，从而为制定合理而可行的目标打下基础。

（四）决策

决策是综合、分析、评估信息，做出选择，并制订计划的过程。科学决策建立在全面、真实、有效的信息的基础上。决策的具体内容包括生涯信念和障碍、信息的综合与评估、目标的设立、计划的制订等。

（五）行动

行动是落实阶段，是确保职业生涯规划获得成效的核心。个体需要通过行动来实现自己设定的目标，在行动中探索、发现、思考、调整，通过不断地完善信息，实现一个个阶段性目标，从而朝着自己期待的生涯发展方向前进。比如学业及学习能力的提升、职业素养与能力的提高、求职信息的收集、简历的制作和投递、面试的准备等，每个环节都会对最终的求职结果产生影响。

（六）再评估/成长

职业生涯规划不是确定了一个目标就一成不变，而是在目标实施过程不断探索、调整、实现的动态过程。对自己的深入探索或许会让我们了解自己真正的需求，继而调整我们的目标；通过实习实践增强对工作世界的了解后，或许会让我们对职业有更为真实的认识，继而调整我们的目标；行动的过程会给我们带来成长，让我们拥有更多的资源和平台，或许也会让我们调整目标；走进职场，随着外部环境的变化，或许原来的规划已经不适合当下的情况，继而也会让我们调整目标。所以说，职业生涯规划的过程是一个循环往复的过程，是一个需要我们一辈子探索的过程。

课后任务

任务主题：完成我的人生鱼骨图

任务要求如下。

人生一路走来的各种事件成就了现在的你，它们中有成功、愉悦的正向经历，也可能有失败或悲伤的负向事件，但它们都在共同影响你，也会给你生命的启示。现在让我们回顾你的过去，并以此为线索展望你的未来。根据以下要求梳理出你的人生鱼骨图，并完成下列问题。

在白纸上画一条向前游行的鱼的骨架（简称鱼骨图），如图1-4所示。这条线的长度代表了你生命的长度，生命线的上方是对你来说有重要影响的正向事件，生命线的下方是对你来说有重要影响的负向事件。回顾你的生命历程，分别标注2～3件对你有重要影响的正向和负向的事件或人。

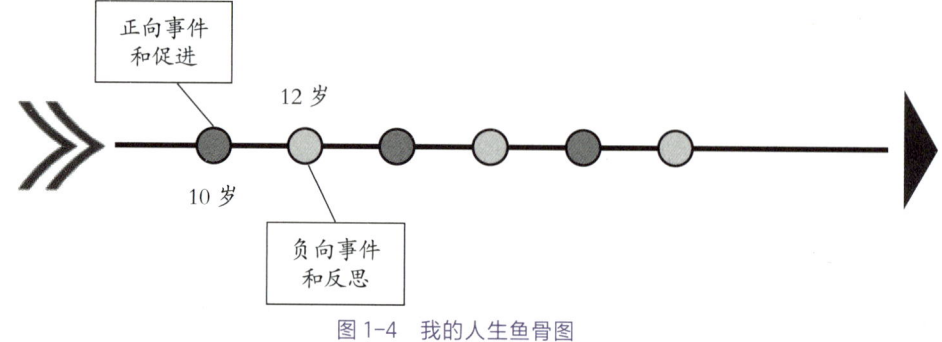

图1-4 我的人生鱼骨图

（1）你觉得这些事件让你的人生产生了哪些变化？

（2）回顾入学到现在的生活，列举出未来人生路上你认为重要的事件，你希望它们在什么时候发生？会对你的生活产生什么影响？当下你可以提前做哪些准备？

（3）展望你的大学生涯，写出3件你期待在大学里发生的正向事件。

课后阅读与思考

约翰·克朗伯兹的社会学习理论

约翰·克朗伯兹（以下简称克朗伯兹）的社会学习理论是在艾伯特·班杜拉提出的社会学习理论的基础上，吸取其精华，应用到生涯发展领域中，继而提出适用于职业生涯规划的生涯决定社会学习理论。他的主要观点归纳如下。

第一，克朗伯兹认为个体职业生涯发展的根本选择是由内在的因素和社会环境因素来共同决定的，包含遗传因素和特殊的能力、学习经验、工作取向的技能、环境状况和事件等4个主要因素，这4个因素交互作用，对个体职业生涯规划产生影响。

第二，克朗伯兹认为个体独特的学习经验是生涯选择时重要的衡量标准，包括工具式学习经验和联结式学习经验两种范式。工具式学习经验强调个人的学习经验由环境（个体）刺激、外显行为和结果3个条件综合作用而获得，个体入职所需的技能就是通过这个连续作用的学习过程获得的。联结式学习经验可以理解为某些环境的刺激会引起个人情绪上积极或消极的反应，职业的刻板印象通过这个学习的联结作用而习得，影响个体对职业的判断、选择和归属。

第三，克朗伯兹认为兴趣是通过积极的学习经验培养出来的，而学习经验才是导致个体从事某项职业的主要原因，个体不能做生涯决定主要是缺乏和生涯有关的学习经验。

第四，偶发因素不可避免，在人生中无处不在，但意外的发生并不意外。偶发事件可能成为学习机会，应该善用机缘，拥抱偶然，从中发现机会，甚至规划偶发事件。五大促进机会发生的因素包括好奇、坚持、乐观、善于变通、敢于冒险。

> **阅读思考**
> 克朗伯兹的社会学习理论对大学生的职业生涯规划有什么启示？

第二节 共创赋能团队（实践课程）

知识目标

- ◆ 了解团队定义、特征、类型和作用。
- ◆ 了解课程的组织形式及要求，提升课程参与内驱力。

能力目标

- ◆ 能运用所学知识搭建课程团队，确立学习目标，科学分工，形成团队文化。
- ◆ 能发挥团队的作用，在团队支持下养成一个好习惯。

明德笃行

这一节的内容旨在引导学生主动组建和打造团队，并培养团队的沟通技能、问题解决技能与自我管理技能。通过团队的影响来培养自身好的习惯。

章节导入

> **案例 1-2**
>
> **唐僧师徒西天取经**
>
> 《西游记》想必大家都不陌生，唐僧从大唐出发前往西天取经，一路遇到了孙悟空、白龙马、猪八戒、沙和尚。师徒五人从一开始吵吵嚷嚷着要散伙到团结一心取真经，你有没有去细细体会师徒五人发生的变化，有没有想过这个变化是怎么发生的，为什么会发生这样的变化？
>
> **案例思考：**
> 1. 唐僧师徒各自在取经途中发挥了什么作用？各自又发生了什么变化？
> 2. 你觉得，他们发生变化的关键是什么？后期的唐僧师徒有什么特征？

实践主题：创建我的团队

实践要求如下。

1. 课程分组

主持人通过活动或报数等方式随机分组。

2. 组内破冰

主持人通过活动让组内成员破冰并相互了解，并选出大家觉得最有领导力的人做组长。

3. 团队共创

结合专业相关的未来职业确定小组名称，并在此基础上完成团队的课程目标、团队公约、logo（标志）和口号等，完成团队的组织建设。

4. 团队分工

根据各自的特点进行分工。分工的岗位不限于以下的团队岗位说明书。

组长：组织和带领、协调者。

阳光专员：负责正能量传递，带来活力。

爱心专员：传递关爱，服务大家。

监督专员：监督、观察、保持秩序。

创意专员：开发新视角、新思路、提出不同建议。

后勤专员：后勤保障。

联络专员：和他组形成连接。

5. 完成团队建设表

根据团队共创结果，完成以下团队建设表（见表1-3）。

表1-3　团队建设表

团队名称					
团队分工					
团队的课程学习目标： 1. 2. 3.					
团队公约： 1. 2. 3. 我承诺履行团队公约！　　　　　　　　　　　　　　　成员签名：					

6. 团队展示

要求全体参与，展示内容主要包括团队的名称及logo的含义、团队课程学习目标、团队的分工等，并在结束时共同喊出团队的口号，并合影留念。

讲解与练习

一、关于团队的概念

世界上不可能存在完美的人，但却存在接近完美的团队。尽管团队中的每一个角色都有着各自的优点和缺点，但依靠团队的力量，实现资源共享、优劣互补、互利共赢，往往就离成功不远了。那么，什么是团队呢？

（一）团队的定义

团队（team）的一般定义是"具有互补技能和共同目标的小规模团组人"。它是一个基层和管理层人员组成的共同体，通过合理发挥每位成员的知识和技能协同工作，形成主动、高效、合作且有创意的团体，解决问题，达到共同的目标。

（二）团队的构成要素

团队（team）与群体（group）之间确实存在显著的区别，而团队的成功构建往往依赖于其5个核心构成要素，即5P：目标（purpose）、人（people）、定位（place）、权限（power）和计划（plan）。

1. 目标

团队的核心凝聚力源自一个清晰且共同的既定目标。这个目标不仅是团队成员的行动指南，引领着大家朝同一方向努力，更是团队存在的根本价值和意义。团队的目标必须紧密地与组织的目标相契合，确保每一小步都朝着大局迈进。为了达到最终目标，我们可以将这个大目标拆解成若干个小目标，每个小目标都具体、可衡量、可达成，并且与整体目标紧密相连。随后，这些小目标会被进一步细化，分配到每一位团队成员的身上，形成明确的责任和任务。有时还可以把目标贴在明显的地方，以此来激励所有成员为这个目标去努力。

2. 人

团队的核心在于人，至少两人即可组成团队。团队成员是达成目标的基石，每个人的选择与分工都至关重要。在团队中，角色多样，有策划者、计划制订者、执行者、协调者、监督者及评估者等。在挑选成员时，需综合考虑其能力、技能与经验，并据此进行合理分工。每一位成员各司其职，通过紧密合作，共同推动团队向既定目标迈进。

3. 定位

正确的团队定位是确保团队高效运作的基础，它分为两个相辅相成的层面：首先，团队需明确自身在企业或组织中的整体位置，包括其组建机制、责任归属，以及领导与激励机制，这有助于团队清晰定位，明确目标与职责；其次，团队成员需有明确的个体定位，即每位成员在团队中的角色与职责分工，通过合理匹配个人能力与岗位需求，实现人力资源的最优配置，促进团队协作与目标的共同实现。团队定位不仅关系到团队在组织结构中的角色和责任，也涉及每个团队成员的具体职责和岗位目标，从而为团队成员提供了清晰的工作方向。这种定位有助于确保团队活动的一致性和效率，同时也为团队成员提供了发展和成长的空间。

4. 权限

团队领导人的权力大小与团队的发展阶段紧密相连，通常呈现出动态变化的趋势。在团队初创阶段，由于成员间的默契尚未形成，目标尚不明确，因此领导权相对较为集中，以便快速决策和推动团队向前发展。然而，随着团队的逐渐成熟，成员间的信任增强，能力互补，团队文化逐步形成，领导者的权力则相应减弱，更多地转变为引导和协调的角色。团队权限关系同样包含两个重要的维度：一是团队在组织内部的决策权限，这直接关系到团队能否自主决策关键事项，如财务、人事、信息等资源的分配与使用。二是组织的基本特征对团队权限的影响。这包括组织的规模、团队的数量、对团队的授权程度以及业务类型等。大型组织可能拥有更多的团队，但每个团队的独立性和决策权可能受到限制；而小型组织则可能更加灵活，给予团队更大的自主权。

5. 计划

计划的本质体现在双重作用上：首先，它是实现最终目标的战略蓝图，将宏观愿景细化为一系列具体、有序的行动步骤，为团队提供清晰的工作指导，确保每一步都朝既定方向迈进；其次，计划作为保障工作进度的有效工具，通过设定明确的时间表和进度指标，帮助团队监控并调整工作节奏，确保按时按质完成任务，稳步接近并最终达成目标。因此，精心规划的计划是团队成功不可或缺的关键要素。

（三）团队的特征

团队是一体的，成败是整体的而非个人的。由基层和管理层组成的团队，有着共同的理想目标，愿意共同承担责任，共享荣辱。在团队发展的过程中，通过长期的学习、磨合、调整和创新，能够形成主动、高效、合作且有创意的团体，共同解决问题，达到共同的目标。因此，一个好的团队，应该具备以下几点特征。

1. 共同愿景

作为美国学者彼得·圣吉五项修炼中的核心一环，共同愿景是组织内部所有成员共同持有的、超越个人层面的愿望、理想或目标，它以生动具体的景象形式展现，既根植于每位成员的个人愿景之中，又超脱其上，形成了一种集体性的追求。这一愿景建立在组织共同的价值观基础之上，是组织成员对于组织未来发展所持有的共同期望与梦想，它不仅是一个被动的概念，而是深深植根于每位成员内心，激发着他们主动追求、不懈努力的热情。

共同愿景包含下列各项要素：①愿景，即人们想要的未来图像。②价值观，即人们如何到达自己的目的地。③目的和使命，即组织存在的理由。④目标，即人们期望短期内达到的里程碑。目标一致，动力便会充足。

2. 组织认同

组织认同体现在组织成员在行为、思维等方面与组织的高度一致性。这种一致性不仅源于成员对组织规章制度的理性遵循和责任感，更深层次地，它包含了成员对组织产生的非理性情感，如归属感和依赖感。这些情感因素促使成员全心全意地投入组织活动，为组织的发展贡献力量。为了更细致地描绘组织认同的程度，我们可以将其划分为4个等级。

A-1级：表示成员对组织的价值观和企业文化认同度较低，难以产生情感共鸣，更多地关注个人利益，缺乏对企业未来的关注和使命感。

A-0级：表明成员对组织有一定的认同，能够在工作中展现出自主性和主人翁精神，对企业未来有信心，并能较好地融入团队，表现出较强的使命感。

A+1级：代表成员对组织的高度认同，他们不仅以身为组织一员为荣，还积极投入工作，展现出强烈的主人翁精神和组织荣誉感，对组织的发展充满信心，并积极参与各项活动。

A+2级：是组织认同的巅峰状态，成员不仅拥有强烈的归属感和使命感，还成为组织文化和价值观的积极倡导者，与团队成员之间默契配合，共同推动组织的发展。

团队成员对组织的认同是个人价值和组织价值趋同的过程。当成员均认同于组织价值时，共同的组织价值将进一步提升团队的凝聚力，团队成员之间将形成一种相互促进、相互激励的良好局面。

3. 分工协作

分工协作是团队实现共同目标的关键策略，它体现了资源共享与协同合作的精神。这一模式基于团队成员的个性、能力、兴趣及资源等多元因素，进行科学分工，旨在最大化地调动每位成员的资源与才智。通过分工协作，团队能够实现优势互补，明确各自权责，激发相互间的激励作用，进而产生远超个体简单相加的整体效能，即"1+1+1＞3"的协同效应。团队协作不仅是组织创新的强大驱动力，更是所有资源中最具能动性的因素。在团队发展中，合理配置人力、财力、物力至关重要，而激发人的积极性和创造性则是这一过程中的核心环节。对于管理团队而言，有效运用团队协作机制尤为重要。它不仅能够显著提升团队的执行力和效率，还能在无形中培养团队的向心力和凝聚力，使成员间建立起深厚的信任与默契，共同面对挑战，携手共创辉煌。

4. 有效沟通

德国哲学家尤尔根·哈贝马斯曾提出沟通有效性理论，认为要形成共识，必须有"理想沟通情境"和"沟通有效性"两个前提。其中沟通有效性包括可领会性、真实性、真诚性、行为规范正确性。在此定义下，在组织内有效进行沟通包括两个方面：一是信息发送者清晰地表达信息的内容，以便信息接收者能准确理解；二是信息发送者重视信息接收者的反应，并根据其反应及时修正信息的传递，进行充分讨论，避免不必要的误解，两者缺一不可。一般达成有效沟通的原则有11项：①保证沟通优先地位；②建立并保持眼神接触；③使用开放式问题；④采用回应性倾听；⑤使用"我"作主语；⑥避免负面表达而谈论积极的一面；⑦集中在核心问题本身；⑧制定解决措施；⑨保持言语信息与非言语信息的一致性；⑩分享权力；⑪保持沟通持续进行。

5. 高效执行

高效执行是指对于组织分配的任务，没有借口，坚决完成；对于承诺的事情，说到做到，并且做到最好。"言必信，行必果"是做人做事的基本标准。高效执行有三大要素，那就是决策力、领导力与控制力。决策力指选择执行方案、选择执行人及选择执行过程的决策能力，即选对人、做对事的能力。良好的决策对于高效执行具有方向性的指导，对做事的方向、做事的人及做事方法进行选择和甄别。优秀的领导可以有效避免执行过程中出现大的纰漏和问题，优秀的领导会对目标、措施的制定进行及时检查和指导，还要对执行的目标、执行过程及预期执行结果进行明确和评估。控制力则会影响任务最终的结果。如果没有明确规范的过程控制，就不会出现良好的结果。

> **练习 1-2**
>
> **反思我的团队**
>
> 1. 基于团队的特征，对于你目前所在的团队，哪些方面是你们已经具备的，哪些方面是你们还欠缺的？
>
> _____
>
> _____
>
> 2. 采取什么措施可以有效改善团队的现状？
>
> _____
>
> _____

二、团队对个人成长的影响

一个团队正如组成它的成员一样，具有其独特的个性。在某种程度上，团队的个性指其成员个性的综合，再附加上其他的因素。一个团队往往通过团队内部成员之间的互动作用，创造出在个别成员身上看不到的能量和力量。"合成能量"这个术语，指许多团队所拥有的能量，总体大于个体之和，可以用数字表示为：1+1＞2。

美国心理学家库尔特·勒温（以下简称勒温）认为整体比部分重要得多，团体不是由个体的特征所决定的，而是取决于团体成员相互依存的那种内在的关系。他提出了著名的公式

$$B=f(P,E)$$

其中，B 指行为，P 指个体，E 指个体所处的情境，f 指函数关系。一个人的行为（behavior）是其人格或个性（personality）与其当时所处情景或环境（environment）的函数。这个公式的含义是，个人的一切行为（包括心理活动）是随其本身与所处环境条件的变化而改变的。比如当你大一进入一个其他同学都考研究生的寝室时，或许你也开始考虑这个你从未曾想过的问题，甚至和他们成为研友。

事实上，团队对个人成长的影响是深远且多方面的。在一个团队环境中，个人不仅能够获得专业知识和技能的提升，还能在情感、社交、领导力等多个维度上实现自我成长。以下是团队对个人成长的具体影响。

（一）提升专业技能和知识

团队通常由具有不同专业背景和技能的成员组成，这为个人提供了学习和交流的机会。通过与团队成员的合作，个人可以接触到新的领域和观点，拓宽自己的知识面；在团队项目中，个人需要不断学习和应用新的技能来解决问题，这种实践中的学习往往比单纯的理论学习更加有效。

（二）获得情感成长与建立人际关系

团队环境为个人提供了建立良好人际关系的平台。在团队中，个人需要与不同性

格、背景和价值观的人相处，这有助于培养同理心、包容性和沟通技巧；团队中的合作与竞争也会激发个人的情感成长，如学会如何处理压力、挫折和冲突，以及如何与他人建立信任和尊重的关系。

（三）提升领导力与自我管理能力

在团队中，个人有机会承担领导角色或参与领导活动，这有助于培养领导力。通过领导团队完成项目或任务，个人可以学会如何制定目标、分配资源、激励团队成员并做出决策。同时，团队环境也要求个人具备良好的自我管理能力，如时间管理、情绪调节和自律等。这些能力的提升将有助于个人在未来的职业生涯中更加成功。

（四）提升创新思维与问题解决能力

团队中的多元思维和不同观点的碰撞有助于激发创新思维。在解决团队面临的问题时，个人需要跳出传统思维模式，尝试新的方法和思路。通过与团队成员的交流和讨论，个人可以学会如何系统地分析问题、提出假设并验证解决方案。这种问题解决能力的提升将有助于个人在未来的工作和生活中更加自信和独立。

（五）增强团队责任感和合作精神

在团队中，个人需要对自己的工作负责，同时也对团队的整体表现负责。这种责任感会促使个人更加认真地对待工作，努力提高自己的业绩。同时，团队合作精神也会让个人意识到团队的力量和重要性。通过与他人合作完成任务，个人可以学会如何与他人协作、分享资源和成果，以及如何在团队中发挥自己的优势。

（六）获得职业发展的机会

团队的优秀表现往往能为个人带来更多的职业发展机会。例如，团队项目的成功可能会吸引上级或客户的注意，从而为个人带来更多的晋升机会或项目参与机会。此外，团队中的合作和交流也有助于个人建立更广泛的人脉网络，为未来的职业发展打下基础。

综上所述，团队对个人成长的影响是多方面的。在团队环境中，个人可以提升专业技能和知识、获得情感成长与建立人际关系、提升领导力与自我管理能力、提升创新思维与问题解决能力、增强团队责任感和合作精神，获得职业发展的机会。这些影响将促使个人更加全面和成熟地发展。

三、团队的类型

（一）团队的类型

按照团队存在的目的和形态，可将团队分为问题解决型团队、自我管理型团队、跨职能型团队。

1. 问题解决型团队

问题解决型团队是指为了解决组织中的某些专门问题而设立的队伍。团队成员通常每周抽出几个小时，讨论如何改进工作程序和工作方法，并提出建议，但他们通常没有按照这些建议单方面地采取行动的权利。例如，大学里的专业竞赛团队、学术科研团队就属于问题解决型的团队。

2. 自我管理型团队

自我管理型团队是相对于传统的工作群体的一种团队形式。他们能够自主地承担管理职责、决定工作的分配、工作的节奏、团队质量的评估等，甚至决定谁可以加入团队等问题。自我管理型团队能较好地提高团队成员的满意度，但是它和传统组织比起来，流动率相对较高，且最大的风险就是目的不明确。大学里的学生会、学生社团就属于自我管理型的团队。

3. 跨职能型团队

跨职能型团队是指来自组织内部同一层次、不同部门或工作领域的成员组成的，为合作完成包含多样化任务的一个大型项目的队伍。跨职能团队打破了组织之间的界限，使得来自不同领域的员工能够交流，这有利于激发新观点，协调解决复杂的问题，大学里的创业团队往往属于这一类型。

（二）我们身边的团队

大学里也有各种各样的学生团体，比如学生会、学生社团、竞赛队伍、创业团队、暑期社会实践团等，如何将这些团体打造成一个团队，是值得我们思考的话题。我们简要介绍以下几个学生团队的特征。

1. 大学学生会

这是一个由学生自主管理、自我服务、自我教育的组织，是一个自我管理型的团队，具有以下特点。

（1）自治性。

学生会是一个相对独立的自治组织，由学生代表组成，负责管理和组织学生的活动。它在学校管理层的指导下工作，但享有较大的自主权和决策权。

（2）服务性。

学生会的宗旨是为学生服务，维护学生的权益，促进学生全面发展。它通过组织各种学术、文化、体育、社会实践等活动，丰富学生的校园生活，提高学生的综合素质。

（3）组织性。

学生会具有严密的组织结构，包括主席团、各部门（如学习部、文艺部、体育部、外联部等）及下属的班级或年级分会。各部门分工明确，相互协作，共同推动学生会工作的顺利开展。

（4）代表性。

学生会的成员来自不同年级、不同专业、不同背景，他们通过选举或推荐产生，代表广大学生的利益和意愿。因此，学生会能够广泛收集学生的意见和建议，为学校管理层提供决策参考。

（5）教育性。

学生会不仅是一个服务组织，也是一个教育平台。在学生会工作和活动期间，学生可以锻炼自己的组织能力、沟通能力、领导能力等多方面的能力，同时培养自己的团队合作精神和社会责任感。

2. 学科竞赛团队

这是为了完成一项竞赛而临时组建的队伍，属于一个问题解决型的团队，具有以下特征。

（1）专业性强。

成员背景：学生竞赛团队的成员通常来自学校内对某一学科或领域有浓厚兴趣且具备较高能力的学生。他们通过选拔或自愿加入，组成了一个专业化的团队。

知识积累：团队成员在相关领域拥有扎实的知识基础，能够深入理解竞赛的考点和要求，为竞赛做好充分准备。

（2）目标明确。

竞赛导向：学生竞赛团队的主要目标是参与各类学科竞赛，通过竞赛来检验和提升自身的能力水平。

成绩追求：团队成员通常对成绩有较高的追求，他们希望通过竞赛获得荣誉和认可，同时也能为学校和个人增光添彩。

（3）团队协作。

分工合作：在竞赛准备过程中，团队成员会根据各自的优势进行分工合作，共同完成任务。这种协作不仅提高了工作效率，也增强了团队凝聚力。

互帮互助：团队成员之间会相互帮助、相互支持，在遇到困难时共同寻找解决方案。这种互帮互助的精神有助于团队克服难关，取得更好的成绩。

（4）创新性强。

创新思维：学生竞赛团队在准备竞赛的过程中，往往需要运用创新思维来解决问题。他们不断探索新的思路和方法，力争在竞赛中脱颖而出。

实践探索：团队成员会通过实践来验证自己的创新想法，不断总结经验，提高创新能力。

（5）指导有力。

专业指导：学生竞赛团队通常会得到学校或专业教师的指导和支持。这些指导者具备丰富的经验和专业知识，能够为学生提供有针对性的指导和建议。

资源支持：学校或指导教师还会为学生提供必要的资源支持，如实验设备、竞赛资料等，以确保学生能够顺利开展竞赛准备工作。

（6）压力管理。

心理调适：由于竞赛通常具有较高的压力和挑战性，学生竞赛团队需要具备良好的心理调适能力。他们通过相互鼓励、调整心态等方式来应对压力和挑战。

时间管理：团队成员还需要合理安排时间，确保在紧张的竞赛准备过程中能够保持高效的工作状态。

3. 学生创业团队

这是在校大学生自发组建的，旨在通过创业活动实现个人价值和社会影响的组织。这类团队具有明确的目标和愿景，成员之间形成紧密的合作关系，共同面对市场挑战和创业风险。这类团队具有以下特点。

（1）多样性。

团队成员通常来自不同的专业背景，如市场营销、计算机科学、电子工程等，这种多样性有助于在解决问题时提供多角度的思考和创新方式。

（2）创新性和创造力。

大学生创业团队往往具有较高的创新意识和创造力，能够提出新颖的解决方案和商业模式。

（3）学习和成才。

团队成员在创业过程中不断学习新知识和技能，提升自身的专业能力，同时也促进了团队的整体成长。

（4）社会影响。

许多大学生创业团队不仅关注商业成功，还致力于解决社会问题，通过创新技术和服务改善人们的生活。

（5）挑战和困难。

创业过程中会遇到各种挑战和困难，但大学生创业团队通常具有坚定的信念和乐观的态度，能够克服困难，实现目标。

四、团队中的角色

案例1-3

了不起的全员考研上岸寝室

在某民办高校，某寝室因为"全员考研上岸"被人熟知。寝室的灵魂人物是寝室长小王，他自己不仅连续四年荣获奖学金，在他带领下，该寝室更是多次被评为"校园文明寝室"。

自大一入学时，小王便立下了考研的目标，在他的影响下，考研逐渐成为该寝室共同的目标。室友们一起制订了各自的学习计划，并在考研路上各司其职。小夏英语成绩好，负责组织室友进行单词接龙、阅读比赛和背诵课文比赛，提升全寝室英语水平；小胡是男篮队长，负责学习之余带动他们打球和运动，以缓解压力；小吴性格积极乐观，负责在室友情绪不佳的时候给予帮助。

小王则以身作则，善于倾听，让每个人都感受到自己的价值和重要性。在他的带领下，寝室团队紧密相连，共同朝着考研的目标奋力前进。最终，他们实现了全员考研成功。小王的领导力和团队协作能力，以及室友们的共同努力和相互支持，共同铸就了这份难得的荣耀。他们的故事激励着更多学子勇敢追梦，也展现了团队协作和共同奋斗的强大力量。

1. 你们所在课程团队的目标是什么？
2. 如何分工能够帮助你们组实现这个目标？
3. 你们如何定义一个好组长或者是好组员？
4. 一学期后，你期待团队成为一个什么样的团队？成员相互之间是什么样的关系？

（一）团队角色

团队角色指的是一个人在团队的某一职位上应该有的行为模式。如果角色平衡出现问题，那么结果必然会产生偏差。即使团队由有能力的人组成，但如果团队内部各角色的平衡出现问题，整个团队也无法产生令人满意的结果。根据R.梅雷迪恩·贝尔宾的团队角色理论，他将团队角色分为9类，相关角色分类的说明、贡献与可容许的弱点如表1-4所示。

表1-4　9类团队角色

团队角色说明	团队角色贡献	可容许的弱点
智多星	创造力强，充当创新者和发明者的角色，为团队的发展和完善出谋划策	倾向于独立工作，持保守状态
外交家	热情、行动力强、外向，善于和人打交道，擅长谈判和挖掘新的机遇	缺乏原创想法
协调者	能够凝聚团队的力量向共同的目标努力，成熟、值得信赖并且自信	可能会操纵他人，把本属于自己的工作安排给他人
鞭策者	充满干劲、精力充沛、渴望成就的人，勇于挑战他人并关心最终是否胜利。喜欢领导并激励他人采取行动	面对失望和挫折时表现出强烈的情绪反应
审议者	态度严肃、谨慎理智，倾向于三思而后行，具有批判性思维，擅长在考虑周全之后做出明智的决定	缺少激励别人的内驱力和能力，过分挑剔
凝聚者	合作、温和、圆滑，能够倾听、消除摩擦、平息风波	困境中表现得优柔寡断，容易被他人左右
执行者	有条不紊、值得信赖、保守、高效，能把想法转变为实际行动	缺乏灵活性，对新事物反应迟钝
完成者	忠于外部的责任、纪律严明、老实本分、个性坚强、务实、信任同事、吃苦耐劳、尊重传统	过度担心，不愿意授权，可能吹毛求疵
专家	一心一意，工作主动，勇于奉献，具有专业领域的知识与技能	只在狭窄的前端做贡献，沉迷技术，忽视全局

如表1-4所示，每个团队角色都有它的贡献和特定的弱点，两者往往密不可分，这些弱点也被我们称为是可容许的弱点。即使是一个团队中的领导者，也很难在所有角色上都表现得很好。

（二）如何成为一个好的团队管理者

1.团队管理者类型

在团队中，管理者的类型多种多样，每种类型都有其独特的管理风格和优势，适用于不同的团队环境和任务需求。表1-5是一些常见的团队管理者类型。

表 1-5　团队管理者的类型

管理者类型	风格特点	适用场景
指令型管理者	明确指示团队成员如何完成任务，注重细节和规则的执行	在紧急情况下或团队成员经验不足时，指令型管理者能够快速决策并推动任务进展
变革型管理者	通过激励和鼓舞团队成员，激发其内在动机和潜能，促进创新和成长	在需要创新、变革或提升团队士气的环境中，变革型管理者能够发挥重要作用
亲和型管理者	注重团队和谐与人际关系，善于倾听和关心团队成员的感受和需求	在团队内部存在冲突或需要增强团队凝聚力时，亲和型管理者能够营造积极的团队氛围
参与型管理者	注重团队成员的发言，善于鼓励员工积极参与，赋予员工更多的权利和责任	在团队讨论重大问题时，参与型管理者能够让员工参与决策，提升员工对组织的归属感和信任感
成就导向型管理者	设定高目标，关注结果和绩效，激励团队成员追求卓越	在竞争激烈的行业或需要快速达成目标的环境中，成就导向型管理者能够推动团队不断前进
教练型管理者	注重培养团队成员的能力和技能，通过指导和反馈促进个人成长	在团队成员需要提升技能或适应新角色时，教练型管理者能够提供有效的支持和指导
授权型管理者	将决策权和责任下放给团队成员，信任并支持他们自主完成任务	在团队成员具备足够能力和经验时，授权型管理者能够激发其主动性和创造力

需要注意的是，这些管理者类型并不是孤立存在的，很多管理者会根据实际情况灵活调整自己的管理风格，甚至在同一时间段内展现出多种类型的特点。此外，一个优秀的团队管理者还应该具备跨类型团队管理的能力，以适应不同的团队环境和任务需求。

2. 优秀团队管理者的基本素质

在当今快速变化的商业环境中，优秀团队管理者的角色愈发显得重要。他们不仅是团队的领航者，更是组织成功的关键驱动力。优秀团队管理者的基本素质包括以下几个方面。

（1）明确的目标与愿景。

优秀的管理者需要具有清晰的目标和愿景，能深入理解其价值，并有能力通过价值传递，使之成为团队共同目标和愿景，从而激发团队成员的积极性和向心力。

（2）高度的责任心与使命感。

优秀的管理者对自己的工作充满热情，对团队成员的成长和团队的整体表现负有强烈的责任感，始终致力于实现团队和组织的长期目标。

（3）出色的领导力。

优秀的管理者以身作则，通过自身的行为和态度为团队树立榜样，同时能够根据团队成员的特点和需求，提供恰当的指导和支持。他懂得如何凝聚团队力量，促进团队成员之间的合作与互助，打造高效、和谐的团队氛围。

（4）卓越的沟通和协调能力。

他们擅长倾听团队成员的意见和建议，能够清晰、准确地传达信息，减少误解，解决冲突，确保团队内部沟通顺畅。

（5）灵活的问题解决能力。

面对团队遇到的挑战和困难，优秀的管理者能够迅速做出决策，灵活调整策略，带领团队克服困难。

（6）持续的学习与成长。

他们保持对新知识、新技能的好奇心和求知欲，不断提升自己的管理能力，以适应不断变化的环境和团队需求。

这些基本素质共同构成了优秀团队管理者的核心竞争力，使他们在引领团队走向成功的过程中，能够发挥出最大的潜力和价值。

课后任务

任务主题：团队赋能好习惯

任务要求如下。

（1）组内成员各自设定一个好习惯目标，要求对个人生涯发展有益，且具有一定的挑战性，比如阅读、运动、减重、时间管理、笔记手账等。

（2）向组内成员分享，并制定实施方案，要求一个月内实施28天或者连续实施21天以上。

（3）团队共创监督机制，可以是两两组队相互督促，也可以是团队打卡共同督促，也可以专人督查。

（4）挑战者完成表1-6，并提供部分支撑材料。

表1-6 个人挑战表

挑战者姓名：			挑战内容：		
挑战前情况：					
挑战目标：			挑战时长：		
个人挑战记录					
序号	日期	完成情况	序号	日期	完成情况
1			12		
2			13		
3			14		
4			15		
5			16		
6			17		
7			18		
8			19		

续表

个人挑战记录						
序号	日期	完成情况	序号	日期	完成情况	
9			20			
10			21			
11			团队督促者：			
个人收获							

课后阅读与思考

库尔特·勒温的团体动力学

1939年，勒温在《社会空间实验》一文中创新性地提出了"团体动力学"的概念。他致力于探索团体内部各种潜在动力的相互作用机制，以及这些动力如何影响个体行为，并深入剖析了团体成员之间的相互依存关系。

到了1945年，勒温在美国麻省理工学院创立了"团体动力学研究中心"，标志着团体动力学正式成为一门学科。勒温将早期研究个体行为时提出的心理动力场或生活空间学说，巧妙地应用于社会问题的研究中。他聚焦于团体生活的动力，深入探讨了团体的氛围、成员间的关系及领导风格等核心要素。勒温认为，团体是一个不可分割的动力整体，其特性并非简单地由各成员相加而成，而是由成员间的相互依赖关系所决定。

他进一步指出，团体中的任何一部分发生变化，都会引发整体内部其他部分的连锁反应，最终影响整个团体的性质。此外，勒温还系统研究了团体对成员行为改变的影响。他发现，相较于个体单独做出的决定，团体决定对成员行为的影响更为持久。在训练领导力、改变饮食习惯等方面，如果首先引导个体所属的社会团体发生相应的变化，再通过团体来影响个体行为，其效果往往优于直接针对个体进行改变。勒温的学生贝克也进行了相关研究，他设计了一项实验，让被试者成对合作完成一套图画。通过这项实验，贝克得出结论，即团体的内聚性主要基于3种因素：一是对其他成员的喜爱；二是团体成员资格带来的声望；三是团体作为实现个人目标的手段。贝克还发现，无论团体内成员间相互吸引的原因如何，越是紧密结合的成员越容易达成一致意见，同时也越容易受到团体讨论的影响。

团体动力学理论在多个领域都有广泛的应用，包括企业管理、教育教学、心理咨询等。以下是一些具体的应用实例。

企业管理：在企业管理中，团体动力学理论可以帮助领导者更好地了解团队成员的心态和需求，优化团队结构，提高团队的凝聚力和执行力。通过加强团队成员之间的沟通和协作，促进团队目标的实现。

教育教学：在教育教学领域，教师可以运用团体动力学理论来促进学生之间的合作与交流。通过安排小组讨论、团队项目等活动，让学生在团队中相互学习、相互帮助，提高学习效果和学习动力。

心理咨询：在心理咨询中，团体动力学理论可以应用于团体咨询和治疗中。通过创建安全、稳定的团体环境，帮助团体成员在相互支持和理解中解决个人问题，提高心理健康水平。

（资料来源：勒温. 群体动力学[M]. 纽约：哈珀出版社，1947.）

阅读思考

团体动力学对我们共创相互赋能的学习型团队有什么样的启示？

第二章
扩充职业认知

CHAPTER 2

对我们每个人来说，扩充对职业的认知就像拥有一把打开广阔职业世界的金钥匙。扩充职业认知可以帮助我们超越现有的认知边界去探索职业世界的广阔与多元，理解不同职业的本质和特点，以及它们在社会中的意义和价值。

对于即将步入社会或正处于职业生涯初期的人来说，扩充职业认知是职业发展的关键。这意味着我们要全面了解职业分类、行业趋势和所需技能，还要深入理解职业背后的社会需求、个人成长路径及潜在的机遇。这个过程对我们的职业规划非常重要，它不仅能帮助我们找到与个人兴趣、价值观相匹配的职业方向，还能让我们找到通往职场的努力方向，更能让我们在快速变化的职业环境中保持敏锐的洞察力，灵活调整策略，从而实现职业生涯的可持续发展。

通过不断扩充职业认知，我们可以更加自信地面对职业选择，为未来的职业发展铺设宽广的道路，最终实现个人成就与社会贡献的和谐统一。

第一节　认识工作世界

知识目标

- ◆ 了解工作、职业的相关概念。
- ◆ 了解工作世界的现状、特征及大学生就业的环境。
- ◆ 了解工作世界探索的内容和方法。

能力目标

- ◆ 能运用所学的工作世界探索方法探索工作世界。
- ◆ 能通过对工作世界的探索，正确认识工作世界的现状和趋势。
- ◆ 能通过对工作世界的探索，对未来从事的职业有初步的定向。

明德笃行

通过本节的学习，认识了解工作世界是实现自我价值和社会贡献的重要途径；了解工作世界现状、发展趋势和需求，并认识到在工作世界中每个人都有各自的工作机会，能够通过工作实现个人和社会的价值；理解个人选择与社会需要的紧密联系，增强就业紧迫感，从而提升学习和求职准备的内驱力；能够通过不同层面拓宽职业的认识面，结合地域、行业、组织等方面的探索，初步定位职业方向。

章节导入

案例 2-1

金同学的规划与实践之路

金同学从小英语就非常好，因为父母工作的原因，她对贸易产生了浓厚的兴趣，在高考结束后她选择了国际经济与贸易专业。进校后，为了进一步了解国际经济与贸易这个专业，金同学积极学习专业知识，并与学业导师及同专业学长积极沟通。在此过程中金同学发现自己对抖音运营和跨境电商运营这两个职业非常感兴趣，她针对这两个职业进行了调研，查找相应岗位，了解岗位要求与技能，之后结合自己的实际情况进行分析，找到自己当前的薄弱点。为了能够让自己学会更多技能，金同学主动涉足新的领域，她积极参与学院直播项目，学习与直播相关的内容，两次带领队员参加"全国大学生电子商务'创新、创意及创业'挑战赛"，在取得省赛优异成绩的同时还实现了项目的现实经济价值。在大二和大三暑假，金同学在这两个领域分别进行了实习，加深对这两个职业的了解。在本科毕业时，金同学凭借她丰富的实习经验和优秀的履历获得了字节跳动的offer。

> **案例思考：**
> 1.请问金同学在确定职业目标前，都做了哪些准备工作？这些准备工作的意义何在？
> 2.你觉得要寻找或追求自己的职业目标，需要做哪些工作？

讲解与练习

一、与工作的相关概念

（一）工作

工作侧重于描述人们为了达成某种目标或获得报酬而进行的一系列活动和任务。工作的范围更广泛，既包括长期稳定的职业，也包含临时的、兼职的甚至是一次性的任务。比如，帮忙搬一次东西可以被称为一项工作，但一般不被视为一种职业。工作更注重当下具体的活动和任务的执行，对于专业性和长期规划的要求相对较弱。

（二）岗位

岗位是指在一个组织结构中，根据业务需要和工作性质而设定的具体工作职位，其设置更加具体和细化，一个职务可能包含多个相关的岗位。例如，会计岗位、销售岗位等。岗位的描述通常会包括工作内容、工作要求、工作条件等详细信息。

（三）职位

职位着重强调在组织中的具体位置和工作分工，它不仅反映了个人在组织架构中的定位，还明确了个人所承担的具体工作职责和任务。职位的设置是基于组织的业务流程和工作需要，旨在确保各项工作得到有效执行，同时也是组织运作不可或缺的一环，对于组织的整体发展具有重要意义。

（四）职业

职业作为社会分工的产物，不仅是谋生手段，更是实现个人价值与社会贡献的桥梁。它要求从业者具备专业知识、技能与健康心理，参与社会分工，利用这些素质创造物质与精神财富。职业带来的合理报酬，不仅体现了劳动的价值，更是基本生活的保障。它满足了个体在物质与精神层面的双重需求，成为衡量生活质量与工作满意度的重要指标。当职业无法满足这些需求时，个人往往会寻求新的职业机会。因此，职业不仅是简单的工作概念，更是个人发展与社会进步的重要纽带。

（五）事业

事业是指个人或集体为追求长期目标、实现社会价值而从事的具有系统性、规模性和影响力的经常性活动，它超越了简单的职业范畴，需要持续的努力和投入，旨在为社会带来积极的变化和贡献。

二、工作世界的特征

工作世界是人们从事各类职业活动的场所，涵盖了各行各业的各个组织和职位，是动态变化的领域，受到经济、科技、社会和文化等多重因素的影响。

工作世界的构成要素包括职业类型、行业分布、组织规模与文化等。职业类型分为传统职业和新兴职业，不同职业有着不同的职业特点和要求。行业分布是指在特定市场或经济体中，各个行业在总产出、就业人数、贡献率等方面的分布情况。不同行业的发展前景、竞争状况和人才需求各不相同，对个人职业发展会产生不同的影响。组织规模与文化则是指一个组织所拥有的人员数量及其共同价值观体系，不同规模和类型的组织有着不同的工作氛围、晋升机会和发展空间。

了解工作世界是进行职业规划的基础，能够帮助个人明确职业方向和发展目标。有效的职业规划可以帮助毕业生在职业生涯中不断进步和成长，从而实现事业的成功。在竞争激烈的就业市场中，拥有明确的职业规划和目标可以提升毕业生的竞争力，使其更容易获得心仪的工作机会。

> **练习 2-1**
>
> 请用 5 个关键词描述你眼中的工作世界的特征。
> _____
> _____

（一）新兴行业和职业不断涌现

世界正经历百年未有之大变局，"变动"与"不确定性"成为这个时代的标志，"乌卡（VUCA）时代"成为一个高频词汇。何谓"乌卡时代"？VUCA是波动性（volatility）、不确定性（uncertainty）、复杂性（complexity）、模糊性（ambiguity）的缩写。在这个充满波动性、不确定性、复杂性和模糊性的世界里，很多领域都酝酿着颠覆性技术的爆发。

随着科技的飞速进步，一系列基于新技术的行业如雨后春笋般涌现。从互联网、大数据、云计算到人工智能、区块链，这些前沿科技不仅改变了传统行业的运作模式，更催生了众多全新的行业。比如，电子商务的兴起彻底颠覆了传统零售业，让消费者足不出户就能享受到全球的商品；而人工智能技术的广泛应用，则推动了智能制造、智能金融、智能家居等多个新兴行业的快速发展。这些新行业的诞生，不仅为社会创造了巨大的经济价值，更为从业者提供了广阔的职业发展空间和机会。在过去，我们很难想象会有专门的互联网数据分析师、AI算法工程师或是基因编辑技术专家这样的职业，但现在这些职业不仅存在，而且需求量巨大。同时，人工智能的广泛应用也将带来职业的消亡或迭代，对于那些重复性高、简单计算或记忆类的工作，如数据录入员、简单的客服等，人工智能和自动化技术将逐渐取代他们。

社会需求的多元化和个性化趋势也日益明显，随着人们生活水平的提高和消费观念的转变，越来越多的人开始追求更加个性化、高品质的生活体验。这种需求的变化促使企业不断创新产品和服务，以满足市场的多样化需求。在这一过程中，一系列新兴职业应运而生。比如，健康管理师、私人定制顾问、研学旅行指导师等职业，都是基于人们对健康、个性化和教育等方面的需求而诞生的。这些新兴职业不仅要求从业者具备专业的知识和技能，更需要他们具备创新思维和敏锐的市场洞察力，以不断适应和引领市场需求的变化。

此外，经济结构的转型也是推动新行业与新职业不断涌现的重要因素之一。随着全球化进程的加速和市场经济的发展，传统的经济结构已经无法满足现代社会的发展需求。因此，各国政府和企业都在积极推动经济结构的转型和升级，以寻求新的经济增长点和发展动力。在这一过程中，一系列新兴产业和新兴职业得到了快速的发展。比如，绿色经济产业的兴起，不仅推动了清洁能源、节能环保等领域的发展，更为从业者提供了丰富的职业选择和发展机会。

（二）行业间差异显著

工作世界的另一个特征是不同行业之间存在显著差异，这些差异体现在发展前景、薪资水平、工作环境、工作强度、技能要求等方面。

1. 发展前景差异

发展前景的差异尤为显著，高科技、新兴产业因技术创新驱动和市场需求的快速增长，展现出强劲的增长潜力和广阔的市场空间，为从业者提供了丰富的职业晋升机会和更高的收入预期。相比之下，传统行业或受政策调控影响较大的行业，可能面临市场饱和、技术迭代缓慢等挑战，发展前景有限，职业晋升路径和收入增长速度可能较为缓慢。这种差异不仅影响着行业的整体竞争力，也深刻影响着从业者的职业选择和长期发展规划。

2. 薪资水平差距

薪资水平差距在不同行业间也显著存在，这主要源于行业性质、发展程度、市场需求、政策与法规，以及企业规模和盈利能力的综合影响。高科技、金融等前沿行业因技术含量高、市场需求旺盛，往往能吸引并支付高薪给人才；而传统劳动密集型或低附加值行业则因利润空间有限，薪资水平相对较低。此外，同一行业内不同岗位及地区间的薪资也存在显著差异，体现了市场供需、人才竞争及地域经济发展的不平衡。

表 2-1　2023 年城镇私营单位分行业门类就业人员年平均工资及增速

行　业	2023 年平均工资 / 元	2022 年平均工资 / 元	增速 /%
农、林、牧、渔业	44465	42605	4.4
采矿业	75648	68509	10.4
制造业	71762	67352	6.5
电力、热力、燃气、水生产和供应业	64826	61870	4.8
建筑业	63857	60918	4.8
批发和零售业	63701	60630	5.1
交通运输、仓储和邮政业	68051	66059	3.0
住宿和餐饮业	51583	47547	8.5

续表

行　业	2023 年平均工资 / 元	2022 年平均工资 / 元	增速 /%
信息传输、软件和信息技术服务业	129215	123894	4.3
金融业	124812	110304	13.2
房地产业	56119	56435	-0.6
租赁和商务服务业	67107	65731	2.1
科学研究和技术服务业	82277	81569	0.9
水利、环境和公共设施管理业	47504	44714	6.2
居民服务、修理和其他服务业	49907	47760	4.5
教育	55775	52771	5.7
卫生和社会工作	74462	71060	4.8
文化、体育和娱乐业	59407	56769	4.6
平　均	68340	65237	4.8

数据来源：国家统计局官网（http://www.stats.gov.cn）

3. 工作环境与强度

工作环境与强度的差异在各行业间显著不同。高科技、服务业等行业往往提供更为舒适、现代化的办公环境，强调工作与生活的平衡，同时利用技术手段减轻工作强度，但脑力劳动的工作强度较大。然而，制造业、建筑业等行业的工作环境相对较为艰苦，需要面对嘈杂、高温等工作环境，且体力劳动的强度相对较大，常常需长时间站立和操作。这种差异不仅影响着从业者的职业选择，也影响着他们的工作效率和职业满意度。

（三）职场环境变化明显

1. 工作媒介信息化

随着信息技术的飞速发展，职场环境正经历深刻的变革，工作媒介全面信息化。数字化办公成为主流，纸质文件逐渐被电子文件取代，OA（office automation，办公室自动化）系统、ERP（enterprise resource planning，企业资源计划）系统等信息化工具普及，极大地提升了工作效率与信息流通速度。同时，远程协作成为新常态，云计算、视频会议、即时通信等技术打破了地域限制，使员工能够随时随地沟通协作。此外，大数据与人工智能的应用，更是让企业能够精准分析市场、客户需求及运营效率，为科学决策提供了有力的支持。这一系列变化共同塑造了一个更加高效、灵活与智能的未来职场。

2. 工作形式多样化

不断出现的新职业催生出越来越多灵活、多元的工作形式，为人们提供了更多的就业选择，概括起来，主要有以下四大类的工作形式。

（1）全职工作。

全职工作，作为最普遍且历史悠久的工作形式之一，确实以其独特的稳定性和连续性在众多工作形态中占据重要地位。这种工作形式要求员工将主要的时间和精力投入单一雇主，通常每周工作时长超过 40 小时，形成了职场中最为传统和常见的职业路径。

（2）非全职工作。

非全职工作，包括兼职工作、多重工作、弹性工作、远程办公、自由工作等多种形式，正逐渐成为现代职场中不可或缺的一部分。非全职工作者可以同时兼职不止一份的工作，而用人单位也不用为这类从业者承担繁重的福利保障义务。除此之外，非全职工作形式还具有工作形式多样性、工作时间灵活性、工作内容有挑战性、工作地点变化性等特点，因此，非全职工作成为近年来被普遍认可，并且越来越受欢迎的工作形式之一。

（3）自由职业。

自由职业者是那些不依附于固定组织，依靠自身专业技能独立工作的人。他们拥有高度的自主性，可以自由安排工作时间和地点，选择自己感兴趣的项目。然而，这种自由并非没有代价，自由职业者需要具备强大的自我管理和学习能力，以及良好的市场营销技巧，以应对市场的变化和客户的需求。尽管挑战重重，但自由职业者享受着工作与生活的平衡，追求个性化和自我实现的价值，成为越来越多年轻人向往的职业选择。

（4）自主创业。

自主创业是个人或团队独立创办并经营企业的过程。它要求创业者具备敏锐的市场洞察力、坚定的决心和全面的管理能力。尽管充满挑战与风险，但自主创业带来了高度的自由度和潜在的丰厚回报。创业者可以选择自己的方向，追求个人梦想，同时为社会经济发展贡献力量。因此，自主创业成为许多人实现自我价值、追求自由生活的热门选择。

随着社会的进步和发展，提供给大学生自主选择就业形式的机会越来越多。我们在进行职业生涯规划时，要看到更多的可能性，主动把握更多的机会，并将经历的过程看成锻炼和提升的机会。例如，创业是一位学生的长远目标，但在刚毕业、时机尚未成熟时，可以从其他的工作形式开始，有了多方面的积累之后再进行创业。同时，要把在寻找理想工作过程中遇到的顺境与逆境都当作生涯发展中精神财富的一部分，因此我们说，"找工作"本身也是一份工作。

练习 2-2

哪些工作形式是你可以接受的？这背后代表着什么样的就业观念？

3. 工作转换成为常态

在快速变化的职场环境中，工作转换已经成为一种常态。前程无忧人力资源调研中心发布的《2023应届生调研报告》显示，2022届应届生整体离职率为18.7%。应届生在入职3个月内离职比例位于高位，达到32.2%；其次是6个月至1年，离职比例达到26.1%。这种常态化的趋势打破了传统观念中"一份工作干到老"的模式，鼓励职场人士勇于尝试新领域、新挑战。在此背景下，个人需要不断提升自己的综合素质和专业技能，以适应不断变化的职场环境。

4. 职业生涯信念个性化

随着职场环境的快速变迁与人们价值观的日益多元化，职业生涯信念正逐渐呈现出强烈的个性化趋势。现代职场人士愈发重视个人成长与职业发展的融合，积极追求自我价值的实现，并将兴趣爱好融入职业道路中。同时，他们也更加珍视工作与生活的平衡，力求在忙碌的职业追求中保持身心健康与幸福感。

5. 持续学习成为一种常态

进入 21 世纪以来，世界发生了令人应接不暇的变化：新技术每两年翻一番，意味着同学们大一所学的知识到大三就可能有一半过时了；美国《纽约时报》一周所刊载的信息量，相当于生活在 18 世纪的人一生的资讯量。在知识爆炸的时代，知识更新已经成为一种常态。同学们进入职场后，需要不断学习和掌握新知识、新技能，以应对快速变化的市场需求和职场环境。在线教育与培训的兴起，更为持续学习提供了前所未有的便利，使得学习不再受时间、地点限制，成为人们日常生活的一部分。这种持续学习的氛围不仅推动了个人职业生涯的持续发展，也促进了整个社会的创新与进步。

（四）供需结构性问题突出

就业的结构性失衡问题是指由于经济结构（包括产业结构、产品结构、地区结构等）的变动，使得劳动力的供给和需求在职业、技能、产业、地区等方面不匹配，即人力资源供给与岗位需求之间的不匹配，导致"就业难"和"招工难"并存。这种就业困难在性质上是长期的，且通常起源于劳动力的需求方。当前大学生在就业市场上面临的结构性就业困难确实比较突出，主要有以下 4 点原因。

1. 经济结构与人才供给的错位

随着经济发展和科技的快速进步，国家的产业结构正在经历深刻的调整与变革。在这一过程中，新产业对劳动力的需求发生了显著变化，呈现出数量减少、质量要求提高的趋势。根据人力资源和社会保障部发布的数据，我国制造业技能型人才缺工状况严峻，电子信息产业缺工情况较为突出。集成电路工程技术、半导体芯片制造、电子仪器与电子测量工程技术等新兴岗位进入职业排行榜前列，半导体分立器件和集成电路装调、计算机网络工程技术人员缺工程度加大。可以看出，制造业面临缺工状况的岗位普遍需要应聘人员具有一定技术。这种变化对大学生的就业产生了直接的影响，部分大学生因无法满足新产业的技术要求而面临就业难的困境。

同时，区域经济发展不均衡问题也进一步加剧了大学生结构性就业困难的问题。东部地区经济发达，就业机会丰富，薪资待遇相对较高，因此吸引了大量大学生前往求职。相比之下，西部地区经济相对落后，就业机会有限，导致许多大学生在就业选择时更倾向于东部地区，从而拒绝西部地区的就业机会。在 2022 年前后又掀起过一波"逃离北上广"的热潮，但是近两年这些逃离的人又回到了大城市，在三四线城市找不到与之前工作经历适配的新工作是"回笼"的主要原因之一。这种"选择东部、拒绝西部"的现象不仅加剧了东部地区的就业竞争压力，还造成了西部地区的人才流失和经济发展滞后，进一步加剧了结构性就业困难问题。

2. 人才培养与市场需求脱节

人才培养与市场需求脱节是造成大学生结构性失业的重要原因之一。当前,许多大学毕业生在求职时发现,他们在学校学到的知识和技能与企业的实际需求存在较大的差距。例如,一些新兴行业如大数据、人工智能等对专业技能有较高要求,但当前的教育体系可能还未完全适应这种变化。部分高校在专业设置和人才培养上过于追求热门专业,而忽视了市场需求的多样性和变化性。这导致某些专业的毕业生供过于求,而其他一些专业则供不应求。尽管高校已经意识到当前人才培养模式与市场需求之间存在错位的情况,并进行了一系列改革,但改革的效果和影响尚未完全显现。这种人才培养与企业需要之间的脱节,使得大学生在就业市场上处于劣势地位。

此外,大学生在校期间普遍存在重理论轻实践的问题。虽然理论学习对于培养学生的专业素养和思维能力至关重要,但实践经验的积累同样不可忽视。然而,当前的人才培养模式往往过于注重理论知识的传授,而忽视了对学生实践能力的培养。这导致大学生在毕业后缺乏实际工作经验和技能,难以满足企业的实际用人需求。企业更倾向于招聘那些具备实践经验和技能的应聘者,这使得缺乏实践经验的大学生在就业市场上处于不利地位。

3. 学生自身因素产生的结构性错位

学生自身因素同样不容忽视,它是导致大学生结构性就业困难的一个重要方面。首先,个人就业观念的偏差是导致这种结构性错位的一个重要原因。部分大学生的就业期望值过高,他们可能过于追求高薪、高福利的工作,而忽视了自身的能力水平和社会的实际需求。同时,一些大学生可能缺乏对社会现实的了解,对就业市场的竞争态势认识不足,导致他们在择业时过于挑剔,错失了许多合适的就业机会。

其次,能力素养的不足也是导致结构性错位的一个重要方面。随着社会的快速发展和技术的不断进步,用人单位对人才的需求也在不断提高。他们更倾向于招聘那些具备较强综合素质和专业技能的毕业生。然而,一些大学生可能过于注重理论学习,而忽视了实践能力的培养和专业技能的提升。这使得他们在面对用人单位的实际需求时,往往显得力不从心,无法满足社会的期望。

此外,社会需要也是导致结构性错位的一个重要因素。以西部地区为例,虽然国家一直在大力推动西部地区的发展,但西部地区的人才缺口仍然较大。这主要是因为许多大学生在就业时更倾向于选择东部沿海等发达地区,而忽视了西部地区的发展潜力和机会。这种人才流动的不均衡性进一步加剧了结构性就业困难问题。

因此,大学生要树立正确的就业观念,在就业时不仅关注薪资和福利,更要考虑自身的发展潜力和社会的需求。提升自己的能力素养是关键,不仅要有扎实的理论知识,还要注重实践能力的培养和专业技能的提升。同时,大学生应该积极响应国家的需求,考虑到西部等人才缺口较大的地区去发展。这样的选择不仅为自己提供了一个展现自己才华的舞台,更是对国家发展的贡献。

（五）大学生就业现状概述

根据教育部官网数据，2024年中国高校毕业生达1179万人，比上年增加21万，再创历史新高。尽管毕业生人数众多，但整体就业率并不乐观。据智联招聘在2024年3月下旬至4月中旬发布的《2024大学生就业力调研报告》显示，在2024届毕业生中，56.6%大专毕业生已获得offer，较去年提高2个百分点；本科、硕博学历应届毕业生的offer获得率分别为45.4%、44.4%。整体而言，高校毕业生的就业率仅为55.5%，远低于历史水平。

全球经济环境的不确定性及国内经济下行的压力，确实对大学生就业市场产生了深远影响，进一步加剧了他们的就业难度。报告同时指出，越来越多的应届生选择了自由职业或慢就业，同时双一流高校本科毕业生深造比例上升，而二本、专科毕业生深造比例则有所下降。在就业偏好上，稳定性成为关键因素，超过半数的毕业生看重工作稳定性，想在国企或机关事业单位工作的应届生比例连续5年上升，2024年达48%。IT行业依然是大学生最向往的行业，同时制造业的受欢迎度也在提升。在求职方面，大学生表现出更积极的态度，求职时间提前，投递简历数量增多，且有实习经历的毕业生比例提高。在就业选择上，大学生表现得更加务实，九成毕业生并不执着于找到"好工作"，而是更加注重实际就业机会，签约小微企业和三线及以下城市的比例均有所上升，且大部分毕业生签约的工作与专业对口。

三、工作世界的探索

（一）探索工作世界的意义

1. 进一步认识和了解自己

大学生往往会对自己和未来感到迷茫，探索工作世界是破除这种迷茫的有效手段。探索工作世界可以打开你的视野，发现自己更多的可能性；可以澄清你的兴趣，找找你真正的所爱；也可以让你破除你想象中的两难境地，清晰你的选择。比如不少毕业生有这样的困惑："大城市的工作不稳定，但有更多机会和可能；家乡的工作稳定，但前景有限。"该怎么选？世间的事没有完美的，外部条件总给我们设立这样或那样的限制，看上去似乎很难，也会有些沮丧，但是通过深入地对两地工作世界的探索和思考，你或许就会越来越知道什么是对自己真正重要的，也越来越了解自己是谁，从而调整自己的行动，走出属于自己的人生道路。

2. 促进正确的生涯决策

它不仅帮助个人全面了解职业的多样性，打破固有印象和偏见，还能让个人明确自己的兴趣和优势所在，为选择适合的职业道路奠定基础。同时，通过工作世界探索，你可以收集更充分、更有效的职业信息，从而评估自身技能、兴趣和价值观与不同职业的匹配程度，更加科学地制定自己的职业目标，并规划出实现目标的具体步骤。最终，这种深入的探索能增强个人在做出生涯决策时的信心，帮助其在职业生涯中更加坚定地追求自己的目标。

3. 有针对性地培养和提升能力

很多大学生寄希望于学校、职业辅导老师或其他专业的职业辅导工作人员能够告诉他们工作世界是什么样的，但结果常常令人失望，因为每个人（包括专业的职业辅导人士）由于个人知识、经验的局限，不可能完全掌握所有工作世界的信息，所以工作世界的探索更多地需要大学生自己来完成。通过工作世界的探索，大学生可以培养沟通、搜集、观察等能力，也可以进一步清晰自己的职业目标，从而有针对性地提升未来职场所需要的能力和素养。

4. 看见趋势，提前应对

工作世界探索可以帮助学生提前了解职场环境变化和趋势，提前做好准备。以人工智能技术为例，这一技术对职业世界的改变将在未来深度显现，提早学习和掌握人工智能的应用，意味着你将拥有更多的竞争优势。在未来，许多职位都将需要与人工智能相关的技能和知识，无论是数据分析、机器学习还是自动化流程管理。掌握这些技能，你将能够更好地适应职场的需求，甚至可能在职场中脱颖而出。

（二）工作世界生态模型

📱 小李的工作世界探索

为了更充分地探索工作世界，我们可以尝试借助一些成熟的研究模型，其中，工作世界生态模型（见图2-1）便是一个极具价值的工具。这一模型提供了一个综合性的框架，帮助我们深入理解和分析个人在职场环境中的互动关系，以及所处的地域、行业、组织、职业和岗位等各个层面的生态状况。它特别强调了对工作环境中各种因素的综合考虑和动态分析，使我们能够更好地把握工作世界的复杂性和多样性，从而为我们的职业规划和发展提供有力的支持。

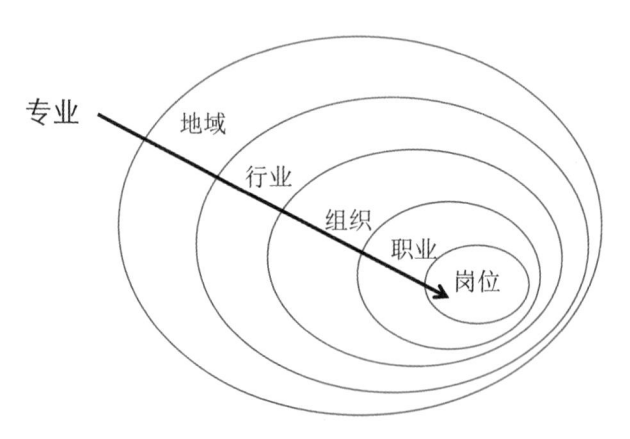

图2-1 工作世界生态模型

1. 地域

工作世界的地域多样性体现在全球范围内的广泛分布上。不同地域的经济结构、文化背景、政策环境等都会影响当地的工作世界。例如，发达地区可能拥有更多的高科技企业和高端职业机会，而欠发达地区则可能以传统产业和基础劳动为主。

2. 行业

行业是工作世界的重要组成部分，不同行业的发展前景、竞争状况和人才需求各不相同。行业的变化和发展趋势会直接影响从业者的职业选择和职业发展。因此，了解行业的动态变化对于制定个人职业规划具有重要意义。

3. 组织

组织是工作世界中的基本单元，它们通过提供产品和服务来满足市场需求并获取利润。组织的规模、文化、管理模式等都会对员工的工作体验和职业发展产生影响。例如，大型组织可能拥有更完善的培训体系和晋升机会，而小型组织则可能更注重员工的灵活性和创新能力。

4. 职业

职业是工作世界中最直接体现劳动者价值的部分。随着科技的发展和社会的进步，职业类型不断增多且更新换代速度加快。传统职业和新兴职业并存于工作世界中，为从业者提供了多样化的选择。不同职业具有不同的职业特点和要求，需要从业者具备相应的知识和技能。

5. 岗位

明确自己的岗位职责有助于个人更好地完成工作任务并承担相应的责任，例如在销售岗位中负责开拓市场和维护客户关系，或在研发岗位中负责产品的研发和创新工作。同时，了解自己的工作任务和绩效指标有助于个人评估自己的工作表现和职业发展状况，通过完成工作任务和达成绩效指标，个人可以提升自己的职业地位和薪酬水平。

（三）工作世界探索的内容和方法

1. 关于地域的探索

2024年《第一财经》杂志社的第一线城市研究所发布了《2024城市商业魅力排行榜》，将上海、北京、深圳、广州认定为一线城市。新一线城市共有15个，依次为成都、杭州、重庆、苏州、武汉、西安、南京、长沙、天津、郑州、东莞、无锡、宁波、青岛和合肥。

你毕业后打算去哪里工作？是回老家还是留在上学的城市？是去一线城市还是去二、三线城市，抑或是县城？可能每个人都想过这个问题，得出的答案也不尽相同。

去哪里就业是一个非常经典的问题，也是大部分毕业生都会考虑的一个问题。比如，有些同学毕业以后选择去一线城市发展，有的则选择回老家工作，都无可非议，因为"人各有志"，但应该综合多方因素考虑，不可一时冲动，心血来潮，感情用事。

许多同学经过慎重考虑后，决定先在大城市打拼几年，积攒一些经验，增加工作能力后，再回家乡定居。这个决策是有一定道理的。如果一开始就选准方向，那么可以围绕一个职业深耕，自己的资历会增长，经验会得到提升。时间加努力，你就有望成为这一领域的资深人士。此时再回到家乡的同一领域，会比较容易找到自己满意的工作。但倘若频繁更换职业领域，在大城市时从事这个领域的工作，而回到家乡后又更换了一个全新的领域，相当于回家乡重新出发，那么从前积累的资源和优势就会被浪费。

另一方面，还需考虑家乡的优势产业。如果在大城市所从事的领域是家乡所没有的，那回到家乡后就会很难找到同一领域的工作。而在最初择业时若能考虑到家乡的优势领域，在大城市同领域积累经验，几年后再回到家乡发光发热，是个不错的选择。例如，浙江宁波是我国重要的纺织服装产业基地，雅戈尔、太平鸟、罗蒙等服装品牌均坐落于宁波。而浙江杭州在服装领域的发展也十分出色，尤其是"服装+电商"的完美结合，使杭州的服装业优势非常明显。因此，在杭州的服装领域深耕几年后，再回宁波同领域继续发展，就不会出现职业发展地点之间"信息差"的问题。

因此，我们应全面考虑不同地域的经济发展状况、产业结构、职业机会及文化环境等多个方面。这一探索过程不仅关乎我们对当前职业环境的理解，更涉及我们如何根据地域特点制定个性化的职业规划和发展策略，以实现职业成长和成功。

（1）地域经济发展状况。

①经济水平与就业机会。经济发展水平高的地区往往能提供更多的就业机会和更高的薪酬水平（见表2-2）。一线城市如上海、北京、广州、深圳，由于其经济的高度发达，吸引了国内外众多知名企业和创新型企业的入驻。这些企业不仅为当地创造了大量的就业机会，还带动了相关产业链的发展，进一步扩大了就业市场。

表2-2　2023年城镇私营单位分区域就业人员年平均工资及增速

区　域	2023年就业人员平均工资/元	2022年就业人员平均工资/元	增长速度/%
东部地区	76017	72965	4.2
中部地区	56496	53477	5.6
西部地区	59037	55781	5.8
东北地区	51622	49895	3.5
平　均	68340	65237	4.8

数据来源：国家统计局官网（http://www.stats.gov.cn）

②产业结构与职业需求。不同地域的产业结构不同，对职业的需求也有所差异。例如，沿海地区由于开放较早，吸引了大量外资企业，制造业和服务业发达，对技术工人、销售人员、客服人员等职业需求较大。中西部地区随着产业转移和"一带一路"倡议的推进，对基础设施建设、能源开发、农业技术等方面的专业人才需求增加。

③地域文化环境。不同地域有着独特的社会文化习俗，这些习俗影响着人们的职业选择和职业发展。例如，某些地区可能更重视商业氛围和创业精神，鼓励年轻人自主创业；而另一些地区则可能更注重稳定性和传统价值观，更倾向于选择稳定的职业。地域文化还体现在工作氛围和生活方式上，大学毕业时，同学们各自选择了不同的城市，不同的工作，开始了不同的生活。有的人恋家，选择了回家乡工作，能和家人近距离生活；有的人喜欢大城市的繁华，选择去了北上广深；有的甚至出国工作，选择了国际大都市；有的人喜欢远离城市喧嚣，选择去山区、边陲小镇等地方工作。

（2）地域探索的方法与途径。

实地调研是一种直接且有效的方法，通过实地考察，我们可以亲身体验并深入了解不同地域的经济发展状况、产业结构及文化环境。在实地调研过程中，参观当地的企业、工厂和园区，可以让我们直观地看到这些地区的经济活力和产业特色。同时，与当地居民进行深入交流，可以获取到第一手的生活和工作体验，从而更全面地了解这些地域的社会文化和就业环境。

除了实地调研，网络搜索与数据分析也是不可或缺的研究手段。利用互联网资源，我们可以搜索到不同地域的经济发展数据、产业报告及就业市场分析报告等。这些数据和分析报告为我们提供了客观、全面的信息，有助于我们更深入地了解不同地域的职业机会和发展前景。通过对比不同地域的经济数据和产业报告，我们可以发现各地区的优势和劣势，从而为职业规划提供更准确的依据。

此外，社交媒体与职业论坛也是我们获取不同地域职业环境和文化特点的重要途径。加入相关的社交媒体群组或职业论坛，我们可以与来自不同地域的人士进行交流和互动。这些平台上的成员往往具有丰富的经验和独特的见解，他们的分享和讨论可以让我们对各区域各行业有更深入、更全面的了解。通过这些交流，我们可以了解到不同地域的职业市场需求、行业发展趋势及文化差异对职业发展的影响，从而为我们的职业规划提供更丰富的参考信息。

2. 关于行业的探索

行业是对经济活动中具有相似性质和特点的职业的大分类。它是基于工作的性质、产品或服务的类型等因素进行划分的。例如，制造业、服务业、金融业等。行业的划分有助于对经济结构进行分析和研究，了解不同领域的发展趋势和特点。同一行业内可能包含多种不同的职业，而且随着经济的发展和技术的进步，行业的边界也可能会发生变化。

当前，大学毕业生在选择工作行业时，呈现出多元化的趋势，但一些行业因其发展前景、薪酬待遇及个人兴趣等因素而受到更多青睐。根据智联招聘发布的《2024年大学生就业力调研报告》，IT/通信/电子/互联网、政府/非营利机构、文化/传媒/娱乐/体育行业位列前三，IT/通信/电子/互联网行业因其技术更新快、创新性强、薪资水平高等特点，成为毕业生最期待从事的行业。期望在汽车/生产/加工/制造行业就业的毕业生连续三年呈增长态势，随着制造业的转型升级，以及国家对高端制造业的重视，越来越多大学生期望进入制造业发展，对高端制造等新质生产力领域更是关注（见图2-2）。

应届毕业生期望就业的行业分布

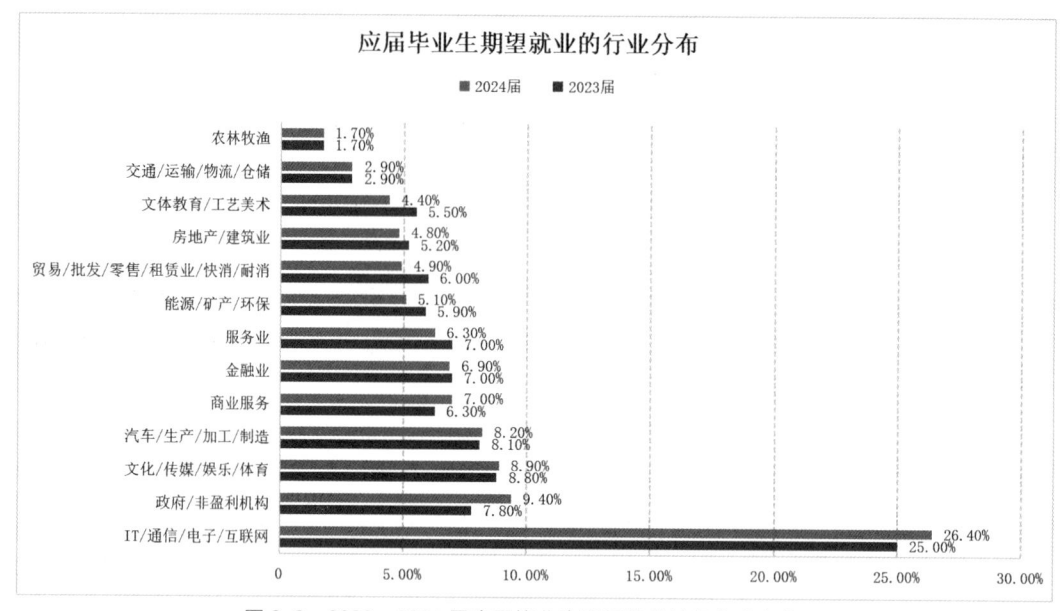

行业	2024届	2023届
农林牧渔	1.70%	1.70%
交通/运输/物流/仓储	2.90%	2.90%
文体教育/工艺美术	4.40%	5.50%
房地产/建筑业	4.80%	5.20%
贸易/批发/零售/租赁业/快消/耐消	4.90%	6.00%
能源/矿产/环保	5.10%	5.90%
服务业	6.30%	7.00%
金融业	6.90%	7.00%
商业服务	7.00%	6.30%
汽车/生产/加工/制造	8.20%	8.10%
文化/传媒/娱乐/体育	8.90%	8.80%
政府/非盈利机构	9.40%	7.80%
IT/通信/电子/互联网	26.40%	25.00%

图 2-2 2023、2024 届应届毕业生期望就业的行业分布状况

数据来源：智联招聘官网（http://landing/zhilian/com）

（1）行业的分类。

在工作世界中，行业是构成职业生态的重要单元。根据国家标准《国民经济行业分类》（GB/T 4754—2017），行业共有 20 个门类、97 个大类、473 个中类、1380 个小类（见表 2-3）。

表 2-3 国民经济行业分类（GB/T 4754—2017）

序号	门类	序号	门类
A	农、林、牧、渔业	K	房地产业
B	采矿业	L	租赁和商务服务业
C	制造业	M	科学研究和技术服务业
D	电力、热力、燃气及水生产和供应业	N	水利、环境和公共设施管理业
E	建筑业	O	居民服务、修理和其他服务业
F	批发和零售业	P	教育
G	交通运输、仓储和邮政业	Q	卫生和社会工作
H	住宿和餐饮业	R	文化、体育和娱乐业
I	信息传输、软件和信息技术服务业	S	公共管理、社会保障和社会组织
J	金融业	T	国际组织

（2）行业的生命周期。

然而，在选择职业时，我们还需要考虑行业的生命周期。行业的生命周期是指一个行业从出现到消亡的全过程，通常包括初创期、成长期、成熟期和衰退期 4 个阶段，如图 2-3 所示。

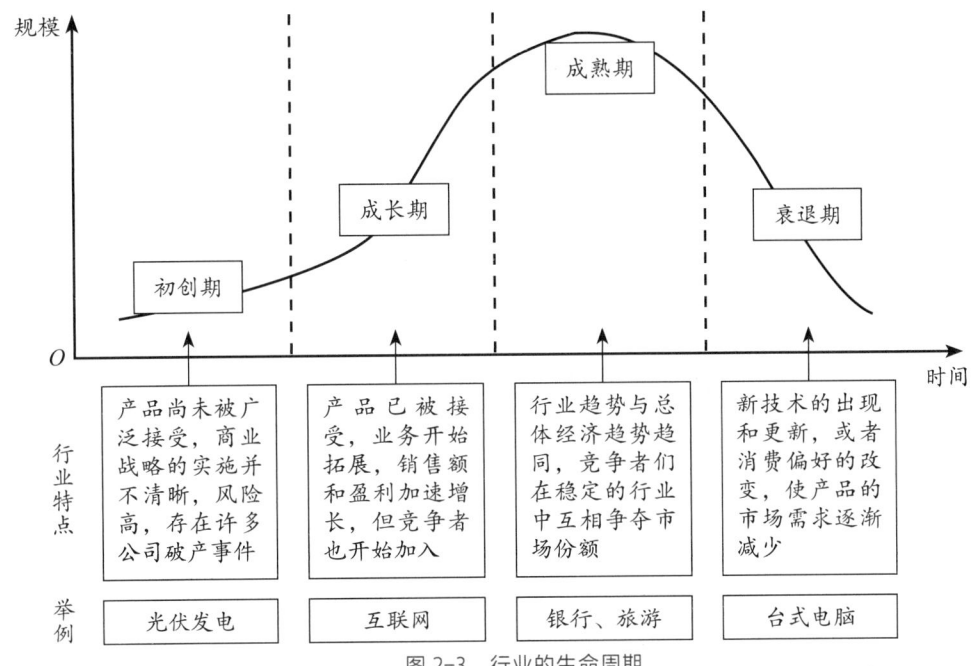

图 2-3 行业的生命周期

一个行业从出现到消亡的全过程，对于我们制定个人职业规划至关重要。在初创期，行业刚刚起步，市场尚未完全成熟，但这也意味着有着巨大的发展潜力和机会。选择这样的新兴行业，往往可以获得更多的成长机会和较高的薪资。因为在这个阶段，企业为了迅速占领市场，通常会加大研发投入，提供更具吸引力的薪酬福利来吸引和留住人才。

随着行业的发展进入成长期，市场规模逐渐扩大，竞争也开始加剧。在这个阶段，我们需要更加关注市场竞争状况和个人竞争力。要评估自己在行业中的位置，了解自己的优势和不足，以便在激烈的竞争中脱颖而出。同时，也要关注行业的整体发展趋势，以便及时调整自己的职业规划。

当行业进入成熟期时，市场规模和增长速度逐渐稳定，竞争也趋于白热化。在这个阶段，我们需要更加谨慎地评估自己的职业前景。要关注行业的饱和度、企业的盈利能力及个人的晋升空间等因素。如果发现自己所处的行业或职位已经没有了太大的发展空间，就要考虑是否需要进行职业转型或寻找新的增长点。

最后，当行业进入衰退期时，市场规模逐渐缩小，企业盈利能力下降，甚至出现亏损和倒闭的情况。在这个阶段，选择职业时需要格外谨慎，以免面临较大的职业风险。要密切关注行业的动态和企业的经营状况，及时调整自己的职业规划，避免在衰退的行业中陷入困境。

练习 2-3

行业发展的哪个阶段最容易进入？哪个阶段成长空间最大？

（3）行业信息获取途径。

获取行业信息是一个全面而复杂的过程，需要借助多种途径和渠道。以下是一些常用的获取行业信息的方法。

①行业报告与调研。行业报告和调研活动是获取行业信息的两大首选途径。相关机构、研究机构、行业协会等发布的行业报告，通常包含详尽的市场分析、趋势预测、竞争对手分析等内容，对了解行业现状和未来趋势非常有帮助。而定期参与行业相关的调研活动，如问卷调查、深度访谈等，则可以直接获取市场动态和行业现状的第一手资料，为决策提供有力支持。

②新闻与媒体报道。订阅行业媒体，如报纸、杂志，以及关注行业新闻网站和商业资讯平台，是及时获取行业内最新动态和关键信息的有效途径。同时，也可关注一些专业的电视节目或广播节目，它们往往会涵盖行业分析和趋势预测，能够为你提供更多深入的行业见解。

③社交媒体和专业论坛。关注社交媒体平台上的行业专家、分析师及从业者账号，可以实时获取到他们分享和讨论的行业动态。同时，参与专业论坛或社群，与同行交流经验和见解，也是获取行业信息、拓宽视野的重要途径。

④交流会议和展会。行业交流会议和展会是了解行业最新动态、技术和产品的绝佳机会。通过参加这些活动，可以直接与行业内的从业者进行沟通，获取一手信息。

⑤数据和统计信息。政府及机构数据是了解行业现状和趋势不可或缺的重要依据，这些数据通常来自政府部门、研究机构、行业协会等权威机构，具有较高的权威性和准确性。通过查阅这些统计数据和行业报表，可以系统地掌握行业的整体规模、增长速度、市场结构等关键信息。

⑥专业数据网站。这也是获取行业数据和分析报告的重要途径，它们不仅提供丰富的行业数据，还配备先进的数据分析工具，能够帮助用户深入挖掘数据背后的趋势和规律。这里介绍一个专业行业研究数据库——行行查的使用步骤：登录行行查官网https://www.hanghangcha.com，输入你想要查询的行业名称，如"人工智能"，点击查询即可进入数据页面，点击任一你感兴趣的数据，点击右下角可查看和阅读原文。

⑦专业研究报告。一些专业化机构或研究机构会针对特定行业进行深入研究，并发布相应的研究报告，例如，MobTech研究院、艾瑞咨询、QuestMobile等。这些报告通常包含详细的市场分析、趋势预测和竞争对手分析等内容。

⑧行业专家的演讲和观点。行业内的专家对于行业发展的了解和洞察往往非常有价值。通过关注他们的演讲、文章或社交媒体账号，可以获取到专业的行业见解和预测。

3. 关于组织的探索

从广义上说，组织是指诸多要素按照一定方式相互联系起来的系统。从狭义上说，组织就是指人们为实现一个共同的目标，互相协作结合而成的集体或团体，如党团组织、工会组织、企业、军事组织等。这里所说的组织是指各级国家行政机关、事业单位和各类企业等，探索一个组织需要了解很多内容，具体包括组织的性质及规模、发展前景、企业文化、组织架构、激励机制等。

（1）组织探索的内容。

①**性质及规模**。各级国家行政机关的性质是指依法成立、履行法定职权、纳入国家行政编制、由国家财政负担工资福利的组织，其工作人员属于国家公职人员。事业单位性质是指由政府利用国有资产设立的，从事教育、科技、文化、卫生等活动的社会服务组织，一般是国家设置的带有一定公益性质的机构，但不属于政府机构，与公务员岗位不同。企业性质主要指国有企业、集体企业、联营企业、三资企业、私营企业和其他企业。组织规模是指一个组织所拥有的人员数量和这些人员之间的相互作用关系。大规模的组织是标准化的，因而能够完成复杂的工作，大规模组织也存在管理的难度，会导致效率下降。小规模的组织具有较好的灵活性，能够迅速地对工作环境做出反应。组织的性质及规模各有特点，大学生应根据自身实力、定位和兴趣来判断该组织是否适合自己。

②**发展前景**。组织的发展前景与国家、社会对这个组织的需求程度息息相关，与组织自身实力息息相关。了解一个组织的发展前景就要调研目前该组织的发展阶段，是处于加速阶段还是减速阶段，以及随着经济社会的发展，未来该组织会有一个怎样的发展前景。比如公务员岗位由于收入较稳定、社会地位较高、退休后有保障等福利，吸引了大多数毕业生报考，公务员考试热度居高不下，岗位需求量大，发展前景好。

③**企业文化**。企业文化是在一定的条件下，企业在生产经营和管理活动中所创造的具有该企业特色的精神财富和物质形态。它包含企业愿景、文化观念、价值观念、企业精神、道德规范、行为准则、历史传统、企业制度、文化环境、企业产品等，企业文化是企业的灵魂，是推动企业发展的不竭动力。大学生求职时选择让你身心舒适的企业文化氛围，也是十分重要的。

④**组织架构**。组织架构是表明组织各要素之间相互关系的一种模式，是整个管理系统的框架。组织架构是组织的全体成员为实现组织目标，在管理工作中进行分工协作，在职务范围、责任、权利等方面所形成的结构体系，其本质是为实现组织战略目标而采取的一种分工协作体系。

⑤**激励机制**。激励机制是指组织通过特定的方法与管理体系，为组织里的成员提供各类物质和精神保障。它既是组织成员了解组织最关注的重要因素，也是提高成员对组织归属感和满意度的重要条件。大学生求职时应提前了解组织激励机制，选择激励机制健全的组织有助于大学生保持持续的激情和工作状态，增强对组织的认同感和归属感，从而提高工作满意度。

（2）组织信息的获取途径。

对于大学生而言，获取组织信息的途径多种多样。大学生可以通过参与校内社团、学生组织或实习项目，亲身体验并了解组织的内部运作和文化。同时，利用网络资源，如行业报告、社交媒体和专业论坛，也是获取组织动态和行业趋势的有效途径。不要忘记，与学长学姐、校友或行业内的专业人士建立联系，通过他们的经验和见解，也能帮助大学生更全面地了解组织信息。总之，大学生应该积极利用身边的一切资源，不断拓宽信息渠道，为未来的职业生涯做好充分准备。

4. 关于职业的探索

> **练习 2-4**
>
> 与汽车相关的职业有哪些？请列举出尽可能多的与汽车相关的职业。
>
> _____
>
> _____

同学们刚刚进入大学时，对于未来的职业道路可能会有很多疑问，其中最常见的问题就是关于专业与未来职业的关系。

（1）通过职业分类库了解和拓宽职业。

在繁杂的工作世界中挑出相关、有用的信息，是项艰巨的工作。如果能按照一定的规则将职业分类，学生就可以轻松地找到和这些特点相关的工作了。下面介绍一些比较经典的职业分类方法。

①《中华人民共和国职业分类大典》。

它是我国第一部对职业进行科学分类的权威性文献。2022年人力资源和社会保障部向社会公示了新修订的《中华人民共和国职业分类大典》，该书由人力资源和社会保障部、国家市场监督管理总局、国家统计局联合编制，将中国目前的社会职业分为1639个。这1639个职业分归8个大类、79个中类、449个小类，并具体确定了各个职业名称。其中8个大类如表2-4所示。

表 2-4 《中华人民共和国职业分类大典》数据汇总

序号	类别	中类	小类	职业
1	国家机关、党群组织、企业、事业单位负责人	5	16	25
2	专业技术人员	14	115	379
3	办事人员和有关人员	4	12	45
4	商业、服务业人员	8	43	147
5	农、林、牧、渔、水利业生产人员	6	30	121
6	生产、运输设备操作人员及有关人员	27	195	1119
7	军人	1	1	1
8	不便分类的其他从业人员	1	1	1

数据来源：国家统计局官网（http://www.stats.gov.cn）

②工作世界地图。

美国大学考试中心（American College Test，ACT）在D.J.普里蒂奇研究的基础上融入兴趣这一因素，将职业群体的具体位置标定在坐标图上，从而得到工作世界图，如图2-4所示。该图共分12个区域，共有20个职业群被标定在职业分类图中。学生可根据自己的兴趣类型在该图中的位置，通过与不同职业群的远近位置比较，进一步扩展与自己职业兴趣相关的工作搜寻范围。

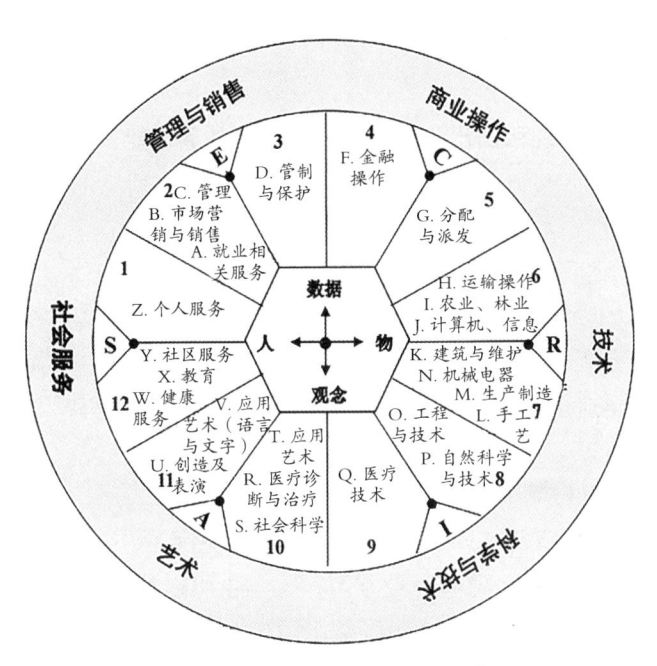

图 2-4 职业分类图（美国ACT）

（2）通过组织的架构了解和拓宽职业。

首先，我们应当基于自身的兴趣、专业背景及职业规划，筛选出具有行业代表性、发展潜力大或与我们职业目标高度契合的企业。这些企业不仅能为我们提供丰富的职业发展机会，还能让我们在实践中不断学习成长。接下来，深入了解企业岗位是关键。通过企业官网、招聘平台等渠道，我们可以获取到各个岗位的详细描述，包括岗位职责、任职要求、工作环境及晋升路径等。这些信息有助于我们明确自己与岗位的匹配度，以及未来在该岗位上的发展空间。同时，我们还可以通过与在职员工交流，了解岗位的实际工作内容和企业文化，从而更全面地评估该岗位是否适合自己的职业规划。

除了岗位信息外，企业文化也是我们不可忽视的重要因素。一个企业的文化氛围、价值观及工作方式都会对我们的职业发展产生深远影响。因此，在探索职业的过程中，我们应当关注企业的文化特色，了解企业如何对待员工、如何鼓励创新及如何促进团队合作等。这些信息将帮助我们更好地融入企业环境，实现个人与企业的共同成长。

为了更深入地了解企业，我们还可以积极参与企业举办的各种活动。例如，参加企业的校园招聘宣讲会、交流会或行业论坛等，这些活动不仅能让我们近距离接触企业代表和在职员工，还能让我们更直观地感受到企业的文化氛围和工作环境。此外，我们还可以利用社交媒体等渠道，与企业的员工或校友建立联系，获取更多关于企业的内部信息和职业发展建议。

最后，我们需要根据从企业中获取的信息和自身条件进行对比分析，评估自己与目标岗位的匹配度，并制定出相应的职业规划。在规划过程中，我们要保持灵活性和适应性，根据市场变化和企业需求及时调整自己的职业目标和发展方向。同时，我们还要不断提升自己的专业技能和综合素质，以应对职场中的各种挑战和机遇。

（3）从专业出发了解和扩宽职业。

> **练习 2-5**
>
> 思考可以从哪里发现和自己专业相关的职业，并尽可能多地说出与你专业相关的职业。
> _____
> _____

同学们刚刚进入大学，关于就业可能会有一系列疑问，其中"我的专业以后能做哪些工作？"以"我学这个专业就一定要从事跟专业相关的工作吗？"是两个非常普遍的问题。

①我的专业以后能做哪些工作？

专业与职业之间存在着紧密而复杂的关系，它们相互依存、相互影响，共同塑造着个体的职业道路和人生轨迹。通过专业学习，大学生可以获得从事某一职业所必需的专业知识、技能和素养，为未来的职业生涯奠定坚实的基础。

以市场营销专业为例（见图2-5），这个专业的毕业生未来就业可以有哪些方向呢？从直观印象出发，市场营销专业毕业的同学可以选择从事市场营销策划、市场调研与分析、品牌管理、销售管理等与市场营销直接相关的职业。在这些岗位上，他们可以运用所学的市场营销理论和方法，帮助企业制定有效的市场策略，推动销售业绩的提升，从而为企业创造价值。

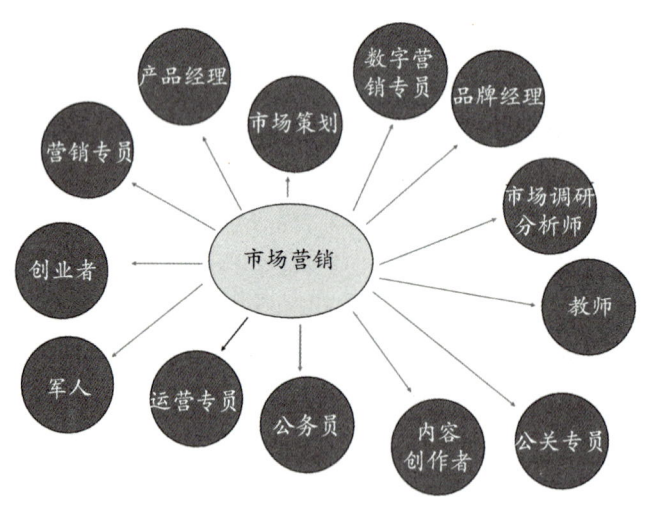

图 2-5 专业与职业的关系

然而，市场营销专业的毕业生并不局限于从事与市场营销直接相关的工作。实际上，他们还可以将所学的市场营销知识和技能应用到其他领域，创造出更多的职业可能性。例如，他们可以选择进入互联网行业，从事产品经理、运营专员等职业，运用市场营销的思维和方法，优化产品设计和运营策略，提升用户体验和产品竞争力。

此外，市场营销专业的毕业生还可以选择进入金融行业，从事金融营销、风险管理等职业。他们可以利用市场营销的知识和技能，制定金融产品的营销策略，推广金融产品，提高金融产品的知名度和市场占有率。同时，他们还可以运用风险管理的方法，识别和评估金融风险，为企业制定有效的风险管理策略。

②我一定要从事跟专业相关的工作吗？

从经济和效率的角度来看，选择与专业相关的工作确实具有一定的优势。因为专业知识和技能是我们在大学期间投入大量时间和精力所获得的，将这些知识和技能应用于实际工作中，可以更快地适应工作环境，提高工作效率，从而在职场上获得更好的表现和发展。根据智联招聘的数据显示，在2024届签约的毕业生中，43%认为签约工作与所学专业比较对口，23%认为很对口，共有66%的应届毕业生对签约工作与所学专业的匹配度表示满意，较前一年高3个百分点。

然而，专业与职业之间的相关性并不是绝对的。同一个专业可能对应多个职业方向，因为不同的职业岗位对专业知识和技能的要求可能有所不同。同时，同一个职业也可能需要多个专业的知识和技能支持，因为职业工作往往涉及多个领域和方面。以人力资源管理这个职业为例，从事这一职业的人可以来自不同的专业背景，如心理学、社会学、工商管理等。这些不同专业的知识和技能可以相互补充，共同构成完整的人力资源管理体系。

此外，个人的兴趣、能力和价值观也是决定职业选择的重要因素。有时候，我们可能会发现某个职业与我们的专业并不完全匹配，但它却符合我们的兴趣和价值观，或者能够让我们发挥自己的特长和优势。在这种情况下，选择这个职业可能会让我们更加满意和成功。

因此，在选择职业时，我们不必过分拘泥于专业与职业之间的对应关系。我们可以根据自己的兴趣、能力和价值观，结合市场需求和职业发展趋势，选择适合自己的职业方向。同时，我们也可以通过不断学习和提升自己的综合素质，增强自己的适应能力和竞争力，为未来的职业发展打下坚实的基础。

（4）专业与职业的关系。

①专业包容职业。在包容关系中，个人的职业发展始终局限在所学专业的领域内。即选择的职业与学习的专业相吻合，能够做到学以致用。例如，学习医学专业的人毕业后很可能成为医生或医疗领域内的专业人士，他们的职业发展始终在医学这一专业领域内进行。这种关系下，专业为职业提供了坚实的理论基础和实践技能，使得个体能够在所学专业的领域内发挥专长。

②专业为核心，职业包容专业。核心关系指的是以专业为核心发展职业，个人的职业发展以所学专业为核心，但向外有所扩展。在这种情况下，选择的职业与学习的专业虽然方向一致，但职业发展可能超出所学专业领域。例如，学习计算机科学的学生可能不仅从事软件开发等直接与专业相关的职业，还可能涉足网络安全、数据分析等相关领域。为了应对这种职业发展的需要，个体需要在学好专业的基础上，通过选修、自学等方式提高所从事职业的素质。

③专业与职业交叉。以专业为基础发展职业，但个人的职业发展在所学专业基础上

有重点地沿某一方向拓展。这种关系下，专业与职业之间存在一定的交叉点，但并非完全重合。例如，财经类专业的学生不仅关注会计、金融等核心领域，还可能涉猎统计、保险、证券等相关领域。这种交叉关系要求个体具备更广泛的知识面和综合能力，以便在职业发展中更好地适应市场需求。

④**专业与职业分离**。即个体所从事的职业与所学专业并不直接相关，这种关系可能是由于市场需求、个人兴趣、职业规划等多种因素导致的。例如，一名学习历史专业的学生可能最终选择成为一名市场营销人员或人力资源管理者。在这种情况下，个体需要依靠自学、实践等方式来弥补专业与职业之间的差距，以适应职业发展的要求。

总之，专业与职业之间的关系是复杂而多样的。我们需要全面了解自己的专业背景、职业兴趣和发展方向，以及市场需求和职业发展趋势，做出明智的职业选择。同时，我们也需要保持灵活性和适应性，不断学习和提升自己的综合素质，以应对职场中的各种挑战和机遇。

课后任务

任务主题：初定职业目标并了解对应岗位的招聘信息

任务要求如下。

1.根据自己以后的就业意向地，结合本讲所学知识进行工作世界探索，并列出自己感兴趣且有实现可能性的职业。

_____

_____

2.确定其中一个你觉得最想了解的职业作为你初定的职业目标，通过网络检索等方式初步了解该职业针对应届毕业生招聘的岗位。

你的初定职业目标是_____

针对应届毕业生招聘的岗位是_____

课后阅读与思考

人工智能的兴趣

1956年，约翰·麦卡锡、马文·明斯基等科学家在美国达特茅斯学院开会研讨"如何用机器模拟人的智能"，并首次提出人工智能的概念时，可能不会想到，有一天AI如同蒸汽时代的蒸汽机、电气时代的发电机、信息时代的计算机和互联网一样，正成为推动人类进入智能时代的决定性力量。

从2022年11月30日ChatGPT的火爆出圈，到百度文心一言、阿里巴巴的通义千问、Google的Gemini、OpenAI的Sora等，蜂拥而上的生成式人工智能有了重大发展。2024年我国的《政府工作报告》特别提出，要深化大数据、人工智能等研发应用，开展"人工智能+"行动，打造具有国际竞争力的数字产业集群，这是"人工智能+"首次被写入政府工作报告。基于巨大的算力与大数据的红利，生成式人工智能背后的算法学习能力不断迭代，使得生成式人工智能对人类的影响范围越来越大，波及受众也越来越广（见图2-6）。

就业市场也因为人工智能的迅猛发展而发生了巨大的变化，一些传统的劳动密集型工作岗位面临着被自动化取代的风险。例如，生产线上的工人和客户服务行业的工作人员可能会被机器人和自动化系统替代。然而，与此同时，人工智能也创造了新的工作机会。人工智能的开发和管理需要专业人员来推动技术的发展。此外，人工智能还为人们提供了更多的自由和灵活性，远程工作和自由职业的机会增加，使得人们能够更好地平衡工作和生活。

高效使用与智能化生产 精准预测天气对能源产量的影响 智能分析电网负荷，优化能源分配和存储	1. 智慧能源		8. 智慧商务	市场趋势的精准预测和个性化营销 智能客服系统提供即时响应服务 商务决策支持，如市场分析和风险评估
生产过程的智能化和自动化 实时监控与预测设备故障 优化化学反应过程，加速产品研发	2. 智慧化工		9. 智慧医疗与健康	AI辅助的影像诊断系统 慢性病管理的个性化治疗建议 提升医疗服务质量和效率
数字化转型的引领者 机器视觉技术实现自动检测和分类 供应链管理的智能化，精准库存控制	3. 智能制造		10. 智慧教育	教育资源的个性化分配和优化 AI教学系统提供定制化学习内容 在线教育和虚拟课堂的普及
精准农业技术和数据分析 智能农业机器人实现自动化生产 病虫害监测和防治的智能化	4. 智慧农业	"人工智能+"与各行业 融合创新应用场景 （新质生产力）	11. 智慧公共服务	提升政府服务的效率和质量 公共安全领域的智能监控和预警 环境保护和灾害管理的科学决策
实时监控和优化交通流量 自动驾驶汽车的发展 智能信号灯和交通管理提高道路效率	5. 智慧交通		12. 智慧环保	实时监控和评估环境质量 废物分类和资源回收的效率提升 推动循环经济的发展
个性化和沉浸式的旅游体验 虚拟现实和增强现实技术的应用 文化遗产保护和数字化展示	6. 智慧文旅		13. 智慧城市与智慧社区	城市管理和服务的智能化 优化交通流量和能源利用效率 提升安全和便捷的生活环境
物流网络的优化和自动化 无人仓库和无人机配送 库存管理和需求预测的智能化	7. 智慧物流		14. 智慧遥感	地球表面实时监测和分析 环境变化和资源分布的深入洞察 环境保护、灾害预防和资源管理

图2-6 "人工智能+"与各行业融合创新应用场景（新质生产力）

> **阅读思考**
> 1. 容易被人工智能淘汰的职业特点有什么特征？
> 2. 为了适应人工智能时代的职场，我们能做些什么？

第二节　分析职业信息

知识目标

- ◆ 了解职业信息收集的内容和渠道。
- ◆ 了解分析招聘信息的方法。
- ◆ 掌握求职资源的盘点和积累的方法。

能力目标

- ◆ 能够运用多种渠道对某一目标职业进行信息的收集和甄选。
- ◆ 能够分析招聘岗位对求职者知识、能力、素养的要求，洞察招聘工作背后的企业人才选拔意图。
- ◆ 能够梳理自己的求职资源，并初步具备发现和积累求职资源的能力。

明德笃行

通过这一讲的学习，我们将学会如何收集具体的职业信息，能理性鉴别和分析职业性信息；增加认知职业的全面性，减少职业偏见，也为学生的职业决策提供全面、科学的信息基础；通过对招聘岗位的分析，发现自身不足，从而进一步唤醒学生的生涯规划意识，提升学习的目标导向性，激发学习的内驱力。

章节导入

案例 2-2

我该怎么了解职业信息？

大四上学期，吴静为了了解校园招聘的事情，到辅导员办公室寻求老师的帮助。她就读的是财务管理专业，自己也比较喜欢该专业。之前参加过一次学院组织的专场校园招聘会。在这场招聘会上，她在与意向公司的HR（human resource，人力资源）主管沟通时，由于不清楚自己应该向对方了解哪些内容，她全程都是听对方在讲，面试完后她觉得自己依旧对这个岗位没有什么实质性的了解。

这个学期以来，同班同学陆陆续续都去实习了，但是吴静也不清楚该如何去找实习工作。因为没有实习经历，她对财务管理方面的知识还是停留在老师传授的书本理论知识上。如果真的去实习了，万一这个专业的工作跟自己想象中的差距很大，那么毕业后真的要走财务管理这条路吗？吴静心中有一个大大的问号。

除了参加过一次学校组织的招聘会之外，吴静找工作的事情毫无进展。她也会积极关注老师发在班群的招聘信息，但她不知道还有哪些渠道可以了解职业信息。即使是找到了这些渠道，需要了解哪些内容、如何对其进行分析，她也不是很清楚。更不用说规避求职中的各种可能的风险。她听说高中同学差点在找工作的时候进了传销组织，便更加害怕，她走进了辅导员办公室，希望老师能够帮助她……

案例思考：
1. 吴静的故事，反映出她存在哪些问题？
2. 针对吴静的困惑，你有什么建议？
3. 这个故事给你带来了哪些思考？

讲解与练习

一、职业信息收集的内容

随着信息时代的发展，大学生收集职业信息的渠道越来越多，这些渠道为大学生提供了丰富多样的信息来源，帮助我们更全面地了解职业市场和行业动态。对于大学生寻找实习机会或是毕业生找工作而言，信息收集是职业规划和求职过程中的关键步骤，它帮助我们全面了解目标职位的相关信息，为我们科学的职业决策打下基础。积极主动的择业之旅，往往始于对信息的充分掌握。

我们这里讲的职业信息主要是指目标职业的招聘岗位的相关信息，具体包括岗位的工作内容、入职要求、核心技能、发展空间、薪资待遇、工作地点及组织文化等内容。

（一）工作内容

工作内容主要是指该职位日常需要完成的任务和职责。例如，一个软件工程师的日常工作可能包括编写代码、参与项目讨论、进行测试和调试等。了解工作内容有助于我们判断这份工作是否有符合自身的兴趣的部分，自己当下或是未来能否胜任，以及是否能适应其工作节奏和压力等。

我们可以通过以下几个问题来帮助了解该岗位的工作内容：所求职的岗位主要是做什么方面的工作？如何完成？工作时间是怎样的？工作强度如何？岗位工作对谁负责？向谁汇报？是否参与决策？工作是否有挑战性与创造性，还是做一些刻板式的事务。

（二）入职要求

了解岗位的入职要求十分重要，这有助于我们评估和发现自己与入职要求的距离，为我们大学生涯的学习确定了目标，同时也为毕业时准备简历和面试提供了方向。

企业招聘的入职要求往往包含专业、学历、年龄、工作经验、特定培训、特定技能、特定证书等方面。不同类型的企业往往对求职者有着不同的要求，比如律师、法官、检察官等一般需要通过国家司法考试获得执业资格，医生正式入职往往都需要通过国家医学考试获得执业医师证书，证券从业人员往往需要证券从业资格证。在某些行业，虽然资质要求不是强制性的，但具备相应的等级证书会更有竞争力。因此，对于大学生而言，提前规划并考取相关证书可以一定程度上提升就业竞争力。

工作经验是求职者的工作经历，它是企业选拔员工的主要参考因素之一。企业在实际招聘中往往关注的是求职者对口的工作经历，比如营销岗位招聘时主要考察你是否有营销方面的工作经历。对于应届毕业生而言，实习和兼职经历也可以作为工作经验的一部分，证明其在实际工作环境中拥有快速上手的能力。

值得注意的是，同一岗位在不同地区、不同公司、不同时间，对入职的要求往往不同，比如，同样是小学语文教师，在一线发达城市的名校可能需要研究生学历，而乡镇小学往往本科就足够了。所以每个行业和单位都有其独特的需求，了解并满足这些要求是未来成功入职的关键，因此你需要提前了解、提前准备，在申请职位前，仔细阅读职位描述并准备相应的材料至关重要。

（三）核心技能

企业在招聘时非常重视求职者的能力，其中通识能力作为跨领域、跨行业的普遍知识和基础能力，更是企业关注的焦点。企业重视的通识能力主要包括语言表达能力、自学能力、适应能力、沟通协调能力、团队协作能力、解决问题的能力等，这些能力不仅能够帮助求职者更好地适应职场环境，还有助于更好地在企业中成长。

但是不同的岗位对于核心技能的要求往往不同，而这些技能往往是完成工作内容的关键，因此如何掌握并证明你具备该岗位的核心技能是你能在众多求职者中脱颖而出的关键。比如，对于市场分析师来说，数据分析能力和市场趋势洞察力就是核心技能；对于客户经理来说，人际交往能力、销售技巧和谈判能力就是核心能力。作为大学生，在校期间培养与岗位相匹配的核心技能尤为重要。

（四）发展空间

岗位的发展空间主要指个人成长和未来的晋升机会，企业为员工提供培训和支持的体系越完善，岗位的晋升通道越清晰，发展空间就越大。

按照不同的工作内容，职业发展通道可以分成不同的序列。尽管不同组织可能有不同的称呼和结构，但大体上可以参考以下序列。

1. 行政管理序列

行政管理序列主要有主管、高级主管、经理、副总经理、总经理。

2. 项目管理序列

项目管理序列主要有项目经理助理、项目经理、高级项目经理、项目总监。

3. 专业技术序列

专业技术序列主要有技术员、助理工程师、工程师、高级工程师、总工程师。

每种路径都有其独特的优点和挑战，选择合适的职业发展路径应该基于个人的兴趣、技能、价值观和职业目标。对于专业技能型的岗位往往存在专业和管理双线晋升的通道，而且有些时候两者相辅相成，互相促进。同时，每个人在职业生涯的不同阶段，可能还会在这些路径之间转换，以适应个人成长和行业变化。

（五）薪资待遇

薪资待遇主要包括货币报酬和非货币报酬，通常包含了多种不同的组成部分。薪资待遇的具体构成和水平受多种因素影响，包括行业标准、地区经济状况、公司财务状况、个人技能和经验，以及市场供需关系等。了解具体的薪资待遇细节通常需要参考公司的人力资源政策或劳动合同。以下是一些常见的薪资待遇组成要素。

1. 基本工资

这是员工固定的收入部分，通常按月支付，是薪酬的基础。可以分为岗位工资和薪级工资两部分，岗位工资基于职位和职责，薪级工资则根据个人的工作年限和绩效调整。

2. 绩效奖金

这是根据个人或团队的绩效评估结果发放的可变薪酬，旨在激励员工提升工作效率和质量。绩效奖金可以是年度绩效奖金、季度奖金或是项目完成奖金，通常与公司的盈利状况和个人或团队对公司的贡献值挂钩。此外，一些公司为了表彰员工的特别成就或对公司的重要贡献，还会设立特殊贡献奖等。

3. 津贴

包括交通补贴、住房补贴、餐饮补助、通信费补贴等，用于补偿员工因工作而产生的额外开销。

4. 福利

包括医疗保险、养老保险、失业保险、工伤保险、生育保险等社会保险，住房公积金，职业年金、节假日福利，以及企业补充保险、带薪休假、员工培训、健康检查等非现金福利。

5. 股权/期权

一些公司，特别是科技创业公司，会提供股票期权或直接的股权作为长期激励机制，让员工分享公司的成长收益。

6. 非金钱奖励

如职业发展机会、培训和进修课程、灵活的工作时间、远程工作选项等，这些虽然不是直接的金钱奖励，但对于吸引和保留人才同样重要。

（六）工作地点

工作地点主要包括：①工作所在地，如工作城市、工作场所的具体地理位置，周边的交通情况；②工作的环境，工作环境的安全性是关注的重点，如工作的设施用具及其危险性、是否易患的职业病等。

工作地点不仅关乎生活的便利性和通勤成本，还可能影响生活质量。我们在选择工作地点时，不仅要考虑个人的职业规划和行业偏好，还要考虑生活方式、成本效益分析、家庭和个人目标等多个维度。以下是一些在选择工作地点时可以考虑的因素。

1. 行业聚集效应

某些行业在特定城市或区域更为集中，如金融行业倾向于一线城市。

2. 生活成本

一线城市的生活成本较高，包括房租、交通和日常消费，而二线或三线城市则相对较低。

3. 社会支持

这是指工作地是否具有相对成熟的社会资源，能够为个人提供就业机会或职业发展所需要的支持。比如留在家乡或者大学所在地工作往往是大学生的首选，因为家人或同学可以提供情感支持和便利的社交网络，而在新的城市重新建立社交圈则需要花费更多的时间。

4. 个人目标与价值观

考虑个人的生活目标，如追求事业成功、平衡工作与生活，或是特定的生活方式。

5. 教育资源

一是考虑所在城市是否有优质的继续教育资源，为个人未来的学历提升或技能学习提供更多的机会；二是优质的教育环境也为未来孩子的成长提供更多的可能性。

6. 健康资源

这是指优质医疗资源的可及性，尤其是在面对突发健康问题时。

综合以上因素，我们应根据个人情况和偏好，做出最适合自己的工作地点选择。在决策过程中，可以收集尽可能多的信息，与家人、导师和行业专家讨论，甚至尝试短期实习或访问意向城市，以便做出更加明智的决定。

（七）组织文化

组织文化是指一个组织内部共享的价值观、信念、规范、行为模式和实践的集合，它们共同塑造了公司的身份，并指导其成员的行为。一个与我们个人价值观相匹配、鼓励创新和尊重个人发展的企业文化，将使我们更容易融入团队，提高工作满意度。

我们可以从多个方面来观察一个企业的组织文化，包括但不限于以下几点。

1. 使命与愿景

公司的长期目标和其希望达成的最终状态。

2. 价值观

公司重视的原则，如客户至上、团队合作等。

3. 行为准则

员工应遵循的规范，包括工作态度、沟通方式、解决问题的方法等。

4. 工作氛围

办公室环境、工作与生活的平衡、团队合作程度等。

5. 领导风格

管理层的决策方式、对员工的支持度和授权程度等。

对于求职者来说，组织文化的影响主要体现在招聘选拔、企业融入等方面。组织文化会影响招聘策略，因为公司可能会寻找那些与公司价值观相匹配的候选人。例如，一个强调创新和自主发展的公司可能会更看重候选人的创造力和独立思考能力。同时，我们需要评估自己是否能适应特定的公司文化，当公司的文化和个人的价值观、工作习惯符合度较高时，往往更容易在工作中感到满意和舒适。

二、职业信息收集的渠道

在了解了职业世界之后，就要收集与意向的工作相关的信息。许多同学会认为职业信息的收集是在大四找工作时候的暂时性任务和临时性行动，其实不然，职业信息的收集应当是一个持续的过程，而不仅仅是寻求即时的就业机会。我们在整个学习生涯乃至职业生涯中应保持对职业世界和市场变化的敏锐度，持续收集职业信息，以便我们及时了解到哪些技能正在成为热门，哪些技术正在被淘汰，从而调整自己的学习计划和职业发展方向，确保自己的技能与市场需求相匹配，这也是一个自我探索和反思的过程。

职业信息收集的渠道有很多种，它们各自有其特点，并没有任何一种方法可以完整提供所有职业信息。因此，对于这些方法应当综合搭配、灵活使用，以达到较好的效果，避免过度依赖其中的某一种渠道。

图 2-7 列举了从二手资讯到一手资讯的职业信息收集的渠道。二手资讯指的是基于他人研究、分析或经验的资讯；一手资讯指的是直接从信息的原始来源获取的资讯。

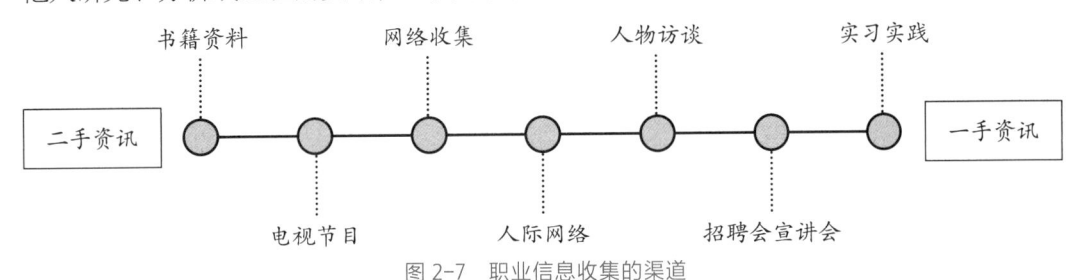

图 2-7 职业信息收集的渠道

（一）书籍资料

通过书籍等资料收集职业信息是一种深入、系统的方法，可以帮助你全面了解相关职业的概况。比如《中华人民共和国职业分类大典》（见图 2-8）对每个职业进行了概述，为学生初步认识职业提供了便利。

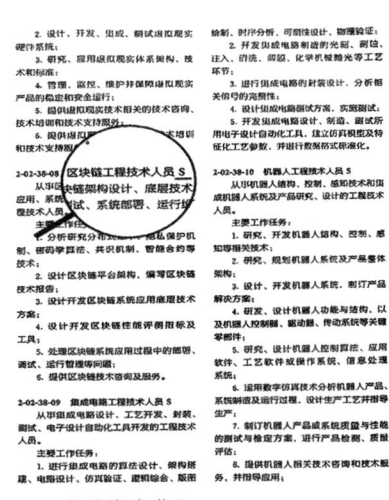

图 2-8 《中华人民共和国职业分类大典》

在初步确定想要了解的具体职业后，我们可以通过以下各种方式对具体职业进行更深一步的了解。

1. 专业教材

查找与目标职业相关的大学教科书或专业培训书籍，这些书籍往往系统地介绍了该领域的基础知识、理论框架及核心技能。

2. 行业报告和白皮书

行业协会、研究机构或知名咨询公司发布的行业报告，能提供行业动态、市场趋势、人才需求、政策法规等宏观信息。

3. 职业规划书籍

市面上有许多关于职业规划和就业指南的书籍，它们通常会介绍多种职业的日常工作、入行要求、发展路径等。

4. 人物传记和经验分享

阅读行业内成功人士的自传或访谈录，可以从个人成长经历中获得启发，了解实际工作中可能遇到的挑战与机遇。

（二）电视节目

通过电视节目来收集职业信息是一种间接但有趣的方法，它可以让我们从不同的角度了解职业世界。尤其是纪录片、访谈节目、职业导向的真人秀和行业专题节目，提供了丰富的视觉和听觉材料，能够生动展现职业的日常面貌、工作环境、技能要求及行业趋势，例如《职来职往》《鲁豫有约》《令人心动的offer》等节目。

以《令人心动的offer》这档职场观察类节目为例，它为大学生们提供了全方位洞察职业的机会。首先，节目展现了实习生的真实工作场景，包括他们面临的挑战、团队合作的重要性及如何处理高压环境下的工作，这对大学生而言是了解职场生活的窗口，有助于他们对将来可能遇到的职场环境做好心理准备；其次，我们可以观看实习生们如何运用专业知识解决实际问题，这有助于大学生理解理论知识与实践操作之间的转换路径；最后，节目中的实习生展示出了不同的工作态度和职业行为，如责任感、沟通技巧、时间管理和团队精神，这些都是职场成功的重要因素。另外，节目中实习生与同事、上级的关系处理方式，以及如何通过建立良好的人际关系来促进职业发展等内容，也为大学生建立职场人脉提供了示范。

通过观看这些电视节目，我们可以获得直观的职业场景感受，激发职业兴趣，同时也能对各个行业有一个更为全面和深入的理解。不过，需要注意的是，电视节目为了吸引观众，有时会有所夸大或简化，因此在获取信息的同时，也要结合其他资料进行交叉验证。

（三）网络收集

通过网络渠道收集职业信息，其特点是信息量丰富、方便快捷、互动性强。目前，教育部、各地就业部门、各类学校及部分商业机构，都在互联网上开辟了专门的职业信息发布专栏，同学们可由此方便快捷地得知职业信息。同时，生成式人工智能也可以帮助我们快速地收集信息，前提是我们能够给出精准的检索要求。

1. 职业检索

进行职业检索旨在帮助我们了解职业要求并制定职业规划。在进行职业检索时，许多网站都可以提供丰富的信息和资源。例如百度、学职平台等。

学职平台的全称为全国大学生学业与职业发展平台，是由教育部学生服务与素质发展中心建设的一个专业性平台，包括了专业洞察、职业测评、职业人物、职业微视频、就业指导课等内容，网址为：http://xz.chsi.com.cn。

2. 招聘类APP、公众号

招聘类APP可以提供大量的招聘信息，且会分城市、行业、职位、学历等，支持用户自定义搜索岗位。用户可在招聘类APP上完成招聘信息阅览、简历上传、简历投递、面试应约等一系列流程。例如应届生求职网、智联招聘、前程无忧、BOSS直聘、猎聘等。

此外，招聘类的微信公众号的日活跃度也很高。大学生们在搜索招聘信息时，可以"某地+招聘""企业+校园招聘""岗位+招聘""某某大学就业"等关键词检索相关的公众号。

3. 企业官网

许多大型公司都有自己的官网，在招聘模块中发布招聘信息。企业官网通常会有"加入我们"、"职业机会"或"招聘信息"等版块，定期浏览这些页面，留意最新的职位发布，有时甚至能发现未在其他平台上公开的职位。

首先，应直接进入企业的官方网站，而不是通过第三方链接或搜索引擎间接访问，以避免信息滞后或不准确的问题。其次，按照企业提供的申请流程提交实习或者求职简历。有的企业可能要求填写特定的在线申请表或上传特定格式的文件。最后，如果有疑问或需要更多信息，可以使用企业官网提供的联系方式（如HR邮箱）进行询问。某些企业允许我们在其官网上跟踪申请进度，可定期检查邮箱和企业官网的反馈，有时候及时地跟进也能体现你的积极性。

4. 媒体网站

为促进大学生就业，教育部建立了针对应届毕业生的求职平台——国家大学生就业服务平台，该平台是由教育部学生服务与素质发展中心运营，内容包括求职准备、实习岗位、专场招聘、就业指导、政策咨询等。平台的网址为：http://www.ncss.cn。

同时，各地也有自己的官方平台，我们自行搜索"某地人才网"一般可以搜到，例如浙江人才网（http://www.zjrc.com）。

人事考试网主要发布公务员考试、事业单位考试和专业技术资格考试等的官方通知，例如中国人事考试网（http://www.cpta.com.cn）、湖北省人事考试网（http://www.rst.hubei.gov.cn/hbrsksw）。

一些行业特定的求职平台专注于某一或某几个特定行业，能够提供更精准、更专业的职位信息。例如国聘网（http://www.iguopin.com）专注于国企招聘、银行招聘网（http://www.yinhangzhaopin.com）专注于银行业招聘、高校人才网（http://www.gaoxiaojob.com）专注于高校及科研机构的招聘、技术类招聘网站（如牛客网http://www.nowcoder.com）提供技术类职位招聘信息和职业发展资讯。

5. 中介机构

利用求职中介和培训机构来收集职业信息是一种较为直接和高效的方式，可以帮助我们获得更具专业性、针对性的指导和资源。比如考公考编的培训机构往往会提供各类考公考编的招聘信息、公益课程，甚至是珍贵攻略。但是在选择时，我们要确保其有良好的口碑和成功的案例，选择规模较大、社会口碑较好、亲友亲身尝试过的中介机构。同时，我们可以充分利用中介提供的免费咨询服务收集相关的职业信息。

总之，无论是求职中介还是培训机构，关键在于明确自己的职业目标，选择合适的服务提供商，并积极主动地利用它们提供的资源和机会，为自己的职业发展铺路。

6. 线上招聘

采用线上化工具开展校园招聘的用人单位不断增加，应届生们在电脑上就可以完成线上的笔试和面试。

AI面试也是当下企业所青睐的面试形式之一。用人单位在招聘初筛阶段采用AI技术进行筛选，应届生们通过手机，在企业提供的平台上，根据AI面试官的提问，在规定时间内自主回答问题。AI面试通过视频分析技术、人脸特征识别技术等，对候选人的综合素质进行全面分析评估，最终对候选人的人才画像进行解析。

近年来，企业积极探索能和年轻人同频共振的线上渠道。越来越多的企业在短视频平台上开展校园招聘活动。不少企业的HR摇身变成"主播"，通过"宣传展示＋直播带岗"的形式，向学生端全方位介绍企业文化和岗位需求。

7. 视频媒介

通过视频媒介收集职业信息是一种直观且生动的方式，能够帮助我们更直观地了解职业环境、工作内容及行业趋势。例如抖音、B站、小红书、微博等，这些平台上有众多专注于职业指导、行业揭秘和职场经验分享的频道，也有不少职场主题的内容创作者，他们通过短视频形式分享行业知识、工作日常和职业建议。一些职场人士通过Vlog形式分享他们的日常工作、挑战和成长，这能提供更加真实和贴近生活的职业视角。

此外，TED和TEDx系列演讲中有很多关于职业发展、创新行业、领导力和职业心态的演讲，这些高质量的视频可以启发我们对职业的思考。

很多公司会在自己的官方网站上发布公司介绍视频，展示办公环境、团队文化、员工访谈等内容，这有助于我们了解企业文化和工作氛围。

尽管通过视频媒介收集职业信息有许多优势，如直观性、趣味性和易获取性，但也存在一些潜在的缺点，如信息的准确性、权威性难以保证，对于某些复杂的职业或行业深入分析可能不够，视频内容可能存在过度包装或过度夸张等。因此，在利用视频媒介收集职业信息时，重要的是保持批判性思维，验证信息来源，结合多种资源进行综合分析，并在必要时寻求专业的咨询。

（四）人际网络

通过人际网络收集职业信息是一种非常有效且直接的方式，它能够让你获得一手经验分享、行业洞察和个人建议。

1. 父母亲友

通过父母亲友获取职业信息是一种非常有效且常见的方式，因为他们的经验可以为我们提供宝贵的见解。作为一种常见的非正式信息收集方式，父母亲友可能因为自己本身的职业经历或者社会经验，给我们提供宝贵的职业洞察和机会。我们可以在家庭聚会或与亲友的社交活动中，与他们交流关于职业发展的话题，以开放式的方式询问他们所在行业的情况，或是他们认为有潜力的行业，让他们分享自己的职业经历，包括成功和挑战。

2. 师长朋友

通过师长和朋友获取职业信息是另一种非常有价值的方法。我们可以向老师或者在某个行业工作的朋友表达对某职业或行业的兴趣，询问他们是否愿意分享经验或提供指导。这是一种非正式的交谈，目的是了解某个职业或行业的情况。我们需要准备一些具体问题，比如日常工作内容、所需技能、行业趋势等，以便深入讨论。在求助时，展现出自己的积极态度和对对方时间的尊重。大多数人都乐于助人，尤其是对学生或年轻人的职业发展。许多学校会组织举办职业导向的活动，例如职业发展讲座、行业研讨会或学长学姐经验分享沙龙等。积极参与这类活动，不仅可以学习新知识，还能在会后与演讲者或参会者交流，拓展人脉，是结识同行和前辈的好机会。校友资源也是不可忽视的途径之一。很多学校都有强大的校友网络，他们分布在各行各业，是获取职业信息和建议的宝贵资源。我们可以通过学校的校友办公室或老师和辅导员联系到他们。

最后请记得，无论是在求学期间还是毕业后，都应常怀感恩之心，保持与师长和朋友的联系，适时分享自己的职业进展和计划，同时也关心他们的动态。逐步构建自己的职业网络，并进行良好的关系维护，这是长期受益的。

练习 2-6

研究本专业的学长学姐的"职场地图"能够帮助我们快速且清晰地了解到自己所学专业的大致就业方向。方法很简单，效果很明显。请同学们对学长学姐进行人物访谈，了解他们的就业具体路径，完成学长学姐的"职场地图"（见表 2-5）。最后尝试着结合自己的就业意愿进行初步的自我定位。

表 2-5 学长学姐"职业地图"

毕业出路	具体路径	学长学姐姓名	职业选择	发展空间
升学	国内硕士			
	留学硕士			
	博士			
就业	本专业就业			
	非本专业就业			
	考公职单位			
其他	创业			
	当兵			
	志愿者			

（五）人物访谈

正在承担某一岗位具体工作的人员，对这项工作的相关信息是最有发言权的。因此，通过面谈的形式，与工作承担者进行询问访谈，是收集职业信息的一种有效的方法。

询问访谈一般以个别访谈或小组座谈的形式进行职业信息收集。被采访人在该职位一般应具有3年及以上工作经历，任主管以上职务者优先。为避免访谈对象的主观影响，应至少采访3个人，减少个体偏差，如既与成绩出色者访谈，也与默默无名者访谈。在进行访谈之前，访谈者需要对该职业进行提前了解，并准备好访谈中拟提的问题。访谈时应尽可能详细地做好记录。

理财规划师的职业调查报告

我们可以通过"曾经""现在"和"未来"三方面视角构思访谈的问题，设计人物访谈的问题提纲，如表2-6所示。

表2-6　人物访谈的问题提纲

生涯人物	姓名：　　　　所在公司：　　　　所在行业：
访谈视角	访谈问题
"曾经"的视角	这个行业的发展史
	这个单位的发展史
	个人职业发展经历
"现在"的视角	典型工作的一天
	主要的工作内容
	目前薪资福利情况
	目前岗位招聘要求
	目前工作满意和不满意之处
"未来"的视角	岗位未来的晋升路径
	晋升下一级所需要的能力
	行业未来的发展情况
	给大学生和应届毕业生的建议

资料来源：马恩，谢伟．大学生就业指导与发展活动教程[M]．北京：清华大学出版社，2011．

人物访谈法的优点是能够准确深入地收集较为贴近工作实际情况的职业信息，但也存在着一定缺陷：从访谈过程来看，被访者往往存在一定的主观思考，使得相关信息可能会存在一定的片面性，所以这里强调至少访谈3位职业人士，以期获得更加全面的工作信息。

（六）招聘会与宣讲会

线下的招聘会、宣讲会往往是在校生们所期待的。各地方、各行业，每年都要举办多场大型的招聘会，很多高校每年也会组织举办大型的双选会、洽谈会、校园招聘会等。提前开展校招宣传逐渐成为用人单位抢夺应届生人才的重要手段。对于6月份毕业的应届生，前一年9月甚至更早进行校园招聘的企业已越来越多。

相比线上的形式，线下的招聘会、宣讲会所提供的毕业生需求信息非常大，而且求职者可以与用人单位面对面接触，一对一交流，有利于双方真实、坦诚、深入地沟通。

因此，同学们要十分重视、充分利用这些信息。

招聘会、宣讲会的相关信息获取，可以从学校就业指导部门进行获取，也可以从学校老师发布的信息中获知，当然还可以从网络中获取。

对于低年级的同学，同样也可以积极参加学校组织的校园招聘会，虽然未必能立刻获得实习或就业机会，但这是为了未来做准备，同时也有很多可以立即受益的活动和策略，包括但不限于以下方面。

1. 收集和澄清招聘信息

即使目前不是招聘的主要对象，也可以向招聘代表询问有关公司文化、职位需求、招聘流程等方面的信息。这有利于事先了解感兴趣的公司，因为在招聘会现场可进一步澄清疑惑，比如公司的未来发展方向、行业地位等。

2. 体验文化，结识人脉

即便没有即时的实习或工作机会，与招聘人员交流建立联系也能让我们了解公司文化和工作环境。与同龄人交流，了解他们对不同公司的看法，同时也能扩大你的人脉圈。

3. 观察入围者，查找短板

注意哪些同学的简历被选中，观察他们具有的特质或经历，以此作为自我提升的参考。思考自己在哪些方面与理想的候选人有差距，比如核心技能或实践经验。根据观察到的差距，制订一份行动计划，比如参加相关课程、获取证书或参与课外活动。

4. 递交简历，寻求实习机会

我们可以向招聘人员表达我们未来进入公司实习或工作的兴趣，给公司留下积极的印象，在未来有机会时公司会优先考虑你。即便机会不多，也要准备好简历，有些公司可能会收下并存档，或在有适合的实习机会时通知你。也可以直接向招聘代表询问是否有针对在校学生的实习计划，或者询问未来申请实习的最佳时机和方式。

参加校园招聘会不仅是寻找实习或工作机会的渠道，更是自我提升和职业探索的重要阶段。大一学生虽未必能立刻获得实习机会，但通过上述活动，可以为未来的职业生涯打下坚实的基础。

（七）实习实践

在大三和大四的时候，许多大学生会走出学校，开始实习。而我们更推荐的是，同学们可以从大一寒暑假，甚至高考结束后就去参加实习。一是因为早起的鸟儿有虫吃。越早开始实习，大学生就有越多的时间去尝试不同的行业和职位，从而在职业生涯的早期阶段明确自己的职业定位，避免后期频繁换岗，节省时间和精力。二是因为对于那些早早开始实习的学生，到大四毕业时，他们可能已经积累了数次实习经验。这样的实习经历会使他们从众多简历中脱颖而出。

大学生参加实习实践，可以帮助自己收集行业和职业信息。了解一份职业的方法有许多，但最直接的方法还是亲自做这份工作。实习提供了一个机会，让学生能够近距离观察职业的需求和挑战，获得对职业的直观理解。导师制度是许多实习项目的一部分，这种一对一的指导是无价的，能够加速个人的职业成长。通过这份实习，可确认自己是否喜欢或擅长这份工作。如果喜欢又胜任，就可以把它放入目标职业库来考虑，为自己将来的正式工作和职业规划明确一个清晰的方向。

大学生参加实习实践，可以帮助自己培养良好的职业素养。在角色的转化过程中，大学生的职业价值观、行为方式、心理状态、思维模式等方面都要做适当的调整。很多学生在参加实习后，都感觉自己原来想象中的职场和现实不一样。因此，实习实践是大学生正确认识职业、正确认识自己的最好途径，通过实习还能学以致用，掌握工作技能；磨炼意志品质，提高敬业精神；学习职场礼仪和沟通技巧，提前适应职场环境。

大学生参加实习实践，可以为自己增添经验，提升竞争力。一方面，许多企业希望大学生求职前有相关岗位的工作经验，这些工作经验就是从寒暑假的实习及大三、大四学校课程结束之后的实习中积攒而来的。另一方面，实习也是企业提前选拔人才的方式之一，许多公司都设有实习生转正机制，即从实习生中选拔一定比例的人才正式录用。例如欧莱雅公司在曾经的一次暑期实习招聘启事中，就明确写着"实习生的转正考核通过后，即可直接收到管理培训生的录用通知"。

大学生寻找实习机会可以通过多种途径和策略，接下来介绍一些可以帮助你找到合适的实习岗位的建议。

一是借助学校的资源，包括参加学校组织的招聘会，通过老师、辅导员等的推荐，他们可能知道一些未公开的实习机会，或能够推荐你给他们的行业联系人。

二是利用好在线平台，包括BOSS直聘、智联招聘等求职网站，这些网站上通常有大量的实习职位发布。还有一些专业的实习网站，例如实习僧（http://www.shixiseng.com）、国家大学生就业服务平台（https://www.ncss.cn）中的"实习岗位"板块。

三是积极关注社交媒体，关注行业相关的公司和组织的官方账号，他们有时会发布实习机会。

四是通过社会关系网络，与已经毕业或正在实习的同学取得联系，他们可能提供内推机会或有用的建议。告知你的家人和朋友你正在寻找实习机会，他们可能有行业内的联系或知道某些机会。

三、招聘信息的分析

对招聘信息的分析是找实习或找工作时很重要的环节。对于毕业生或者在找实习工作的同学来说，通过对收集到的招聘信息的分析，你可以洞察到企业针对招聘岗位选拔人才的要求，有针对性地进行准备，继而提高申请成功率。对于低年级的同学来说，可以发现自身与招聘岗位之间的差距，从而清晰大学期间的努力方向。此外，由于外部职业信息的收集渠道与内容鱼龙混杂，因此还得注意避开收集职业信息的过程中可能的陷阱。招聘信息的分析可以归纳为三步，即鉴别、归类和挖掘。

（一）招聘信息的鉴别

眼下是信息爆炸的社会，各种各样的信息如潮水般汹涌而来。收集职业信息的渠道五花八门，如果不会鉴别信息，盲目相信他人，可能会被坑被骗。尤其是在网上看到的部分信息。有些公司在招聘网站上提供的职位非常具有诱惑力，薪资待遇远远超过正常的薪资待遇，甚至还包吃住；有些公司鼓吹成功学，案例都是从应届毕业生短期内从低月薪3000到百万年薪的励志故事；有些公司面试时要求收手机，在封闭独立的房间进行一对一面谈，面试时言语激昂，表达出对应聘者的高度欣赏；有些公司面试形式与一般面试不一样，招聘官询问的面试内容与自己应聘的岗位无关，此时便需要谨防上当受骗。为防患未然，求职者在应聘前应该借助各种信息渠道，提前搜索该公司的各方面评价，再选择是否前往线下面试。

大学生在寻找实习工作时，同样需要留个心眼。实习生招聘一般会全年进行，某个部门需要人手时都会招募实习生。部分企业容易违约剥削实习生。大学生拿到实习offer后，去公司报到时要与公司签署正规的实习协议。一般来说，学校的老师和学长学姐推荐的公司会较为靠谱，大学生们可以多听听他们的评价；或通过前几届的学长学姐的推荐，进入到他们之前的公司进行实习。

总之，请同学们务必要记得"三个万不可"。

万不可先交钱，如培训费用、押金等。

万不可轻率签订劳动合同，以防违约而给自己带来损失。

万不可离职业目标太远应聘具有高度诱惑力的职位，越具诱惑力其风险越大。

案例 2-3

悦悦的一段找工作经历自述

2023年10月，正值校园秋季招聘的黄金时节，我在某招聘APP上浏览招聘信息，一则财务实习生包住宿的招聘岗位映入眼帘。对于一个省外的学生来说，包住宿确实很诱人。随后我点开其主页，查看招聘要求，发现我比较符合要求，于是给人事部门发送了简历。经过简单沟通后，人事部门说需要面谈，因学校有课我拒绝了线下面试；人事部门又说可以进行线上面试，我看时间与课表不冲突，答应线上面试。

线上面试的群里有30多个人，招聘人员讲述公司的发展历程、业务范围、招聘要求和薪资福利等内容后，在群里发了6个问题的文档，让我们加微信发给他自己的答案，就结束了。这样的面试形式让我觉得与其他之前参与过的面试有很大区别，给我的感觉很不正规，内心产生了警觉意识，于是我没答题就去网上查了该公司的资料。果不其然，我发现网上铺天盖地都是该公司的负面消息，说其可能是传销组织。我秉承着宁可信其有，不可信其无的原则，果断拒绝。

案例思考：

悦悦在应聘时发现这家公司有哪些潜在的不合理的地方？

信息的来源和获取的方式不同，内容必然有实有虚。无论如何，鉴别都是第一步，这就需要对每一条获得的招聘信息进行评估和鉴别。

1. 真实性鉴别

面对海量的招聘信息和各种职业机会，我们务必冷静分析，不仅要关注信息的表面内容，更要深入探究其背后的真实性，辨别信息的真伪。

大学生可以利用网上的资源，鉴别企业的情况，例如天眼查、看准网、知乎等。尤其是看准网，在这个网站中我们可以查看公司的评价、面试经验、工资水平及大体职位等。

下面是一些实际操作过程中的具体情况。

如果薪资范围明显高于行业平均水平，尤其是对于一个相对初级的职位，这可能是虚假招聘的信号。

如果招聘启事中的公司描述过于模糊，或者网上搜索不到该公司的确切信息，这可能意味着该公司并不存在。

虚假招聘可能会声称有一个"立即开始"的职位空缺，要求你迅速做出决定，甚至在未经过正式面试的情况下提供工作。而合理的情况应该是有正式的招聘流程。

2. 准确性鉴别

职业信息必须能够全面准确地反映用人单位的意图。对于一些模棱两可的信息要及时与信息的提供方取得联系或请教别人。特别是一些关键细节，要抓紧时间进行实际考察询问情况，或通过其他渠道了解，还可以在应聘时向信息提供方礼貌地提出疑问。具体来说，有以下两种方法。

（1）方法一：直接联系招聘方。

小李看到一家知名科技公司发布了一则招聘启事，但启事中没有明确指出合同类型和薪资结构。他通过公司官网找到了HR的官方邮箱，然后发送了一封邮件询问具体信息。几天后，小李收到了HR的回复，确认了合同类型是全日制劳动合同，而非劳务外包合同，薪资结构包括基本工资、绩效工资和年终奖3个部分。

步骤总结如下。

①找到官方联系方式：在公司官网、官方社交媒体账号或招聘启事中查找官方的联系方式，如电子邮件、电话号码。

②准备清晰的问题：在联系之前，整理好所有不清楚的点，比如工作职责、工作地点、合同类型、薪资结构等。

③礼貌询问：发送邮件或打电话时，使用礼貌的语言，清晰表达你的疑问，并提供必要的个人联系信息以便对方回复。

（2）方法二：请教行业内的专业人士。

小张对一家创业公司的招聘广告感兴趣，但他担心这家公司的稳定性和发展前景。他询问了大学同学，发现有一位同学的朋友在这家公司工作，通过私信询问了公司的工作氛围、成长机会及财务状况。这位员工提供了宝贵的内部视角，帮助小张更全面地评估了该职位。

步骤总结如下。

①利用自己的人际关系网络：在自己的人际关系网络中寻找是否有该行业或者该公司的员工。也可以进一步扩大搜索范围，例如请亲戚朋友帮忙寻找这样的专业人士。

②礼貌询问：找到在你感兴趣的行业或公司工作的专业人士，向他们请教关于招聘启事的更多信息或建议。

通过这些方法，求职者可以更准确地评估招聘信息，做出明智的职业决策。请始终记住，当面对不确定或模糊的信息时，主动求证总比盲目行动更为安全和有效。

3. 竞争性鉴别

在招聘信息的搜集中要有意识地去思考这则招聘信息的竞争性。一般来说，越是容易获得的信息，其竞争者就越多。这就要求大学生在搜集招聘信息时要具备敏锐的洞察力，善于发现那些他人不容易获得的、不显眼的信息，使自己在招聘中抓住时机抢先一步。

（1）方法一：拓宽信息来源。

①专业社群和论坛：加入行业相关的线上社群，这些地方经常会有内部人士分享未公开的职位信息。

②行业会议和网络研讨会：参加这些活动可以让你接触到最新的行业动态和潜在的雇主。

③校友网络：利用学校的校友网络，校友们往往愿意帮助后辈，提供行业内幕或推荐机会。

（2）方法二：主动出击。

①直接联系公司：如果你对某个公司特别感兴趣，不妨直接给HR或相关部门发邮件，表达你的兴趣和能力。

②冷投简历：即使没有公开的职位，也可以尝试向心仪的公司提交简历，表达你加入的愿望。

（二）招聘信息的归类

职业信息虽经鉴别，但仍纷繁复杂，不管是查询还是利用这些信息，还是不太方便，因此还需要对所有信息加以归类。

为了更全面地了解目标岗位的工作内容，你可以搜索多家类似公司发布的类似招聘启事。通过对比不同招聘启事中的工作内容和要求，我们可以获得更全面的视角。这里推荐至少浏览3个不同的招聘启事。

我们可以根据自己的岗位意向，按工作内容、入职要求、能力要求等进行归类整理，最好能做成相应的表格。听起来复杂，其实操作起来并不难。下面以"数字营销专员"这一岗位为例进行讲解。

首先，同学们需要对目标岗位进行尽可能多的信息收集，至少收集3个关于数字营销专员的招聘启事。信息收集的内容和渠道见本节第一和第二部分。

其次，将这些招聘信息以表格的形式进行归类整理，提炼出"工作内容"、"入职要求"和"能力要求"等内容。

工作内容：通常是以"负责""需要""将参与"等动词开头的句子。

入职要求：通常是以"熟悉""精通""具备"等动词开头的句子，以及以"优先"结尾的句子。

能力要求：通常以"能力"二字结尾。但部分招聘启事不会直接列出该岗位所需要的能力，这个时候可以从工作内容和入职要求中进行挖掘，例如"具备良好的客户服务意识"可以推断出需要有"客户关系管理能力"。

表 2-7 所示是 3 个不同公司针对数字营销专员的招聘启事，对岗位信息进行归类整理后得到的表格。

表 2-7　数字营销专员招聘启事归类

招聘信息	A 公司（Boss 直聘）	B 公司（微信公众号招聘）	C 公司（校园招聘）
工作内容	1. 制定并执行数字营销策略 2. 管理社交媒体平台，提升品牌曝光 3. 分析营销数据，优化广告投放 4. 策划并执行线上活动，增强用户互动	1. 负责 SEO[①]/SEM[②] 优化，提升网站流量 2. 监控营销数据，调整关键词策略 3. 编写营销文案，优化着陆页 4. 与设计团队合作，制作营销素材	1. 客户关系管理，提升客户满意度 2. 运用邮件营销、短信营销等手段促进销售 3. 分析用户行为，制定个性化营销策略 4. 定期汇报营销成果，提出改进建议
入职要求	1. 本科及以上学历，市场营销、广告等相关专业优先 2. 熟悉数字营销工具及平台 3. 有良好的数据分析能力	1. 市场营销、电子商务或相关专业背景，专科及以上学历 2. 至少 1 年数字营销相关工作经验（实习经验亦可） 3. 精通 SEO/SEM 原理及实操	1. 本科及以上学历，市场营销或相关专业 2. 具备良好的客户服务意识 3. 熟练使用 CRM[③] 系统
能力要求	1. 创新思维与策略规划能力 2. 社交媒体管理能力 3. 数据分析能力 4. 团队合作精神与抗压能力	1. SEO/SEM 专业技能 2. 文案创作能力 3. 数据分析能力 4. 跨部门协作能力	1. 营销渠道开拓与运营能力 2. 数据分析能力 3. 报告撰写与演讲能力
发展空间	数字营销专员—数字营销主管—数字营销总监	数字营销专员—数字营销主管—数字营销总监	数字营销专员—数字营销主管—数字营销总监
薪资待遇	4000～6000 元	3000～4000 元	5000～8000 元
工作地点	广东深圳	浙江台州（老家）	浙江杭州
组织文化	提供开放和支持的工作环境，鼓励团队成员在轻松愉快的氛围中发挥创造力	一个年轻、有活力、勇于探索、追求卓越的新生代公司	通过科技升级和服务升级，向消费者提供 24 小时全天候的优质即时电商体验

注：① SEO：serch engine optimization，搜索引擎优化。
　　② SEM：serch engine marketing，搜索引擎营销。
　　③ CRM：customer relationship management，客户关系管理。

（三）招聘信息的挖掘

接下来，针对表 2-7 所示信息，我们对数字营销专员的工作内容和能力要求进行进一步的挖掘分析。

1. 工作内容的挖掘

首先，从工作内容上来看，我们对表 2-6 加以归纳，可以总结出数字营销专员的主要工作内容有策略规划与执行、数据分析与优化、内容创作与传播和客户关系管理四大类。

其次，要想更深入地了解数字营销专员这一岗位，我们需要对这四大类工作内容进行细化，例如将"策略规划与执行"细分为"策略规划"和"策略执行"。而"策略规划"和"策略执行"具体的工作职责有哪些，这部分信息大概率在招聘启事中是不会写得那么详细的，这时候我们需要自行寻找相关信息，一般通过网络搜索可以得到。

最终，我们将得到如表 2-8 所示的表格。想一想这个表格的作用是什么？没错，当我们做出这样的表格时，说明我们对目标岗位的工作内容已经有了较为全面的了解。相信到了正式求职面试的时候，无论是实习面试还是毕业后的正式面试，有了这样深入的挖掘和清晰的整理，便能够向面试官展示我们对目标岗位的全面认识和充足的准备。

表 2-8　数字营销专员招聘启事中对工作内容的挖掘

序号	工作内容		★工作职责
1	策略规划与执行	策略规划	根据公司或品牌的市场定位、目标受众及业务需求，制定全面的数字营销策略。这包括确定营销目标、选择适合的营销渠道（如社交媒体、搜索引擎等）、设定预算和预期效果等
		策略执行	制定好策略后，需要按计划执行，包括协调各渠道的资源、监督营销活动的进度、确保营销活动按计划顺利进行。还需要灵活应对市场变化，对策略进行适时调整
2	数据分析与优化	数据收集	从各种渠道收集营销数据，包括网站流量、用户行为、广告投放效果等
		数据分析	运用统计学和数据挖掘技术，对收集到的数据进行深入分析，发现市场趋势、用户偏好及潜在问题
		策略优化	基于数据分析结果，对营销策略、广告投放、网站布局等进行优化，以提高营销效果和用户体验
3	内容创作与传播	内容创作	根据营销策略和受众特点，创作高质量的营销内容，包括文案、图片、视频、社交媒体帖子等。这些内容需要具有吸引力、信息丰富且符合品牌形象
		内容传播	利用各种数字渠道（如社交媒体、博客、论坛等）将内容传播给目标受众。同时，通过 SEO、SEM 等手段提高内容的可见性和曝光率
4	客户关系管理	客户信息收集	收集、整理和分析客户信息，建立客户数据库，以便更好地了解客户需求和行为
		客户互动	通过社交媒体、电子邮件、客服热线等渠道与客户保持互动，解答疑问，收集反馈，增强客户黏性
		客户忠诚度提升	设计并实施客户忠诚度计划，如积分兑换、会员特权等，以激励客户持续购买和推荐新客户

2. 能力要求的梳理

首先，我们可以用高频词汇的方式，总结出数字营销专员所需要的核心能力，如表 2-9 所示。

其次，接下来需要对这些能力做具体的解释，这一步回答了"为什么这个岗位需要这项能力？"及"这项能力能够为我的工作带来什么？"这两个重要的问题。

最后，我们需要思考并列出为提高该项能力，我们在大学期间的培养渠道与具体实施路径。这也是做这个表格最重要的意义：通过对能力要求的挖掘和梳理，为我们在大学期间指明努力的方向。通过这些努力，我们可以更好地为未来的职业生涯打下坚实的基础。

表 2-9　数字营销专员招聘启事中对能力要求的挖掘

序号	能力	来源	出现次数	解释	★大学期间的培养渠道
1	策略规划与执行能力	工作内容、能力要求	5次	数字营销专员需具备从全局出发，制定并执行有效营销策略的能力	在校期间多参与项目策划与执行，培养自己的策略思维和执行力
2	数据分析与洞察能力	工作内容、能力要求	5次	数据分析能力能使企业基于精准的数据洞察来制定营销策略，从而实现更高的投资回报率	重视统计学、数据分析等课程的学习，并尝试使用数据分析工具进行实践操作，提升自己对数据的敏感度和分析能力
3	创意与文案写作能力	能力要求	3次	优秀的营销文案能够吸引用户眼球，提升品牌形象	通过参加写作比赛、加入文学社团等方式，锻炼自己的创意思维和文案撰写能力
4	社交媒体与数字平台管理能力	工作内容	2次	随着社交媒体的普及，管理社交媒体平台成为数字营销专员的重要职责	主动开设个人社交媒体账号，学习并实践社交媒体管理技巧，提升自己的社交影响力
5	客户关系管理能力	工作内容、入职要求	2次	良好的客户关系是企业持续发展的关键	通过实习、兼职等方式，接触并学习客户关系管理的相关知识，培养自己的客户服务意识和沟通能力
6	……	……	……	……	……

四、求职资源的盘点与积累

据调查，企业在员工招聘时有一个重要的渠道，即内部员工推荐。一般情况下，员工对于推荐的应聘者是有自信的，他们相信该项推荐不会影响自己在公司的声誉，才会愿意推荐他人。因此，企业会认为员工对空缺岗位和被推荐人都较为了解，他们更有可能推荐适合该岗位的候选人。如何通过人际关系网络成为那名被推荐者，是值得我们思考的问题。

利用人际关系网络求职是指利用家人亲属、同学朋友、老师校友及有一定关联性的人的直接或间接的社会资源，通过引荐、内推等方式提供一些就业机会，以达到求职的目的。美国社会学家马克·格兰诺维特把人际关系网络分为强关系网络和弱关系网络两种。事实上，这两个社交网络理论中的两个概念在职场也十分重要，有时候甚至会成为你求职和职场发展的"关键"因素。

（一）强关系的梳理

强关系指的是与你有频繁、直接交流的人，如家人、亲密朋友等。这些关系通常基于深厚的信任和共同的经历。

那么我们如何通过强关系来收集职业信息呢？

我们可以主动与家人、亲戚和朋友交流，告诉他们你正在探索职业道路，对他们所从事的行业或了解的职业表示好奇。询问他们的工作经历、行业现状、所需技能等。如果他们认识行业内的人士，不妨请他们帮你引荐，哪怕是通过电子邮件或社交媒体简短介绍也是好的。直接与从业者交流可以获得第一手的信息和建议。

此外，还可以利用家庭聚会、亲友聚会等社交场合，扩大你的交际圈。这些非正式的环境往往更容易开启关于职业的对话。如果家族企业或亲友的公司有相关的实习机会，不妨提出申请。即便没有正式实习，请求跟随他们工作一天，也能让你近距离观察真实的工作环境。

强关系相对稳定，但往往先天性的因素更多，它的优势在于，他们更能了解你的技能、兴趣和职业目标，因此能提供更加个性化和精准的求职建议或机会。例如，你的前同事可能知道某个岗位的内部招聘信息，并愿意推荐你；或者你的导师可能了解一个非常适合你的实习项目。强关系网络的缺点是，由于大家的信息渠道相似，可能会存在信息冗余，即你从多个强关系中获得的信息可能是重复的。

下面，让我们通过一个课堂练习来梳理自己的强关系。

练习 2-7

事实上，每个人的职业选择多多少少会受到家族成员的影响。职业信息的收集也不妨从自己最熟悉的身边的人开始，通过对于家族职业的梳理，我们可以更好地了解到自己家族成员的职业去向，给自己的职业选择以启示，可以找到未来实习和求职的资源，提前体验职场或获取就业机会。

现在，让我们来画一画属于自己的家族职业树：把家族中各个成员的称谓和职业，填入树枝中。如果有家族成员曾有过职业变动，可以把先后从事过的主要职业都填上。如图 2-9 所示。

图 2-9　家族职业树

请思考以下问题。

1. 在家族职业树中出现了哪些职业？你如何看待家族中每个人的职业？

2.在家族职业树中，哪些职业是重复出现的？你对这些职业有什么看法？

3.在家族职业树中出现的所有职业中，你对哪些比较感兴趣？

4.面对即将而来的实习，结合你目前就读的专业，你觉得哪几位家人或亲属可以提供相应的资源？

（二）弱关系的发展

弱关系指的是与你交流较少，但仍然能够有所联系的人，如同学、同事、社交媒体上的联系人等，还有通过偶然机会建立的社会关系，如行业会议、出差、讲座、社团、兴趣爱好等。这些关系的特点是数量多、范围广，但交流不那么频繁。

弱关系的优势在于，它们能提供多样化的信息和机会，而且有无限可能。当你重视一些弱关系的建立和维护，或许在未来求职、跳槽或寻求合作时可能会起到关键作用。比如，一个你只在行业会议上见过一次面的人，可能刚好知道一家公司正在寻找你这样背景的候选人，而这个信息是你通过其他途径无法轻易获得的。

弱关系的缺点是，由于缺乏深层次的了解和信任，弱关系提供的帮助可能不如强关系直接有效，需要你自己去判断、维护和强化。

练习 2-8：我的社交网络

你的社交网络中有哪些人？请仔细思索寻找你社交网络内的人员。其实，你的社交网络中有很多人，包括亲戚、朋友（如在旅游、兼职等场合认识的）、同学（从幼儿园至今）、邻居（以前的和现在的）、专业人士（医生、律师、教练等）……你可以拿出手机，查找通讯录，也可以在社交软件上浏览你的好友，把觉得可以成为你职场资源的人填在图 2-10 中。

总的来说，强关系和弱关系在求职过程中都非常重要，它们分别提供了深度关系（个性化建议和机会）和广度关系（多样化信息和机会）。因此，在构建职业网络时，既要维护好与亲朋好友的强关系，也要积极拓展弱关系，通过参加行业活动、加入专业社群等方式，增加自己的机会获取渠道。通过对弱关系的日常运营，为自己创造有利于求职或职业发展的偶然事件。同时，不要忘记，无论是强关系还是弱关系，都需要通过真诚地交流和互惠互利的原则来维护和发展，这样才能让这些关系在关键时刻发挥出最大的作用。

图 2-10　社交网络示意

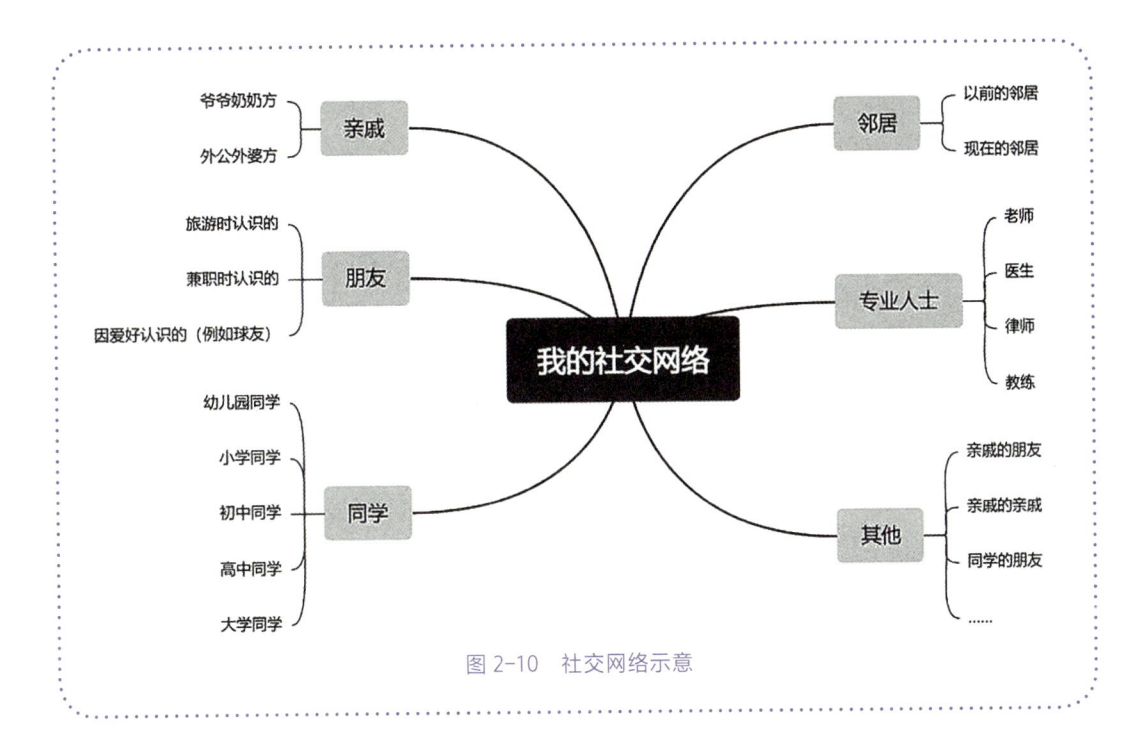

课后任务

任务主题：完成个人目标岗位分析

任务要求如下。

根据初定的目标岗位，采用网络搜集、AI工具、人际网络等各种渠道，检索至少 3 个针对应届毕业生的招聘启事，认真总结后，填写表 2-10。

表 2-10　个人目标岗位分析

目标岗位名称		
常见招聘企业		
岗位工作内容		
岗位入职要求		
岗位福利待遇		
招聘启事描述	知识要求	能力素养要求

081

课后阅读与思考

关于弱关系理论

弱关系理论假设的主要代表人物是马克·格兰诺维特，他首次提出了"关系力量"的概念，并将关系分为强和弱。他从4个维度来测量关系的强弱：一是互动的频率，二是感情力量，三是亲密程度，四是互惠交换。在此基础上提出了"弱关系充当信息桥"的判断。他认为弱关系是在社会经济特征不同的个体之间发展起来的，由于弱关系的分布范围较广，它比强关系更能充当跨越其社会界限去获得信息和其他资源的桥梁，可以将其他群体的重要信息带给不属于这些群体的某个个体。在与其他人的联系中，弱关系可以创造意想不到的社会流动机会，如工作变动。关注弱关系也是求职不错的渠道，以下是一则案例。

爱丽莎的自述：寻求合住者——找到了工作

来到芝加哥后不久，我正试图通过联系"寻求合住者"广告找一个住的地方。我与其中一个广告发布者联系上了，她是一位法语教师。在得知我曾经攻读过法语后，她告诉我她刚刚辞去一所学校的暑期法语教师职位，而这个职位现在仍然空缺。我与那家学校联系以后，通过面试得到了这份工作。

在暑假结束学校正式教师回来之后，她又告诉我一家她先前工作过的学校需要代课老师，我申请了这一职位并频繁地去学校拜访，就在那里，我得知另一家学校法语系有一个空缺。我马上递交了申请。尽管我没有相应的证书，但是由于我正从事的工作证明我有这能力，我还是得到了这份工作。

> **阅读思考**
>
> 回想你大学的第一学期，你错过了哪些弱关系？它们能给你带来什么收益？

第三节　求职模拟体验（实践课程）

知识目标

◆ 了解常见的面试场景和应对策略。
◆ 了解常见的面试类型和面试背后考察的要点。

能力目标

◆ 学会如何有效应对面试。

明德笃行

通过这一讲的学习，促进学生了解应聘岗位的选拔要求，进一步激发大学生的职业准备的意识，增强学生职业规划和实践的内驱力和主动性。

章节导入

案例 2-4

从校园到职场的飞跃：财务管理专业学子的成长历程

李明，一名财务管理专业的大学生，入学之初便对财务管理专业非常感兴趣，并打算毕业后也从事相关岗位。他深知，在竞争激烈的就业市场中，仅凭专业知识远远不够，还需综合素质的全面提升与实战经验的积累。因此，他制定了一份详尽的大学规划，旨在通过不懈努力，实现从校园到职场的顺利过渡。大一，李明积极参与学校各项活动，凭借出色的组织协调能力和良好的人际交往能力，成功竞选为团学学生会的一员。在学生会的工作中，他负责财务管理相关活动的策划与执行，不仅锻炼了自己的团队协作能力，还加深了对财务管理实践应用的理解。这一经历让他在团队中脱颖而出，为后续的个人发展奠定了坚实的基础。进入大二，李明将重心转向专业知识的学习与学科竞赛的参与。他利用课余时间深入研读财务管理经典著作，积极参与各类专业课程讨论，成绩始终名列前茅。同时，他加入学校的财务管理竞赛团队，针对大学生"挑战杯"赛事，与队友们夜以继日地准备项目，经过数月的努力，项目最终荣获省级银奖。这次获奖不仅是对他专业能力的认可，也极大地增强了他的自信心和解决问题的能力。大三伊始，李明意识到实习经验对于未来求职的重要性。他精心准备了简历，突出自己的学术成果、实践经验及领导力，并广泛搜集知名会计师事务所的招聘信息。在准备面试的过程中，他深入研究目标公司的文化、业务范围及财务管理岗位的具体要求，模拟面试场景，不断练习应答技巧。最终，凭借扎实的专业知识、丰富的实践经验及出色的面试表现，他成功获得了国内一家知名会计师事务所的实习机会。实习期间，李明展现出极高的专业素养和工作热情，赢得了同事和上司的一致好评。随着毕业季的临近，他开始筹备四大所的求职之路。他深知四大所面试的严苛，因此更加注重面试前的准备工作。他不仅复习了财务管理的前沿知识，还通过模拟面试、案例分析等方式提升了自己的应变能力。在经历多轮激烈的面试后，李明凭借其出色的综合素质和充分的准备，最终顺利获得了四大所中一家事务所的财务管理岗位录用通知。

案例思考：

1. 讨论李明最终被四大所财务管理岗位录用的原因有哪些？
2. 谈谈你未来想从事什么岗位？想要顺利通过目标岗位面试，你认为需要做哪些准备？

实践主题：我的模拟面试

实践要求如下。

1. 活动时间

每组 10 分钟。

2. 活动准备

每组选出面试者和面试智囊各一名，其余人均为面试官；各自抽取面试场景，根据场景组成面试搭档；各自根据自己的场景和角色准备面试；如组数为单数，设置观察员组，否则老师任观察员角色。

3. 活动流程

求职者自我介绍（100 秒以内）—面试官提问（3～5 个问题）—面试者答题（可求助面试智囊 1 次）—观察员评价。

4. 活动说明

自我介绍和面试提问都需要有针对性；面试者在自我介绍时，可以从实际出发，适当展望未来的履历。

讲解与练习

一、大学中常见的面试场景及应对

大学期间，我们将会遇到很多面试场合，如应聘团学组织、学科或项目竞赛答辩、应聘毕业实习、升学面试等。要想顺利通过面试，我们需要了解每种面试的流程、面试考察的要点及如何准备面试，以下对部分面试场景的做了一些梳理，以供参考。

（一）团学组织的面试

团学组织是大学期间学生实践的主要平台，它包括校院团委、校院学生会、学生社团联合会及社团、青年志愿者协会、创新创业类组织、学校新媒体中心等。团学组织的面试分为纳新面试、负责人竞选面试等。此类面试的应对提示如下。

1. 面试基本情况

团学组织纳新一般为非正式面试，通常在每年新生入学后 9～10 月进行，纳新主要目的是了解新生的性格、兴趣及参与社团活动的意愿；负责人竞选面试一般在学年结束前，部分学校换届在年末或学期末，采取的方式以半结构化面试和无领导小组面试为主。

2. 面试考察重点

第一，自我介绍能力：是否能够清晰、自信地介绍自己的基本信息和特长；第二，团队协作能力：通过询问过往团队活动经验，评估新生的团队合作精神和能力；第三，热情与积极性：观察新生对于加入社团的热情程度及对待活动的积极态度。

3. 面试应对策略

第一，做好前期准备。提前了解你所申请部门或岗位的工作性质、职责、以往的活动及成果，也可以向学生会的学长学姐请教，了解他们的经验和建议。第二，准备个人材料。撰写一份简洁明了、有针对性的简历，突出你的个人优势、特长、与部门相关的经历及工作成效；准备一份精炼的自我介绍，内容包括姓名、学院、专业、个人特点、加入部门或者竞聘岗位的原因及能为组织带来什么样的贡献。第三，着装得体大方。面试时着装应整洁、得体，展现出你的自信和朝气。不必过分追求正装，但应避免过于随意或夸张的装扮。第四，语言简明扼要，展现优势：尽量展现你的个人优势、特长和与部门相关的经历，让面试官看到你的价值。

（二）创新创业竞赛答辩

创新创业竞赛是指以激发学生的创新思维和培养大学生实践创新创业能力为目的，在教师的指导下，以学生实践为主，综合运用多门课程知识去解决实际问题的活动。它包括专业能力竞赛、科研学术竞赛、创业类竞赛。大多数此类竞赛在决赛环节会设置答辩或展示环节。此类面试的应对提示如下。

1. 答辩基本情况

创新创业竞赛答辩主要涉及专业知识测试、项目展示、现场操作等环节。

2. 答辩考察重点

第一，专业知识的深度与广度；第二，实践过程及经验；第三，创新思维和能力；第四，问题解决能力；第五，社会价值；第六，临场应对。

3. 答辩应对策略

第一，深入了解项目。确保你对项目的每一个细节都了如指掌，包括项目背景、目的、方法、结果、结论及可能的未来方向；明确项目的创新点、难点和独特价值，这些是吸引评委注意的关键。第二，准备清晰的汇报结构。简短介绍团队和项目背景，引起评委兴趣；清晰地阐述你要解决的问题及项目目标；详细介绍采用的研究方法、实验设计、实施步骤等；展示实验或研究成果，用图表、数据等直观方式呈现，并进行深入分析。第三，练习与模拟、多次排练。在团队内部进行多次模拟汇报，互相提出改进意见；严格控制汇报时间，确保在规定时间内完成所有内容；准备应对技术故障、时间不足等突发情况的预案。第五，提升表达与沟通。自信表达：保持自信，语速适中，吐字清晰，注意肢体语言；准备可能的问题并提前思考答案，练习快速而准确地回答。第六，心理准备。面对压力和挑战时保持冷静，相信自己的准备；将竞赛视为学习和成长的机会，享受过程而非仅仅关注结果。

（三）实习或兼职面试

实习兼职是学生接触职场的有效途径，但实习兼职在入职前往往也都需要面试。不同的企业、不同性质的岗位，面试的形式和要求也有所不同。此类面试的应对提示如下。

1. 面试基本情况

企业实习面试可能包括多轮面试、笔试等环节；兼职面试可能为非正式面试或简单的自我介绍和提问，主要了解你的基本工作能力和态度。

2. 面试考察重点

第一，时间管理能力：询问如何平衡学业与兼职或实习工作。第二，学习能力：通过询问过往学习经历，评估新生的学习速度和适应能力。第三，责任心与工作态度：观察新生对待面试的认真程度及对于工作的责任心。

3. 面试应对策略

第一，准备简历和自我介绍。确保简历内容真实、准确，突出与职位相关的经验和技能。第二，准备面试常见问题。提前了解并思考常见的面试问题，如"请介绍一下自己""为什么选择我们公司这个职位""你的优点和缺点是什么"等。针对每个问题准备清晰的答案，并尽量用实际例子来支撑你的回答。确保答案简洁明了、有逻辑性，并符合对方公司的文化和价值观。第三，提升面试技巧。比如进行模拟面试，找同学、朋友或家人进行模拟面试，通过模拟来熟悉面试流程、提高应对能力。第四，注意细节与礼仪。着装应得体，根据公司的文化和面试的正式程度选择合适的着装。一般来说，正装或半正装是比较稳妥的选择。第五，准时到达。确保提前到达面试地点，以避免因迟到而给面试官留下不好的印象。

（四）研究生复试面试

考研，即全国硕士研究生统一招生考试，是指教育主管部门和招生机构为选拔研究生而组织的相关考试的总称。考研由国家考试主管部门和招生单位组织的初试和复试组成。初试通常包括公共课和专业课两个部分，复试则是对考生综合素质的进一步考察，包括面试、笔试等环节。复试时间一般集中在每年的3月下旬至4月上旬，但具体时间会根据各高校的招生计划和实际情况有所调整。此类面试的应对提示如下。

1. 面试基本情况

复试面试一般为半结构化形式或英文面试，问题大致可以分为专业知识类和综合素质类。面试官一般会从综合素质类的题目入手，再逐步深入到专业知识的问题

2. 面试考察重点

主要考查考生的英语口语、专业知识或操作、综合素质及心理素质等方面。

3. 面试应对策略

第一，提前准备。考生需提前了解报考院校的复试流程和要求，有针对性地做好充

分准备。特别是要提前复习笔试内容和准备面试材料，确保在复试中能够发挥出自己的最佳水平。第二，注意礼仪。在复试过程中，考生需注意自己的言行举止和着装打扮。要保持礼貌和谦逊的态度，尊重考官和工作人员。同时，要注意着装整洁得体，不要过于随意或过于张扬。第三，保持冷静。在复试过程中，考生可能会遇到一些突发情况或难题。此时，考生需保持冷静和镇定，不要惊慌失措或乱答一气。可以深呼吸、放松心态，积极应对挑战。第四，展现自己。复试是考生展示自己能力和优势的重要机会。考生要积极展示自己的专业知识、创新思维、科研能力和综合素质等方面，让考官看到自己的价值和潜力。同时，也要注意不要过于炫耀或夸大其词，保持真实和诚恳的态度。

（五）考公考编面试

国家公务员考试的目的是通过相对公平的笔试和面试考试，在竞争中脱颖而出进入国家公共服务系统工作。事业单位考试又称事业编制考试，一般由各地市统一考试，包括笔试和面试。考公考编面试是进编考试中的重要环节，旨在通过面对面的交流，全面评估考生的知识、能力、道德等综合素质。此类面试的应对提示如下。

1. 面试基本情况

往往采用（半）结构化面试或无领导小组面试。

2. 面试考察重点

国家机关公务员招考面试中常见的面试要素有6个，包括语言表达能力、应变能力、综合与分析能力、实际业务知识与操作能力、举止仪表及逻辑思维能力。事业单位面试与公务员面试考察要素类似。

3. 面试应对策略

第一，充分准备。了解面试形式和内容，熟悉考试流程和评分标准。准备相关证件和材料，确保真实有效。提前了解应聘岗位的工作内容和要求，以便更好地展现自己的匹配度。第二，注意仪表风度。着装整洁得体，符合职业形象。举止大方得体，展现自信和礼貌。第三，语言表达清晰。注意语速、语调和音量，保持流畅清晰地表达。回答问题时条理清晰、逻辑严密。第四，展现综合素质。在面试中充分展现自己的专业技能、综合素质和应变能力。注意与考官的眼神交流和互动，展现自己的自信和真诚。第五，遵守考场纪律。在面试过程中遵守考场纪律和规定，保持安静和秩序。听从考官的指示和安排，不要擅自行动或打断考官的发言。第六，调整心态。保持积极的心态和情绪稳定，不要因为紧张而影响发挥。可以通过深呼吸、放松肌肉等方式缓解紧张情绪。第七，注重细节。注意面试中的细节问题，如敲门、关门、坐姿、握手等礼仪细节。回答问题时注意时间的把握和内容的完整性。

（六）企业就业面试

企业面试是用人单位与求职者之间进行面对面交流与评估的重要方式，是企业录用人才的关键环节，此类面试的应对提示如下。

1. 面试基本情况

面试形式多样，不同的企业和不同的岗位要求不同。

2. 面试考察重点

人职匹配度、专业技能、团队协作能力、沟通技巧、职业规划等。

3. 面试应对策略

第一，深入了解公司。研究公司的历史、文化、愿景、使命、核心价值观及近期动态（如重大新闻、并购、新产品发布等）；了解公司在行业中的位置、竞争对手及市场趋势；仔细阅读职位描述，明确岗位要求、主要职责、期望的技能和经验。第二，准备常见问题。自我介绍需要简短有力，突出个人优势、相关经验；逻辑清晰地回答自己的经历，覆盖你的专业技能、团队合作、解决问题的能力等方面；必要时展示你对未来职业发展的清晰规划，以及该职位如何帮助你实现这些目标。第三，模拟面试。对着镜子或录像设备练习回答常见问题，注意语速、表情和肢体语言。找朋友或AI帮忙，让他们扮演面试官，进行模拟面试，并给出反馈。第四，形象与礼仪。根据公司文化和面试类型选择得体的服装，一般建议正装或商务休闲装；提前规划好路线，确保至少提前10分钟到达面试地点；从进入公司的那一刻起，保持礼貌、自信的态度，与遇到的每个人微笑打招呼。第五，反思与总结。每次面试后，回顾自己的表现，记录哪些地方做得好，哪些地方可以改进，为下一次面试积累经验。

二、常见的面试类型

（一）从面试组织形式分类

1. 无领导小组讨论

无领导小组讨论（leaderless group discussion）是指运用松散型群体讨论的形式快速诱发人的特定行为并通过对这些行为的定性描述、定量分析及人际比较来判断被评价者个性特征的人事评价方法。无领导小组讨论也俗称小组面、群面，是目前被企业运用得比较广泛的面试形式，指由6～10个应聘者组成一个小组，共同应对一个需要解决的问题，以小组讨论的方式，经过各种观点和思想的碰撞、提炼，共同找出一个最合适的答案或结果，此外还有一组评价者（一般为面试官）对他们在讨论过程中的行为表现进行观察和评价，评价者一般不参与讨论，只观察、记录被评价者的各种行为表现并予以描述，其原理是通过小群体互动来激发被评价者的任务行为胜任特征和人际行为胜任特征从而达到评价目的，具有人际互动效应明显、表面效度高和真实诱发效应突出等特点。

无领导小组讨论的应聘者角色分工有领导者（leader）、时间掌控者（time-keeper）、建议者、破冰者、记录员、总结陈词者。题型主要有案例分析类、问题解决类和技能考察类。无领导小组讨论面试流程一般包括规则说明阶段、自我介绍阶段、审题思考阶段、观点陈述阶段、自由讨论阶段、总结陈词阶段。

2.（半）结构化面试

结构化面试是指在面试内容、程序和评价3个方面进行结构化的一种面试形式，包括内容结构化、程序结构化和评价结构化，是一种标准化的面试形式，是目前使用最广泛的人事评价工具。标准化指的是面试流程、内容、评分方式等都已经设定好，面试官会按照设定的方案进行，这是一种结构严密、标准化程度高、层次性强的面试方式。主要包括行为面试和情景面试两种方式。目前来说，结构化面试在公务员、事业单位、国企中的面试运用得比较多。半结构化面试指对面试中的部分内容做统一要求，有统一标准，而其余部分内容则不做要求。例如面试官可以在预先设计好的问题上逐步进行提问，也可以根据面试者的简历、面试情况进行随机提问。相对于结构化面试来说是比较灵活的一种面试方式，也是在公务员、事业单位、国企中运用得比较多的面试方式。

（半）结构化面试主要通过行为性面试、情景面试、基于预期业绩的面试、特质面试等考察应聘者是否具备组织、团队和岗位要求的知识、技能、能力、个性、兴趣及价值观等素质。通过行为性面试、情景面试和基于预期业绩的面试就能有效地考察其知识、技能、能力等是否符合岗位要求；通过特质面试考察应聘者的个性是否与工作内容及所在团队相契合，以及其志趣是否与工作内容相匹配，从而确定应聘者到岗后能否愉快工作，营造良好的工作氛围；通过特质面试等可以确定应聘者是否能真正融入企业、与企业同心同德、理念一致。

（二）从面试题型和内容分类

1. 基础知识类

这类面试题型主要涉及与面试岗位相关的基础知识。常见于考研、专业技能岗位招聘等面试场景。

案例分析：解释一下利润表、资产负债表、现金流量表之间的关系。（财务类岗位的面试题）。

答题思路：首先，逐一说明三张表及用途，比如利润表反映的是企业一定期间内的经营成果，它展示了企业通过经营活动所获得的收入、成本和利润等信息；其次，逐一解释表与表之间的关系，比如利润表和资产负债表通过未分配利润这一项目相关联，利润表的净利润会影响资产负债表中未分配利润的数值；最后，回答三者的联系，比如三张报表相互补充、相互印证，能够全面、综合地反映企业的财务状况和经营成果。

2. 计划组织类

给定一个主题，让面试者在规定时间完成一场活动的组织和策划。这种面试题型常见于公务员等面试场景。

案例分析：为进一步了解基层服务情况，领导让你对村里的公共服务设施和基础设施开展调研，你会如何组织？（2022年广东省惠州市龙门事业单位面试题）

答题思路：调研要包含调查前的准备、调查实施及调查后资料的整理与分析。①调查前的准备：首先组建调研小组，制定调研方案。明确本次调研的整体方案，做好任务分工，筹备好相应的调研物资等。②调查实施：多种方式开展调研。通过组织座谈的形式、入户走访及实地考察等形式调研村里的通信、垃圾处理、公共厕所等公共服务设施情况。③调查后资料的整理与分析：将收集到的数据进行汇总整理分析，形成调研报告，重点突出关于村内公共服务设施和基础设施的现状、突出问题、发展需求，并附上完善建议，以方便决策参考。

3. 人际关系类

这种面试题型主要考察面试者如何处理与领导、同事、群众等之间的关系问题。这种面试题型常见于公务员等面试场景。

案例分析：领导安排你和其他两个同事负责一个项目，并在部署会上明确三人分工。其他一个同事认为他的工作你比较熟悉，你的工作他比较熟悉，要互换工作，你要怎么办？（2024年4月13日福建省公务员面试）

答题思路：人际关系类题目要先找到矛盾冲突点，同时要控制情绪、以大局为重，其次要学会用沟通能力去化解矛盾。①要概述对题干中矛盾和冲突的整体判断和认知，直奔主题，态度明确。②分清角色定位，分别沟通协调，采取有效手段化解矛盾，协调冲突。③总结提升，必要时向领导汇报情况，为以后顺利开展工作，更好地处理类似问题打下基础。

4. 社会现象类

针对题目中的某种社会现象，请面试者谈谈自己的看法。这种面试题型常见于公务员等面试场景。

案例分析：请你谈谈AI（artificial intelligence，人工智能）发展对大学生的影响？（改编自2024年上半年浙江某高校辅导员面试真题）

答题思路：针对AI等社会现象类的题目需要一分为二、辩证地思考和回答问题。①积极影响：AI满足不同大学生个性化的学习风格、学习需求。可以帮助分析学生的表现数据，找出他们的弱点和优点，并提供有针对性的反馈和改进建议。同时，与AI对话便于学生检索信息、安排日程甚至提供情感支持。②消极影响：大学生需要不断学习去适应新的技能、新的挑战；在学习、写作、做研究时，容易过度依赖AI，丧失批判性思维、创造力和问题解决能力。③对策建议：辩证地看待AI。高校要加强教育引导，让大学生充分认识到过度依赖AI工具对思考力、判断力、学术诚信、信息安全等方面的影响。同时，积极开展AI与育人相结合的研究，探索AI工具与教育教学的深度融合方式，指导和引导学生更科学地使用。

5. 应急应变类

考察面试者处理紧急、突发事件的能力。这种面试题型常见于高校辅导员、公务员等面试场景。

案例分析：某日，有位群众和他的母亲来政务服务大厅窗口办事，但是所办理的事项并不符合政策规定，无法办理，这位群众的母亲随即下跪哭诉，要求你必须办理，引发周围群众围观拍摄。如果你是这名工作人员，你怎么办？（2023年甘肃事业单位面试）

答题思路：①安抚情绪、维持秩序。如立刻起身上前，将大妈搀扶到旁边的座椅上并耐心讲解相关规定，请同事帮忙疏散围观群众。②分析原因，避免事态严重。请他们前往接待室喝水，并坐下来谈谈，了解他们的心声。③按照事件的轻重缓急进行处理，尽力帮助群众解决问题。必要时向上汇报，提出建议，有效解决业务无法办理的问题。④反思总结，吸取经验教训。

课后任务

任务主题：运用AI工具完成一场模拟面试

任务要求如下。
1. 选定一个大学期间常见的面试类型，比如团学竞选。
2. 安装一个AI工具，给它真实面试场景的提示词，让它作为面试官向你提问。
3. 让AI评价并完善你的答案。
4. 向小组成员分享你的体会。

课后阅读与思考

AI面试来了，你准备好了吗？

点击企业发来的AI面试链接后，电脑屏幕上立即出现一个虚拟人物及一行文字：欢迎参加此次AI面试，面试共有4道题目，准备好后请点击"开始"按钮作答……近年来，为降低招聘成本，提高招聘效率，AI面试被不少公司引入招聘面试环节，成为简历初筛后了解求职者的新方式。

语音识别、智能营销、无人驾驶……AI正在深刻改变着其所触及的各行各业，重塑着人们的工作方式和生活方式。尽管如此，AI面试的出现还是令人感到新鲜，同时"AI考官"也让人感到怀疑——失去了必要的互动环节之后，简单机械的AI，能否担得起"考官"之名？

这样的质疑并不多余。"AI考官"面对的大多是互联网时代的"原住民"，他们伴随着互联网一起成长，熟稔于线上授课、经历过线上招聘，早就习惯了互联网上的生活。尽管年轻人对AI面试的接受程度普遍较高，但仍有不少人对此表示不适应。缺乏互动性只是其中原因之一，除此之外，屏幕上的倒计时提示、面对镜头时的紧张和惶恐，都是一些年轻人对"AI考官"望而生畏的现实因素。

随着AI面试的流行，互联网上出现了大量相关"攻略"，很多"过来人"在分享心得、提供建议，更多的求职者在一边吐槽、一边学习研究面试技巧。据媒体报道，在行政、柜员、客服、工厂操作工等标准化程度较高的岗位招聘中，AI面试官出现得更为频繁。换句话说，越是在那些大批量筛选的招聘活动中，越容易碰到"AI考官"，这也是相关"攻略"密切关注的焦点。

高效便捷、节约成本、突破时空限制，对于招聘方来说，AI面试的优势显而易见，更为重要的是，还能减少招聘官个人偏好对招聘结果的影响。不过，"不近人情"既是AI面试最大的优势，同时也是最大的劣势——在那些需要互动交流才能做出判断的招聘中，AI不仅无力，而且"无心"。以此来看，AI面试更像是一种大数据收集，而非完整意义上的招聘。在AI技术的加持下，大数据的算法越来越强大，以此为基础，AI面试侧重于完成初筛，细致入微的面试招聘仍需真正的"考官"来完成。

随着AI技术日益广泛地嵌入日常生活，尽快熟悉并接纳新技术，成为年轻人最务实的选择。AI面试方兴未艾，探讨其中技巧是必要的，但没必要也不应该沉溺于此。毕竟，这只是求职路上的第一步，真正意义上的招聘工作仍然要靠人来完成。至于镜头焦虑，大可不必放在心上。遥想当初，多少人对面对面交流充满了忐忑，但在如今，大方得体地面对招聘面试官，已经成为求职者必备的技能。

在一个科技改变生活的时代，勇敢面对并解决人生路上遭遇的各种挑战，这本身就是生活的一部分。

（资料来源：赵志疆. AI面试来了，你准备好了吗？[EB/OL].（2022-10-31）[2024-09-30]. http://opinion.people.com.cn/n1/2022/1031/c1003-32555817.html.）

> 阅读思考
>
> 1. 人民网的这篇文章对你有什么启发？
> 2. 你觉得应对AI面试的核心要素是什么？

第三章
深入自我探索

CHAPTER 3

《道德经》中有一句话为"知人者智，自知者明"，意思是：了解别人是智慧，了解自己才是高明。着眼于个人的职业生涯规划，认识自己的确至关重要。通过认识自己，看清自己的特征、兴趣、优势、不足，才能理性地选择自己的职业目标，真正发挥所长，在工作中找到自身的价值和满足感。同时，认识自己是一个在"实践—反思—实践"中不断探索的过程，也是一个在和他人不断交互中逐渐深入的过程，只有"知行合一"才能真正认识自己。

在大学阶段，进行深入的自我探索是每个大学生成长和发展的关键步骤。自我探索的内容非常广泛，其中职业价值、兴趣、性格和技能与我们的职业息息相关。通过深入的自我探索，我们能了解和澄清自己的内在需要、价值取向、兴趣倾向、性格优势和核心技能，从而为我们未来的职业选择和发展提供坚实的基础。通过深入的自我探索，我们才能进一步深化自我认知，发现自己真正热爱的领域，增强自信心，承担社会责任，在未来的职业生涯中实现个人价值和社会贡献的相互融合，从而更好地促进个人的发展。

第一节　探索职业价值

知识目标

◆认识价值观探索的意义。
◆了解价值观与职业价值观的概念。
◆能通过职业价值观认清自己工作的价值需求。
◆了解如何树立正确的职业价值观。

能力目标

◆能够借助工作价值观澄清等多种方法给自己所看重的工作价值观进行排序。
◆能够在做职业决策时有意识地把健康合理的工作价值观作为决定的标准。

明德笃行

通过这一讲的学习，认识到职业选择需要了解社会的需求，理解职业背后的社会价值，引导学生将个人职业价值与国家需要、经济社会发展相结合；树立正确的职业价值观，要求职业价值和社会价值相统一，把个人的理想追求融入国家事业。正如17岁的马克思在他的高中毕业作文《青年在选择职业时的考虑》中这样写道："如果我们选择了最能为人类而工作的职业，那么，重担就不能把我们压倒，因为这是为大家做出的牺牲；那时我们所享受的就不是可怜的、有限的、自私的乐趣，我们的幸福将属于千百万人。"

章节导入

案例 3-1

青春无悔：黄文秀——脱贫攻坚路上的璀璨星辰

黄文秀，出生在广西壮族自治区的一个农民家庭，家境贫寒，但自小就立志要通过自己的努力改变命运。她深知，知识是改变命运的钥匙，因此她刻苦学习，不负韶华。终于，她以优异的成绩考入北京师范大学，并在那里完成了自己的硕士学业。

毕业后，黄文秀面临着人生的重大选择。她可以选择留在繁华的都市，享受舒适的生活和优越的待遇；也可以选择回到家乡，投身到脱贫攻坚的伟大事业中去。面对这个选择，她毫不犹豫地选择了后者。她深知，作为一名共产党员，她应该把自己的青春和热血献给最需要她的地方。

黄文秀选择回到家乡——广西壮族自治区的乐业县百坭村，并担任驻村第一书记。在这个偏远的小山村里，她用自己的实际行动诠释了什么是职业价值观。她深知，作为一名党员干部，她的职责就是为人民服务，为脱贫攻坚事业贡献自己的力量。

在百坭村工作期间，黄文秀真心实意地为基层群众解决问题。她走访村民，深入田间地头，了解大家的需求和困难。她努力争取政策支持和项目资金，为村里建设基础设施，改善了村民的生产和生活条件。她还组织开展了各种文化活动和技能培训，提升了村民的文化素养和就业能力。在她的引领下，百坭村逐渐走出了贫困，展现了全新的生机和活力。

然而，就在黄文秀为脱贫攻坚事业奋斗的时候，一场意外的山洪突然夺走了她年轻的生命。2019年6月17日凌晨，黄文秀在返回百坭村的途中遭遇山洪，因公殉职，年仅30岁。

（资料来源：根据网络相关资料整理）

案例思考：

1. 什么是价值观？
2. 在黄文秀身上体现出了怎样的价值观？
3. 这些价值观对她的职业选择有什么影响？

讲解与练习

一、价值观的内涵

（一）价值观的定义

价值观是个人对客观事物及其意义和重要性的总体评估。这些评价标准帮助社会成员在行为、事物和目标选择上做出判断。价值观通过个人的行为和态度体现出来，是世界观的核心，驱动着人们的行动。

价值观体现了个人在生活和工作中重视的原则、标准和品质，指向了人生中最重要的方面，因此它是一种自我激励的机制。虽然价值观一旦形成后通常比较稳定，但随着经历和经验的积累，它会不断演变，特别是在职业价值观的表现上。

（二）价值观的作用

价值观直接影响个体的行为表现，并对动机起到指导作用。在相同的客观条件下，不同价值观的人会表现出不同的动机模式，从而展现出各种各样的行为。个体的动机目标和方向受其价值观的支配，只有当动机经过个人价值观判断后被认为合适，才能有效地转化为实际行动，并成为行为的指导目标。

价值观决定、调节和制约个体对低层次需求的倾向。它是人类动机和行为模式的主导力量，建立在需求基础上，一旦确立，又反过来影响和调节个体进一步的需求活动。

价值观反映了个体对客观世界和行为结果的评估和看法，折射出其认知和需求状态，从而塑造了个体的世界观和人生观。

亚伯拉罕·马斯洛（以下简称马斯洛）提出，人类的需求分为5个层次：生理需求、安全需求、归属和爱的需求、尊重需求和自我实现需求。这些需求按照金字塔形式排列。马斯洛指出，人们的需求会从低层次逐步上升到高层次，而低层次需求的满足是实现高层次需求的基础。当较低层次的需求得到满足后，较高层次的需求就会成为主要的动力源泉。

因此，随着个体经历和阅历的增长，低层次需求的满足会推动人们追求更高层次的需求。这种转变也会影响个体的职业价值观（见图3-1），这些需求在生活中得到体现，成为个体的核心价值观，并发挥强大的推动作用。

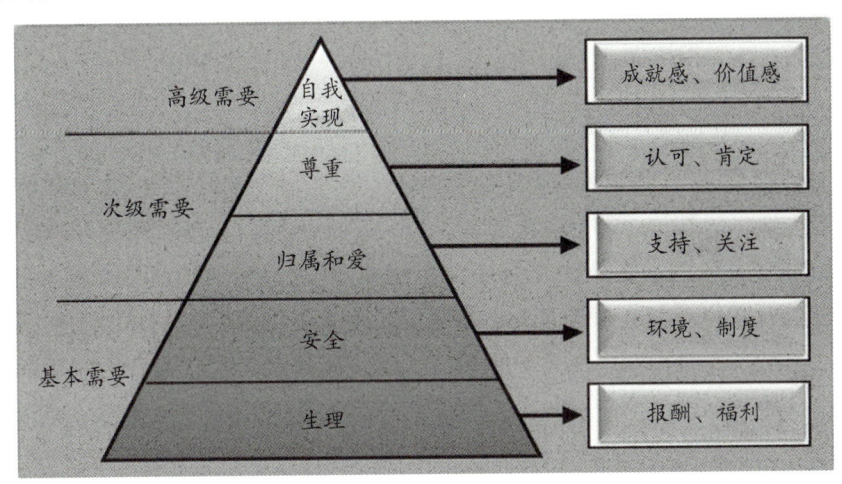

图3-1 马斯洛需求层次及其对应的生涯价值观

练习3-1

对照图3-1，思考当你大四毕业时，你可能处在哪一级需求层次上？你在工作中最希望满足哪个层次的需求？有哪些因素能够带来满足感，并激励你更好地工作？

二、职业价值观的内涵

（一）职业价值观的定义

职业价值观，亦可称为择业观或工作价值观，它体现了个体在职业领域内的价值观念和态度倾向。这种价值观不仅是对某一职业的评判和期望，更是个人对于所追求职业的一种深刻理解和情感倾向。它代表着个人在职业选择中的目标、愿望和追求，反映了个人对于工作意义的看法和追求。

职业价值观实际上是在职业领域中具体体现的人生目标和人生态度，它反映了个人对职业的认知、态度和追求。这种价值观决定了个人在工作中寻找什么、需要什么，以及如何评判工作的优劣。简而言之，它回答了"为什么我想从事这个职业？"和"我追求的是什么？"这两个核心问题。

常言道："人各有志。"在职业选择上，这个"志"便是价值观的体现。价值观是确立人生目标的前提，它在职业选择中表现为一种明确、自觉和坚定的态度和行为，对个人职业目标和择业动机起着决定性的作用。

职业价值观反映了个人需求与社会价值属性之间的关系，是个人对职业需求的评价。在职业心理学领域，伊莱·金兹伯格等专家认为，职业价值观属于人格的范畴，并在职业选择中扮演关键角色。

对于大学生而言，职业价值观是其价值观体系中的重要组成部分。它集中体现在大学生的职业需求、职业理想、职业兴趣及职业行为倾向等多个方面。这种价值观不仅影响大学生的未来职业选择、职业方向和职业成就，还影响其当前的学业倾向和学习行为，并在一定程度上影响个人的成长和发展。

（二）职业价值观的作用

1. 职业价值观决定了职业选择

个人的职业价值观在很大程度上决定了他们的职业选择。职业价值观是指个体在工作和职业生涯中所重视的原则和信念，包括经济利益、社会影响、个人成长等方面。例如，中国著名影视导演张艺谋因重视文化传承与创新，他选择了从事电影导演的职业，希望通过影视作品表达自己的艺术观念和文化使命。相比之下，企业家马化腾则以创新和市场竞争为核心价值，选择创建和发展腾讯公司，致力于在信息技术领域推动创新和数字经济发展。职业选择的背后反映了个体对自身价值观和目标的深刻认知，这些选择不仅是职业生涯的起点，也是个体成长与发展的基础。

2. 职业价值观影响职业满意度

个人的职业价值观直接影响其在工作中的满意度和成就感。当个体的工作内容与其价值观高度一致时，他们通常会感到更加满足和充实。例如，企业家埃隆·马斯克因为对科技创新和可持续能源的执着追求，选择了投身于太空探索和电动汽车领域。通过他的创新企业，如 SpaceX 和特斯拉，他不仅拓展了科技发展的边界，还致力于解决全球能源和环境挑战，成为全球创新和科技领域的重要领袖之一。因此，个体职业生涯的成功与否，关键在于个人是否能够理解和实现其内心深处的职业价值观，并将其与工作内容和职业选择有机融合。

（三）职业价值观的分类

1. 舒伯职业价值观分类

生涯大师舒伯于 1970 年编制了 WVI（work values inventory，职业价值观测量表），明确提出了 15 个职业价值观因素，如表 3-1 所示。

表 3-1 舒伯的职业价值因子

因素	职业价值内涵
利他主义	利他主义直接致力于促进大众的幸福和利益
美的追求	致力于让这个世界变得更加美好，同时也能获得美的享受
创造发明	让个人创造新事物，设计新产品或发展新观念
智力激发	培养独立思考和分析事理的能力
独立自主	给每个人足够的自由和灵活性，允许他们按照自己的方式和步调参与活动，不设置过多的限制
成就满足	看到自己努力工作的具体成果，不断完成自己想要做的事，并因此获得事业上的满足
管理权力	授予权力以策划工作、分配任务，并管理下属
工作环境	追求相对安逸、悠闲、自在且优越的工作条件和环境
上司关系	能够与主管以平等且融洽的关系相处，并获得他们的赏识
同事关系	能与志同道合的伙伴愉快地合作工作
多样变化	能够尝试多样的工作内容，充满变化和丰富的体验
声望地位	通过从事社会地位较高的工作，提升个人身份和名望，赢得他人的推崇和尊重
安全稳定	提供稳定的生活保障，即使在经济低迷的情况下也不受影响
经济报酬	获得丰厚的薪酬，使个人有能力购买心仪的物品，享受富足的生活
生活方式	能够自由选择生活方式，实现个人理想

该量表将职业价值分为 3 个维度：一是内在价值观，指与职业本身性质有关的因素，即工作本身的一些特征。它包括 7 个因子——利他主义、美的追求、创造发明、智力激发、独立自主、成就满足、管理权力。二是外在价值观，指与工作内容无关的外部因素，即与职业性质有关的外部因素。它包括 4 个因子——工作环境、上司关系、同事关系、多样变化。三是外在报酬。指在职业活动中能获得的因素。它包括 4 个因子——声望地位、安全稳定、经济报酬和生活方式。内在价值观、外在价值观和外在报酬相互补充，共同影响个体的职业选择和发展。

从长远来看，内在价值观往往更加稳定和持久。当基本的生理需求和安全需求（外在需求）得到满足后，个体会逐渐转向追求更高层次的需求，如尊重和自我实现（内在需求），这些追求与内在价值观密切相关。虽然外在价值观和外在报酬对个体的职业选择和发展有重要影响，但内在价值观在长期的职业生涯中对职业价值感和幸福感的影响更大。当个体在职业中获得内在价值观的满足时，他们会体验到更深层次的职业满足感和幸福感，这与马斯洛的自我实现需求相一致。因此，从长远的职业发展角度来看，关注和追求内在价值观将有助于提升职业价值感和整体幸福感。

2. 职业锚的分类

著名的职业指导专家埃德加·H.施恩（以下简称施恩）于 1978 年提出了职业锚理论。职业锚，也称为职业系留点，指的是个人在职业生涯中不可或缺的重要动机或价值观。简单来说，职业锚是指个体根据早期工作经历获得的经验，找到与自身动机、价值观和能力相匹配的稳定职业定位。施恩的理论最初包括 5 种职业锚类型：技术/职能型、管理型、自主/独立型、安全/稳定型、创业/创新型。到 20 世纪 90 年代，又增加了 3 种新的职业锚类型：服务/奉献型、挑战型和生活型。不同类型职业锚的特点如表 3-2 所示。

表 3-2　不同类型职业锚的特点

类型	特点
技术/职能型	技术/职能型的人专注于在某个技术或职业领域内不断提升技能，并寻求应用这些技能的机会。他们通过自身的专业水平来获得自我认可，热衷于迎接专业领域的挑战。通常，他们不愿从事管理职位，会避免一般的综合管理岗位
管理型	管理型的人专注于职业晋升，致力于全面管理。他们喜欢独立负责一个部门，并能够协调各部门的工作成果。他们喜欢将组织或项目的成功归结为自己的分析能力、人际关系和跨部门协调能力，以及应对高级别职责的情感管理能力
自主/独立性	自主/独立型的人希望按照自己的方式、习惯和节奏来安排工作和生活。在职业中，他们需要感受到自由和独立，他们通常更喜欢自己创业或者从事自由度更高的工作。他们追求能够发挥个人能力的工作环境，尽量避免组织的约束和限制
安全/稳定型	安全/稳定型的人重视工作中的安全感和稳定感，寻求通过对未来成功的预见来获得安心。他们关注财务保障（如退休金和退休计划）、就业保障和地理稳定性问题。对于他们来说，稳定感还包括诚信、忠诚及完成上级交代的任务。他们只有在获得职业成功并感到自己已经达成稳定时，才能真正放松
创业/创新型	创业/创新型的人渴望利用自身能力自己创办组织或者企业，并愿意承担风险、迎接挑战。他们设想自己能够打造出影响世界的公司。尽管他们可能在他人的公司工作，但他们一直在积累经验和评估未来的机会。当条件成熟时，他们会毫不犹豫地启动自己的事业
服务/奉献型	服务/奉献型的人始终致力于践行他们认同的核心价值观，如提高人们之间的和谐、帮助他人、解决环境问题等。他们不断寻求能实现这些价值观的机会，甚至愿意更换公司以达到目标。他们拒绝接受那些无法让他们实现这些核心价值观的职位变动或晋升
挑战型	挑战型的人热衷于解决那些看似无解的问题，战胜强敌，克服难以逾越的困难和障碍。对他们来说，工作的价值在于提供了克服各种难题的机会。新颖性、多样化和困难是他们追求的终极目标。如果工作变得过于简单，他们会迅速感到厌倦
生活型	生活型的人能抓住平衡和整合个人需求、家庭需求和职业需求的机会。他们希望将生活的各个方面整合为一个整体，因此需要一个具有足够灵活性的职业环境来实现这一目标，哪怕这意味着放弃一些职业机会，如晋升或职位变动。对他们而言，成功的定义不只是职业或事业的成功，还包括如何安排生活、选择居住地、处理家庭事务，以及寻求在组织中的发展路径

3. 阚雅玲价值观类型

我国学者阚雅玲的研究深受中国文化和社会结构的影响，她对职业价值观的分类是中国本土化研究的一个重要例子。阚雅玲将职业价值观分为 12 类，涵盖了对个人职业行为和动机的深入研究和分类。这些分类不仅有助于理解个体在职业生涯中的动机和目标，也为组织管理和人才发展提供了重要参考。具体的价值观如下。

（1）收入和财富。

薪酬是决定工作的关键因素之一，它直接影响你的财务状况。对许多人来说，工作的主要目的或动机源于对收入的追求，希望通过获得更高的薪资来提升生活质量和社会地位。薪酬不仅改变了经济条件，还反映了个人的价值和成就。

（2）兴趣特长。

以个人兴趣和特长为职业选择的核心因素，可以最大化发挥自身优势，避免劣势，并在工作中获得乐趣和成就感。通过选择自己热爱的工作，拒绝那些不符合自己兴趣和能力的任务，可以确保职业生涯充满满足感和动力。

（3）权力地位。

具有较强的权力欲望，希望能够影响或主导他人，使他们按自己的意愿行动。他们认为，拥有较高的权力地位不仅会获得他人的尊重，还能带来更大的成就感和满足感。

（4）自由独立。

希望在工作中拥有较高的灵活性，不受过多限制，能够自主掌控自己的实践和行动。他们追求高度的自由，不愿意与过多的人建立工作关系，也不希望受到他人的控制或约束。

（5）自我成长。

工作可以提供培训和锻炼的机会，使自己的专业和能力得到丰富和提高。

（6）自我实现。

工作能够提供平台和机会，使自己的专业和能力得以全面运用和展示，实现自身价值。

（7）人际关系。

他们非常重视工作单位中的人际关系，希望能够在一个和谐、友好的环境中工作，并渴望感受到关爱。

（8）身心健康。

工作远离危险和过度劳累，避免引发焦虑、紧张和恐惧，从而保障身心健康不受影响。

（9）环境适合。

工作环境既舒适又宜人，工作氛围是愉悦和放松的。

（10）工作稳定。

工作具有较高的稳定性，无须担心频繁的裁员或辞退现象，也避免经常需要奔波寻找新工作的困扰。

（11）社会需要。

能够根据组织和社会的需求，积极响应号召，并为集体和社会的利益做出贡献。

（12）追求新意。

希望工作的内容能够不断变化，以保持工作的多样性和生活的丰富性，避免单调和乏味。

我们可以进一步思考：这些价值观的背后对应的是马斯洛需求层次理论中的哪个

层级？

（四）职业价值观探索的意义

1. 了解自己的价值观，有助于自我探索和决策

通过深入了解个人的信仰、兴趣和目标，大学生可以更加清晰地认识自己，从而在面临选择时做出明智的决策。这不仅能够提升自信心和独立思考的能力，还可以指导他们在学业、职业及个人生活中走上更加适合自己的道路以实现自我价值，获得满足感。清晰的价值观能够使大学生在复杂的环境中保持方向，做出符合自身信念的选择。

2. 审视自己的价值观，有助于激发自我动力并保持坚定

通过对自身价值观的反思和确认，大学生能够明确自己的目标和方向，从而在追求目标的过程中保持动力。当遇到挑战和困难时，清晰的价值观能够成为内在的驱动力，帮助他们克服阻碍，坚持不懈。价值观的审视不仅让大学生更好地理解自己的内心需求，还能促使他们在面对选择和抉择时做出更符合自身信念的决定，保持长久的热情和专注力，实现个人成长与成功。

3. 明确自己的价值观，有助于个人成长和全面发展

通过深入了解和明确个人的核心价值观，大学生可以更好地认知自我，找到适合自己的发展方向。这不仅能帮助他们在学业和职业选择中做出更明智的决策，还能在日常生活中保持内心的平衡与和谐。明确的价值观能增强自我反省和适应能力，促进与他人的有效沟通和合作，使他们在面对复杂的人际关系和社会环境时，更加游刃有余，从而实现个人的全面发展与圆融。

三、职业价值观的探索

（一）价值观的澄清

每个人都拥有独一无二的价值观，而他人的价值观也常常影响我们。价值观并无对错之分，关键在于它们是否对自己的生活和职业发展产生影响，我们是否可以在必要时做出调整。同时，我们需要认识到，很少有工作能够完全满足个人所有的价值观。因此，学会妥协和放弃是必要的。只有通过澄清自己的价值观，才能做出明智的取舍。

在探索个人价值观的过程中，许多人可能会发现，对个人价值观进行取舍和排序是一项艰难的任务，甚至在完成相关活动后，仍可能不清楚自己真正想要的是什么。大学生正处于个人价值观建立和形成的阶段，因此价值观出现混乱是很正常的。关键在于持续地对自己的职业和生活进行思考和探索。澄清价值观并不是一次性完成的过程，而是需要不断的探索和反思。

价值澄清（values clarification）理论最初作为一种教学方法在20世纪20年代被进步主义教育家引入，目的是帮助个体发现和明确内心深处的真实价值观。到了20世纪60年代，这一理论逐渐演变成一个德育学派。其主要代表人物包括纽约大学教育学院的教授路易斯·拉斯（以下简称拉斯）、南伊利诺伊大学的教育学教授梅里尔·哈明、马萨诸塞大学的教育学教授悉尼·西蒙（以下简称西蒙），以及美国人本主义教育中心

的主任基尔申·鲍姆（以下简称鲍姆）。拉斯被视为这一学派的创始人，他为价值澄清理论奠定了基础。西蒙对该领域做出了重要贡献，深化了理论的应用和实践。鲍姆则在进一步发展和完善这一理论方面发挥了关键作用。他们三人共同撰写的《价值与教学》（*Values and Teaching*）一书，展示了他们在价值澄清领域的深入研究和见解，成为该理论的重要文献。

拉思斯等人认为，为了帮助学生澄清和发展他们自己的价值观，在学校的价值观教育中可以建立一种价值澄清过程，通过这种过程，学生可以确定他自己的价值观。拉思斯等人将这一过程称为"评价过程"，具体来说，有选择、珍视和行动3个阶段及7个步骤，如表3-3所示。

表3-3 价值观澄清的操作

阶段	步骤
选择（choosing）	1. 自由选择：只有在一个自由开放的环境中，人们才能真正根据自己的价值观做出决策。强迫做出的选择无法将这些价值观融入个人的价值体系中 2. 多角度选择：应考虑各种可能的选择，并分析每个选择的优缺点，以便做出更加全面的决策 3. 深思熟虑的决策：经过详细的因果分析和反复权衡各种利弊，从而做出选择。决策过程综合考量个人意志、情感、社会责任等多方面因素
珍视（prizing）	4. 珍视与呵护选择：珍视自己的决策，将其视为自我能力和理想的体现，感到自豪并将其融入生活的一部分 5. 明确表达选择：清晰地阐述自己的选择理由，坚定地确认这一决策，并乐于与他人分享自己的选择及其背后的思考过程
行动（acting）	6. 根据选择行动：将所信奉的价值观转化为具体行动，确保行为符合这些价值观的方向 7. 反复实践：不断地将这些价值观融入日常行动，使其逐渐形成稳定的生活方式或行为模式

拉斯认为，如果你能够对以下7个问题都回答"是"，那么这项价值对你来说就非常重要。

我是否对这一价值观感到自豪（或珍视、重视）？

我是否愿意公开支持这一价值观，即在他人面前为其辩护？

我是否在考虑了其他价值之后才选择了这项价值？

我是否考虑过这项价值的后果？

我是否自主地选择了这项价值，而不是他人强加于我的？

我是否已经按照这项价值去行动了呢？

我是否按照这一价值观前后一致地行动，或反复表现出某种行为模式？

（二）个人价值观探索

1. 活动：价值观市场

步骤如下。

（1）从价值观列表（见表3-4）中挑选出5个对你而言最重要的价值观，分别写在

5 张纸条上。如果你觉得某些重要的价值观没有在列表中出现，也可以额外添加。

表 3-4　价值观列表

人际关系／归属感、团队合作、物质保障／高收入、稳定、安全、创造性、多样性和变化性、新鲜感、乐趣、自由独立、能帮助他人、成功、名誉、地位、有成就感、挑战型、冒险性、健康、亲密关系、为社会服务、和谐、公平、被认可、自由独立、影响他人……

（2）个人对同一种价值的定义可能并不相同，比如，对于"工作有成就感"的理解，有的人认为是获得的工作业绩超越昨天的自己，有的人认为是要为自己所在的公司创造奇迹。因此给每一条对你来说很重要的价值做解释，并在纸上写下来，同时要注明达到什么样的水平才能满意？

（3）如果你必须放弃其中一个价值观，你会选择哪一个？将这张写有你选择放弃的价值观的纸条与他人交换。

（4）保留刚才他人给你的纸条，并将其放在一旁。接下来，如果你不得不从剩下的 4 个价值观中再选择放弃一个，你会选择哪一个？与同组内的其他同学交换这张纸条。

（5）继续这个过程，直到你只剩下一张纸条。这张纸条上的价值观是你无论如何都不愿意放弃的。

我的 5 项重要价值观及其定义（按重要程度排序）：

① _____
② _____
③ _____
④ _____
⑤ _____

（6）请讨论以下问题。

通过这个活动，你对自己的价值观有了什么样的认识和体会？

_____
_____

你的价值观会对你的职业选择和人生产生什么样的影响？

_____
_____

他人的价值观会对你的生活造成什么样的影响？

_____
_____

（7）活动启示。

在"价值观市场"活动中，参与者通过挑选、定义和交换价值观，深入了解了自身核心信念。逐步放弃和交换的过程使每个人重新评估了价值观的优先级，并感受到了情感上的挑战。最终，每个人都确认了自己最重要的价值观，这不仅加深了对自我的理解，也增进了对他人价值观的尊重和理解。这一过程帮助参与者在复杂的生活中更明确地把握核心价值观，从而做出更符合内心的选择。

2. 活动：价值观拍卖

步骤如下。

（1）假设你正在参加一个拍卖活动，拍卖的物品都是关于工作和生活价值观的。每件物品的起拍价为500元，竞拍时每次报价必须在100～1000元之间。每种物品只能被一位参与者购买，现在你手里有5000元。

（2）在拍卖正式开始之前，每个人有5分钟的时间来考虑购买物品的优先顺序和愿意出价的最高额度，将其填入表3-5中。

（3）分组，每组7～15人，选出一位主持人负责拍卖活动。

（4）物品将由出价最快且出价最高的竞标者获得。

（5）拍卖结束后，将赢得的项目的出价结果记录在下面的表3-5中。

表3-5 价值观拍卖表

拍卖品清单	我的预算金额	我的最高价格	我赢的了项目	与项目有关的价值
家庭				
健康				
自由				
安全感				
成功				
爱				
和谐				
探险				
自然				
创造价值				
物质保障				
成就				
名誉				
独立自主				
服务他人				
多样性				
创造性				
人际交流				
担负责任				
发展与成长				

（6）思考与分享。

①在刚才的拍卖会中，我买了哪些项目？是否为原先自认为最重要的项目？

②有没有我本来想买却没有购得的项目？有何感想？

③在拍卖过程中，我的心情如何？
④是否存在比金钱更重要或能带来更大满足感的事物？
⑤我所看重的项目在什么样的职业里会充分体现？
（7）活动启示。

在"价值观拍卖"活动中，参与者通过模拟拍卖明确了个人的核心价值观和优先级。参与者用预算竞拍不同的价值观物品，感受到金钱对价值选择的影响。活动揭示了参与者在压力下的决策偏好，并让参与者思考了金钱与内心满足的关系，活动也引导参与者反思在拍卖过程中和生活中，什么是真正让参与者感到充实和幸福的，而不仅仅是金钱上的得失。最终，参与者通过这个过程，更清晰地理解了自己所看重的价值观，并将其应用于未来的职业和生活选择中。

四、价值观与职业

（一）价值观与职业的关系

职业价值观不仅影响个人的职业选择，还会推动职业的发展。明确的职业价值观可以引导职业探索的方向。在社会中，职业种类繁多，人们无法一一尝试，澄清自身的职业价值观更有利于明确方向，在相关领域内不断尝试，从而找到符合自己价值取向的职业。职业价值观能在困境中保持坚定的斗志，当工作与个人价值观一致时，即使其他条件不尽如人意，仍能乐在其中；而当工作与价值观冲突时，工作往往会成为痛苦的来源。职业价值观还可以评估个人目标与现状的差距。明确职业价值观后，个人能够迅速认清当前职业与目标之间的差距，并追溯原因，找到实现目标的路径。

职业价值观一旦确立，通常会指导个人的职业目标，但也可能随着现实环境的变化而进行相应的调整。生命中的不同时期，一个人的价值观也是可能发生改变的，而这些变化会影响个人的职业选择。例如，在少年时期，我们更看重朋友关系，他们的选择会影响到你的选择；到了青年时期，我们更关注事业，甚至会忽略了家人或是健康；而在中年时期，我们更加重视家庭，视其为生命中的避风港，为了平衡工作和家庭，甚至转换你的职业，这一现象一般在育儿期女性身上的发生率更高。

生命中的重大事件发生也会让人的价值观产生巨大的变化。史蒂夫·乔布斯（以下简称乔布斯）是苹果公司的联合创始人，他以创新和对事业的执着著称。然而，在2003年，乔布斯被诊断出患有胰腺癌，这一重大事件深刻地影响了他的价值观。在经历了这次疾病之后，乔布斯开始更加关注个人健康和家庭生活。虽然他仍然对苹果公司的发展抱有极大的热情，但他在多个场合提到，这次疾病让他对生命有了更深刻的理解。他认识到时间的宝贵，变得更加重视与家人共度的时光，以及对个人内心需求的关注。乔布斯在斯坦福大学的毕业演讲中也提到了这一点，他说："记住你即将死去，是我所知道的避免陷入认为你会失去某些东西的最好办法。"这一经历不仅改变了他的个人生活，也影响了他在职业生涯中的决策，使他更加专注于真正有意义和有影响力的创新。

因此，在职业生涯规划中，除了要了解职业价值观的稳定性和长期作用外，还应考虑其变化性和实际情况。

（二）挖掘职业的价值

大学生正处在职业价值观形成的关键时期，通过深入挖掘职业的价值，大学生能够明确自己的职业目标和使命，从而更好地规划未来的职业道路。这种探索不仅帮助学生在面对职业选择时更加自信和坚定，还能促使他们将精力投入更有意义的事情并提升实践经验。大学期间的兴趣和关注点，在很大程度上决定了未来职业道路的方向。明确职业价值可以使学生在大学期间更加有目的地学习和发展，从而在毕业后同时实现个人价值和社会价值。

1. 从国家战略中找到价值

在国家战略中挖掘职业价值使命，需要结合国家的宏观目标与个人的职业规划。国家战略通常涵盖经济、科技、社会等多方面的发展方向。例如，"新一代人工智能"在"科技前沿领域攻关"战略中，科技工作者可以通过参与国家重点科研项目，推动技术突破，体现自己的职业使命；"全媒体传播和数字文化"在"社会主义文化繁荣发展工程"战略中，媒体工作者可在数据分析与用户研究领域发挥作用，助力国家文化的繁荣和发展。通过将个人的职业目标与国家战略紧密结合，不仅可以实现个人价值的最大化，还能够为国家的发展贡献力量。

2. 从现实问题中找到价值

职业价值使命在解决现实问题中得以体现。以教育行业为例，传统教育面临教学资源不均和教学模式单一的问题，而在线教育则面临课程质量参差不齐和师生互动不足的挑战。传统教育需引入数字化工具和个性化教学，提高教学质量和效率；在线教育则需加强内容审核和创新互动方式，提升学习效果。问题既是契机又是使命，促使教育工作者不断创新和提升自我，解决行业痛点，推动教育发展。通过这种持续的改进和适应，职业价值使命得以实现，既为个人创造了职业成就感，也为社会培养了更多优秀的人才。

3. 从个人特长中找到价值

职业价值使命可以从个人特长中挖掘。以一名幼儿教师为例，如果她在感觉统合训练方面有特长，就能找到独特的职业价值使命。她通过感觉统合训练，帮助孩子们提高感知觉、运动协调能力和注意力。这不仅能提升孩子们的学习能力，还能增强他们的自信心和社交能力。通过发挥个人特长，她不仅能在教育事业中获得成就感，还能为孩子们和社会创造价值。这种结合个人特长与职业需求的方式，使她在职业生涯中找到真正的使命感，不断提升自我，实现个人与社会的双赢。每个职业人都可以通过挖掘自身特长，找到适合自己的职业价值使命，充分发挥潜力，做出独特贡献。

（三）树立正确的职业价值观

1. 学习和了解职业伦理准则

学习和了解职业伦理准则是树立正确价值观的重要步骤。职业伦理准则是各行业在职业活动中应遵循的道德规范和行为标准，它们不仅涉及个人的职业道德，还涵盖对同事、客户及社会的责任和义务。通过学习这些准则，大学生能够培养正确的职业观念，并认识到职业道德的重要性，并在实际工作中自觉遵循这些规范。这不仅有助于建立个人的职业信誉和专业形象，还能推动整个行业的诚信和公正。了解职业伦理准则还可以帮助大学生在面临道德困境时做出正确选择，避免因道德失范而引发的职业风险和法律纠纷。因此，学习和了解职业伦理准则是每个大学生在进入职场前必须掌握的重要内容，这将为他们的职业生涯奠定坚实的道德基础。

2. 观察和学习好的职业榜样

观察和学习好的职业榜样是树立正确价值观的有效途径。职业榜样通常是那些在职业领域中表现优异、道德高尚、具备专业素养的人。通过观察这些榜样的工作态度、职业技能和处理问题的方法，大学生可以学到如何在自己的职业生涯中做到专业和道德并重。例如，通过观察一位优秀的医生如何关心患者、一位成功的企业家如何诚信经营，大学生能够深刻理解职业道德和专业能力的重要性。好的职业榜样还能够激励大学生不断追求卓越，提升自己的职业素养和道德水准。榜样的力量不仅在于他们取得的成就带来的正向影响，更在于他们在职业生涯中坚持正确的价值观，从而为他人树立了良好的道德标杆。

3. 处理好职业价值观和名利的关系

妥善处理职业价值观与名利之间的关系是建立正确价值观的重要环节。在职业生涯中，名利往往是不可避免的诱惑，如何平衡职业价值观和对名利的追求是每个职场人必须面对的问题。大学生应认识到，追求名利并非错事，但必须在符合职业伦理和个人价值观的前提下进行。过度追求名利可能会导致职业道德失范，甚至做出违法行为，从而损害个人信誉和职业生涯。相反，树立正确的职业价值观，将职业道德和社会责任放在首位，既能实现个人价值，又能获得长期的职业成功和社会认可。因此，大学生应学会在名利面前保持清醒，坚持职业道德和个人价值观，用正确的方式实现职业目标和个人发展。

4. 处理好职业价值观中个人与社会的关系

处理好职业价值观中个人与社会的关系是树立正确价值观的关键。树立正确的职业价值观需要明确个人的职业理想，并与国家和社会的需求相结合。首先，要深入了解国家的政策和社会发展的趋势，找到个人理想与社会需求的契合点。其次，设定既能实现个人成就感又能为社会做出贡献的职业目标，不断进修和增强自己的专业技能与综合素质，保持与社会发展的同步。注重团队合作和社会服务，增强社会责任感。积极参与国家重大项目，响应国家号召，将个人职业规划与国家发展战略对接，推动行业和社会的进步。通过这些努力，实现个人理想与国家需要、经济社会发展的有机结合，既能实现个人职业理想，又能为社会和国家做出贡献，这是我们应坚持的正确的职业价值观。

课后任务

任务主题：挖掘目标职业的价值

任务要求如下。

根据目标职业，分别从国家战略、现实问题、个人成长中找到职业的价值。

（1）目标职业：_____

（2）从国家战略中找到的价值：_____

（3）从现实问题中找到的价值：_____

（4）从个人特长中找到的价值：_____

课后阅读与思考

人生价值韦恩图：解锁你的职业秘密，探寻幸福之源

人生价值韦恩图（见图3-2）是由美国心理学家兼人生导师理查德·莱德提出的概念，用于帮助人们探索和理解个人的价值观和人生目标，教你找到自己热爱的事业和人生的意义，即IKIGAI。IKIGAI来自日语，用来表达一个人一生中价值的来源。

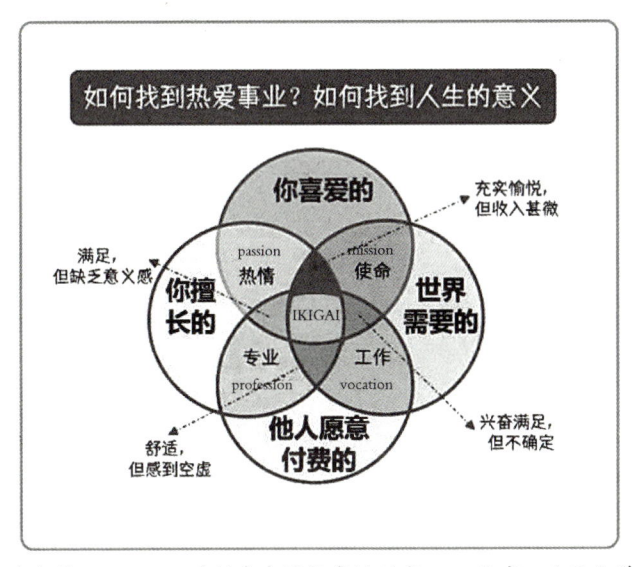

资料来源：加西亚，米拉莱. IKIGAI：冲绳岛幸福长寿的秘密[M]. 北京：人民文学出版社，2019.

图 3-2　人生价值韦恩模型

（1）激情（passion）："我对什么感兴趣？我热爱做什么？"这涉及你热衷和感兴趣的事物，即你在其中能找到满足感和成就感的活动。

（2）天赋（talent）："我擅长什么？我有哪些天赋和特长？"这涉及你与生俱来的能力、技能和潜在才能。

（3）需求（need）："世界需要什么？我能为他人提供什么？"这涉及社会和他人的需求，以及你如何通过你的激情和天赋来服务他人，做出贡献。

（4）市场（market）：即你如何将你的激情和天赋转化为价值。

首先，让我们深入探索第一个圆圈：你喜欢什么？这是一个关乎内心热情的问题。每个人都有独特的兴趣和爱好，这些通常反映了我们内心最真实的愿望。比如，有人热爱大自然，喜欢探索未知的领域；有人痴迷于艺术，渴望通过创作表达自己的情感。这些兴趣和爱好不仅为我们提供了生活的乐趣，更是我们追求职业使命的重要线索。

然而，仅仅依靠兴趣并不足以支撑我们的职业生涯。这时，我们需要转向第二个圆圈：你擅长什么？这个圆圈代表的是我们的技能。在职业生涯中，我们需要通过坚持不懈地学习和实践，提升自己的技能水平，将兴趣转化为职业优势。例如，一个热爱音乐的人可能通过学习和训练，成为一名优秀的音乐教师或音乐制作人。

然而，即使我们找到了自己热爱并擅长的事情，也并不意味着就能顺利实现职业使命。我们还需要考虑第三个圆圈：社会需要什么？这个圆圈代表着社会的需求和期望。在选择职业时，我们需要关注社会的发展趋势和市场需求，选择那些既有发展前景又能满足社会需求的职业。只有这样，我们才能在社会中立足，实现自己的职业价值和人生梦想。

通过将这3个圆圈重叠在一起，我们可以找到它们的交集部分。这个交集部分就是我们的职业使命和幸福感的源泉。它结合了我们的兴趣、技能和社会需求，为我们指明了最适合的职业道路。

> **❓ 阅读思考**
>
> 你的人生价值韦恩图是什么样的？3个圆圈重叠的部分是什么？

第二节 发展我的兴趣

知识目标

◆ 认识兴趣探索的重要性。
◆ 了解兴趣、职业兴趣的相关概念及兴趣培养的方法。
◆ 理解约翰·霍兰德（以下简称霍兰德）职业兴趣理论。
◆ 理解兴趣与职业的关系。

能力目标

◆ 能够理解兴趣对选择职业的重要性
◆ 能运用霍兰德职业兴趣理论进行职业兴趣的探索，学会运用工具确认自己的兴趣类型代码。
◆ 掌握培养个人兴趣的方法，用来指导培养自身兴趣，并将兴趣倾向转化为能力。

明德笃行

通过这一讲的学习，能够真正理解兴趣对大学规划、职业选择的重要性，鼓励自己走出舒适圈，在探索中发现自己的兴趣；认识到兴趣与职业适配性越高，个人职业满意度、职业稳定性、职业成就越高，职业幸福感也会越高，从而重视个人职业兴趣的培养，将兴趣转化为能力；懂得用兴趣平衡生活，提升生活幸福感。

章节导入

案例 3-2

从医学到面包：兴趣的奇妙转折

2006 年，绍兴新昌县黄晓斌同学以令人瞩目的 634 分的成绩，成功踏入了浙江大学医学院的大门，开启了本硕连读的求学之旅。

能考上浙江大学医学院，黄晓斌也很高兴。时光匆匆，2013 年，临近硕士毕业的黄晓斌理应准备出国读博，为自己的医学之路添砖加瓦。然而，命运的转折总是出人意料。在紧张准备托福考试的过程中，他偶然间看到了 BBC 的纪录片——《保罗教你做面包》，就是这看似平常的一刻，一个全新的念头如火花般在他脑海中绽放——"开个面包店"！

从萌生想法到做出决定，再到他毫不犹豫地买了一台烤箱放在实验室，黄晓斌仅用了几天时间，且全然不顾旁人诧异的目光。他沉浸在自己的世界里，开始潜心研究面粉、水、盐、糖及酵母的比例。令人惊叹的是，他的酵母菌都是自己亲手培养的，那份专注与执着，仿佛在对待一项医学实验。

经过不懈的努力和尝试，2015年3月，黄晓斌的梦想终于照进现实。他的第一家面包店，一间仅20平方米的小门店在港湾家园楼下开业了。从此，黄晓斌告别了传统意义上的医学道路，投身于充满香气与温暖的面包世界。

（资料来源：根据网络相关资料整理）

案例思考：

1. 黄晓斌从一名浙大医学硕士到决定开面包店，你怎么看他的选择？
2. 如果你是他，你会怎么选？
3. 结合黄晓斌的案例谈一谈，大学生为什么要探索兴趣？

讲解与练习

一、兴趣与职业兴趣

（一）兴趣的内涵

美国芝加哥大学的心理学教授米哈里·契克森米哈里（以下简称米哈里）历时30多年对来自各行各业的数百位人士展开访问，最终发现人们在无所事事时并不会感到幸福与满足，而是在专心致志从事某项自己喜欢的活动时会感觉到愉悦和满足，比如，绘画、阅读、演奏乐器等。米哈里教授将这种心无旁骛、沉浸其中、忘记时间的流逝去做某件事情并感到幸福的状态称之为"flow"，也被译为"心流"，而这些能够使人们忘却时空、全身心投入其中的活动，通常都是个人的兴趣所在。

那么兴趣是什么？兴趣是个人对于某一事物或活动所产生的关注和喜爱的心理倾向，表现为认识事物或者从事活动的积极、热情，并且带有倾向性和选择性的态度及情绪。我们通常将兴趣看作是人们为了愉悦或者享受而持之以恒做的那些事，是人们内心动力和快乐的根本，经常呈现出一种自觉自愿、陶醉其中的精神状态。它具有广博性、倾向性、稳定性和效能性等特质。

在现实生活中，人们常把兴趣与爱好、特长作为同义词使用，其实它们之间既有联系又有区别。兴趣只是一种初步的、较为宽泛的倾向，不一定需要投入大量的时间和精力去实践；爱好则是在兴趣的基础上，经过进一步的发展和投入，形成的一种更为深入和持久的活动偏好。爱好通常需要个人主动投入较多的时间、精力和资源，并且能够从中获得乐趣和满足感。举例来说，一个人对绘画感兴趣，可能只是偶尔看看绘画作品、了解一些绘画知识，但如果将绘画发展成为爱好，就会经常拿起画笔进行创作，参加绘画课程或者与其他绘画爱好者交流。特长是特别擅长的专门的技艺或者研究领域，主要指的是能力方面。

此外，兴趣也不等于需求，需求是为了维持生存、保障生活质量或者实现某个目标而必须得到满足的条件，它往往具有一定的紧迫性和必要性。比如，人们对食物、住所、衣物的需求，是为了满足基本的生存。兴趣是基于需要，并在社会实践的基础上形成和发展起来的，它体现了人的需要，是人们对事物认识和知识获取的心理倾向。一个人唯有对某种客观事物产生需要时，才可能对该事物产生兴趣。举例来说，一个人觉得有必要学习知识了，才会产生学习知识的要求，进而才会对学习知识产生兴趣。让·皮亚杰指出："兴趣，实际上就是需要的延伸，它表现出对象与需要之间的关系，因为我们之所以对一个对象产生兴趣，是由于它能满足我们的需要。"但需要不一定都表现为兴趣。例如，人有睡眠需要，但并不代表对睡眠有兴趣。

（二）职业兴趣的概念

兴趣会影响人们专业和职业的选择，是职业生涯选择的关键因素，也是决定我们对工作是否满意、职业是否稳定、在职场能否取得成功的重要因素。因此，兴趣探索是自我探索的重要指向，也是职业生涯发展研究中较为重要的领域。

职业兴趣是兴趣在职业层面的展现，是指人们对某种职业活动所具备的较为稳定且持久的心理倾向。它让人们优先注意某种职业，并心向往之。职业兴趣是在生涯实践的过程中，在某种素质条件下逐渐发生和发展起来的。它的形成与个人的能力、个性、环境、实践活动等密切相关，因此，职业规划需结合社会、家庭和个人等因素综合考虑，而不能孤立进行。

（三）兴趣与职业兴趣的关系

兴趣是一种能让人对自己感兴趣的事物心驰神往，并给予优先关注和进行积极探索的无形动力。职业兴趣则表现为对从事相关工作的意愿和兴趣，是一个人对待工作的态度和工作的适应能力，拥有职业兴趣将增加个人的工作满意度、职业稳定性和职业成就感。但是并不是所有的兴趣都会发展成职业兴趣，比如一个人对绘画有着浓厚的兴趣，平时喜欢自己随意涂鸦，通过绘画来放松心情和表达自我。但是他可能并不具备专业的绘画技巧和知识，也没有接受过系统的训练，同时性格内向不善于与人沟通，无法适应商业合作和客户需求的频繁交流。在这种情况下，虽然喜欢绘画，但由于自身条件和环境限制，很难将其发展成为职业兴趣。

二、兴趣探索的意义

（一）兴趣为大学规划提供重要方向

兴趣在大学规划中起着至关重要的作用。一方面，兴趣是内在动力的源泉，大学期间需要学习各种课程，参与各种各样的活动，如果是基于兴趣去选择，那么在面对困难和压力时，会有更强大的动力去克服。比如对数学感兴趣的同学，在学习相关课程时，会主动去阅读更多的书籍、查找资料，而不是仅仅为了应付考试。另一方面，兴趣有助于明确专业方向。大学专业众多，而选择一个符合自己兴趣的专业，能够让学习更有积极性和主动性，在规划大学生活时，会努力学好专业课程，并选修相关课程和实践活动，为未来的职业发展奠定坚实的基石。此外，兴趣可以引导职业规划。通过大学对兴趣的深入探索和发展，可以更加清晰地了解自己未来想要从事的职业，可以在大学期间为了这个职业目标不断地努力。总之，兴趣能为大学规划提供重要方向，在大学中能够追求自己的兴趣，实现个人价值和目标，会感到充实和快乐。

（二）兴趣是职业定向与选择的重要依据

兴趣能够激发人们工作的热情，当我们从事自己感兴趣的工作时，会充满激情和动力，每天都迫不及待地投入其中，而且在工作中遇到挫折和困难时，兴趣也会成为我们坚持下去的强大支撑；同时，为了在感兴趣的领域取得更好的发展，我们会主动学习新知识、新技能，不断提升自己。因此，兴趣在职业定向和选择中具有不可忽视的作用，能够为我们的职业生涯带来积极有益的影响。

（三）兴趣能提升工作效率，激发工作才能

兴趣会带来专注力。当我们对一项工作感兴趣时，会更容易全神贯注于其中，减少分心和拖延。例如，一个对数据分析感兴趣的员工，在处理大量数据时会十分专注，迅速而准确地找出关键信息，从而提升工作效率。因为喜欢所以选择，在自己感兴趣的领域工作更容易获得成就感和满足感，因此，也能催生积极的情绪，这种积极情绪能够提升我们的思维活跃度和创造力，更容易发挥出自己的优势，提高工作成果的质量。比如，一位热衷于广告创意的设计师，在充满激情的状态下往往能构思出独特而吸引人的广告方案。综上，兴趣会促使我们通过多种方式提升工作效率，激发工作才能，为我们在职业领域取得成功提供有力的推动作用。

（四）兴趣可以平衡生活，提升幸福感

在当今快节奏和高压力的社会环境中，人们往往容易陷入工作的忙碌和生活的琐碎之中，导致身心疲惫和精神紧张。而兴趣就像一股清泉，为枯燥的生活注入了生机与活力。它能够为人们提供一种有效的放松方式，当工作带来的压力让人喘不过气时，投入到自己感兴趣的活动中，比如绘画、阅读或者瑜伽，能够让人暂时忘却烦恼，舒缓紧张的神经，让我们拥有了一片属于自己的精神乐土。此外，兴趣也为我们提供了一个自我表达和展现个性的平台。无论是写作、舞蹈还是手工制作，都是我们内心世界的外在呈现，我们能够向他人展示独特的自己，同时也能更好地理解和接纳自己，从而增强内心的和谐与平衡，从而提升生活的幸福感。

三、兴趣的类别与培养

（一）兴趣的分类

> **案例 3-3**
>
> **晶晶的瑜伽之旅**
>
> 晶晶，一位来自某体育人文社会学专业的硕士研究生，生活一直被学术研究和各种课程填满。在一次难得的逛商场的放松时刻，晶晶被一家瑜伽馆"免费体验课"的宣传所吸引。这让她想起之前身边许多同学谈论瑜伽训练过程中各种高难度动作的情景，让

她对瑜伽充满了好奇和向往。

抱着试试看的态度，晶晶走进了瑜伽馆。那一堂体验课，为她打开了一个全新的世界。在柔和的灯光和舒缓的音乐中，她感受到了身体与心灵的奇妙连接。每一个动作的伸展，每一次呼吸的调整，都让她沉浸其中，忘却了外界的喧嚣。这次独特的体验，让晶晶彻底爱上了瑜伽。她不再满足于偶尔的尝试，而是果断地报班练习，开始了系统性的学习。无论是清晨还是夜晚，只要有时间，她都会准时出现在瑜伽教室里，认真地跟随教练的指导，不断地挑战自己的身体极限。

经过长时间的坚持和努力，晶晶的瑜伽技艺日益精湛。她决定考取瑜伽教练资格证书，将自己对瑜伽的热爱传递给更多的人。在备考的日子里，她日夜苦读理论知识，反复练习动作技巧，最终成功地获得了证书。毕业后，晶晶没有像大多数同学那样选择进入传统的企业工作，凭借着对瑜伽的热爱和专业的技能，她开了一家属于自己的瑜伽馆，此外，她觉得瑜伽给她带来了健康的生活方式和良好的精神状态，如果能够让更多人从瑜伽练习中受益，她觉得非常有意义和价值。开业之初，由临着诸多的困难和挑战，比如客源不稳定、资金紧张等。但晶晶从未想过放弃，她不断改进教学方法，提升服务质量，还通过社交媒体进行推广。

渐渐地，晶晶的瑜伽馆在当地小有名气，吸引了越来越多的学员。她看着那些在自己的指导下，逐渐爱上瑜伽、收获健康和自信的学员们，心中充满了成就感和喜悦。

案例思考：

1. 晶晶对瑜伽的态度有什么样的转变？
2. 你是否有过感兴趣的事物或领域，你是如何处理的？

从晶晶的瑜伽之旅中，我们能够清晰地洞察到兴趣的转变历程。起初，晶晶只是对瑜伽怀有好奇之心；而后，她主动投入瑜伽的学习；最终，她成为瑜伽老师，并开设了自己的瑜伽馆。晶晶对于瑜伽这项活动的热爱持续升温、层层递进，这恰如兴趣的金字塔模型。如图3-3所示，兴趣通常被分为感官兴趣、自觉兴趣和志趣兴趣，三者之间呈现出金字塔关系。

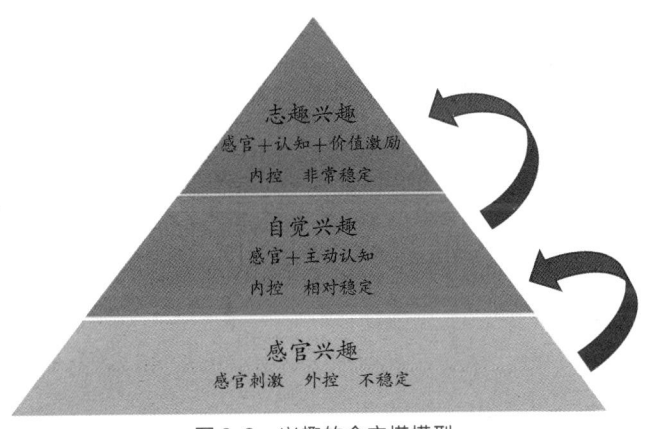

图3-3 兴趣的金字塔模型

感官兴趣指由外界的直观刺激所引发的兴趣。它通常基于人类的本能和感官体验，例如视觉、听觉、嗅觉、味觉和触觉等所接收到的新鲜、奇特、有趣或具有吸引力的事物。感官兴趣往往比较短暂，容易被新的、更具有吸引力的感官刺激所转移，一旦外界刺激消失会迅速减弱，而且，感官兴趣通常停留在对事物的初步感受和印象上，不会促使人们去深入研究或学习，比如，晶晶在听到同学们谈论瑜伽时心里充满好奇，也激发了她对瑜伽的兴趣，但是如果不是恰巧碰上可以免费体验的机会，这个兴趣可能仅仅停留在表层，因此感官兴趣也是一种不稳定的、受外部影响较大的兴趣。

自觉兴趣是在感官兴趣的基础上，个体通过主动投入时间、精力和努力，对感兴趣的事物进行更深入的探索和学习而形成的兴趣。它不再仅仅依赖于外在的刺激和新鲜感，而是源于个体内在的认知需求和自我驱动力，是一种相对稳定的兴趣层面。自觉兴趣具有以下特点：一是主动性。在自觉兴趣层面个体会主动投入活动，而不是因受外界刺激而被动参与。例如，晶晶在完成体验后，主动报名了瑜伽课程，并寻找相关书籍和视频进行学习。二是持久性。因为是个人的主动选择并愿意为之付出的活动，所以相对于感官兴趣，自觉兴趣更持久，个人能在较长的时间内保持热情和专注，愿意通过学习和探索，不断丰富知识和技能。三是自我调节。在遇到困难或挫折时，能够自我激励、自我调整，以保持兴趣的持续性。例如，在晶晶练习瑜伽的过程中，会因为某个高难度的动作没有办法完成而沮丧，也会在训练过程受伤，但是她并没有因此而放弃，反而会通过调整练习方法来加强练习。

志趣是指当个体对某一事物的兴趣达到了极高的程度，将其与自己的人生目标、价值观和理想紧密结合，并愿意为之长期不懈地努力奋斗，甚至将其作为自己终身追求的事业或使命。在这一层面，兴趣不再受到外部因素过多的影响，而是源于内心深处对事物的热爱和执着，会在该领域有着清晰的发展方向和规划，且往往不仅为了个人的满足，还期望为社会创造价值，对他人产生积极的影响，会因为自己从事该领域而感到自豪。例如，晶晶认为瑜伽的练习给她带来了健康的生活方式和良好的精神状态，她觉得将这些传递给他人是件很有价值的事，所以她考了瑜伽教练资格证，在教授他人的过程中，她找寻到自己的事业的方向，于是开办了自己的瑜伽馆，将自己对瑜伽的热爱及健康的生活方式传递给更多的人。

如何将感官兴趣提升至志趣兴趣？通过对不同层次兴趣的了解可知，当我们对某个事物或活动有兴趣的时候，不如迈开脚步尝试，从最简单的、能做好的开始，从而获得想做的动能；然后在兴趣还没有消退时，通过学习和练习将兴趣倾向转化为能力，使自己能够胜任该项活动，从有兴趣转化为喜欢做、主动做，获得持续投入的动能；最后，在持续做的过程中发现做这件事的深层次意义，对于做这件事产生价值感、使命感，将其转化为你持续做、终身做的动能。

（二）兴趣的培养

兴趣是个人对特定事物、活动或领域所表现出的关注和喜好，几乎每个人都有自己感兴趣的领域，但并不是每个人都能明确察觉到自己的兴趣，或者由于各种原因，比如生活压力、缺乏机会去尝试新事物等，导致他们的兴趣没有被激发出来。而且，兴趣并不是恒定不变的，它可能会随着个人的成长和生活阅历的增长而转变，因此，我们需要不断发掘、培养自己的兴趣。

1. 拓宽涉猎面，发现兴趣倾向

在学生期间，我们不要仅仅局限于学校安排的固定课程或专业领域，应积极主动去接触各种不同的知识和学科，比如除了主修的课程，还可以选修其他学科；不仅学习理论知识，还可以参加各种实践活动、社团组织、学术讲座等。这些活动能够帮助我们打破思维的局限，从而发现自己的兴趣倾向。

2. 认真思考你的倾向，合理进行职业定位

当我们发现了自己感兴趣的领域，就如同站在了一扇充满可能性的门前，但这仅仅是个开始，我们需要对该领域进行进一步系统性的学习，掌握相关的理论知识。通过实践亲身体验这个领域的魅力与挑战、认真思考自己在这个领域的优势与不足，才能确定是否符合自己的价值倾向，同时要思考这个领域与自己的长期人生规划是否契合，如何将兴趣转化为实际的成果或价值，即对兴趣进行合理的职业定位，从而将我们的感官兴趣上升为稳定的自觉兴趣。

3. 投入精力发展兴趣，转化成为能力

在确定自己的兴趣领域后，可以为兴趣的发展设定明确的目标，并分解为具体的、可实现的目标去执行，比如规划每天或每周用于学习该兴趣的时间，通过参加培训课程、工作坊或研讨会等深入学习，进行有针对性的反复练习，逐渐将兴趣转化为胜任这一兴趣的能力。随后还可以尝试创新和拓展，结合其他领域的知识和技能，创造新的价值。需要注意的是，兴趣培养的本质并不是培养多个兴趣，而是将兴趣倾向转化为能力。

四、职业兴趣的探索

> **体验活动 3-1**
>
> **兴趣澄清：我想去哪座岛屿？**
>
> 亲爱的同学，恭喜你获得一次免费毕业旅行的机会，本次旅行将有 6 座岛屿供你选择。你可以根据自己的喜好挑选出 3 座岛屿并按喜欢程度进行排序，选择过程不需要考虑时间、费用等客观因素。
>
> R：自然原始的岛屿
>
> 岛上的自然生态保持得极为良好，有各种各样的野生动物。居民擅长手工，自己修整房屋、栽种花果蔬菜、打造器物、制作工具，对户外活动情有独钟。
>
> I：深思冥想的岛屿
>
> 天文馆、科技博物馆及图书馆在该岛随处可见。居民热衷于观察学习，一心崇尚真知。在这里会有来自各地的哲学家、科学家、心理学家等，有较多机会与他们交换心得。
>
> A：美丽浪漫的岛屿
>
> 这里到处是美术馆、音乐厅，随处可见街头雕塑和街边艺人，艺术文化气息浓厚。

居民将传统舞蹈、音乐与绘画都保留了下来。不少文艺界的朋友都喜欢来这个地方获取灵感。

C：现代、秩序井然的岛屿

岛上的建筑极具现代化特色，呈现出进步的都市形态，以完备的户政管理、地政管理、金融管理而闻名。岛民个性沉稳，做事井井有条，擅长组织规划，细心且效率高。

E：显赫富庶的岛屿

居民擅长企业经营和贸易，能说会道，口才极佳。经济发展程度极高，高级饭店、俱乐部、高尔夫球场比比皆是，往来的人大多是企业家、经理人、政治家、律师等。

S：友善亲切的岛屿

岛上居民温和友善、乐于助人。各个社区都形成一个互动密切的服务网，人与人之间互助合作，重视教育，关怀他人，充满了人文气息。

现在请根据自己的喜好挑选出3座岛屿并排序。

场景反转：

如果这是世界末日过后仅剩的6个岛，且交通中断，现在你可以选择一张去往一个小岛的票，将送你去其中一个岛终身生活，你会选择哪个岛屿？

讨论与分享：

前后两次选择是否是同一个岛屿？你为什么这么选择？

这个游戏对你有什么启发？

实际上，这6座岛屿的字母与霍兰德提出的6种兴趣类型一一对应，兴趣岛的游戏体验可以帮助你做一个初步的判断，不过它只是兴趣澄清的一种方式。

（一）霍兰德职业兴趣理论

早期美国的职业选择理论一直由弗兰克·帕森斯的"特质因素匹配理论"占有主导地位，该理论因提出"人—职匹配"概念而备受关注，霍兰德职业兴趣理论也就是在该理论基础上发展起来的，因而"人—职匹配"也是霍兰德兴趣理论的核心概念。20世纪40年代后，特质因素匹配理论由于理论与方法存在一定让人困惑之处而受到质疑：① 人是一个整体，人格特性之间是互相联系的，很难说哪种人格特性与某种职业相关，更不能进一步论证人—职匹配的合理性；② 人的个性、品质是很难进行客观测量的，因而很难根据人的个性、品质进行精确分析并形成"刚性"的匹配模式。

1959年，霍兰德在前人职业指导和心理学领域研究成果的基础上，经过长时间的研究和多次大规模试验，发现人们看待职业时常常带有偏见，因此，霍兰德认为如果以个体的工作和经验为基础，人们不会将对职业的看法带入其中，准确性和有效性更高，也不会给咨询师带来麻烦，于是，霍兰德打算开发一套职业名称清单，将其作为投射个体偏好的生活方式的工具，职业兴趣模型理论也因此而产生。在后来的研究中，霍兰德还对职业兴趣理论提出了不少修改意见，且经过多次修订才形成较完善而稳定的结构。

霍兰德的模型理论中主要想解决3个问题：一是影响生涯决定、生涯投入和职业成就的个人和环境因素有哪些？二是长期来看，哪些个人和环境的特征会影响一个人在工作上的稳定性？三是什么办法可以有效地帮助个人解决生涯上的困难？为解决以上问题，霍兰德在职业兴趣模型理论中提出了以下假设。

大多数人的人格可分为6种类型：实用型（realistic type，简称R）、研究型（investigate type，简称I）、艺术型（artistic type，简称A）、社会型（social type，简称S）、企业型（enterprising type，简称E）和传统型（conventional type，简称C）。

工作环境也分为6种相同的类型：实用型、研究型、艺术型、社会型、企业型和传统型。

职业选择实际上是人格特性的表现，在通常情况下，具有相同或相似人格特质的人会被同一职业吸引，这种情况表现在职业上就是职业兴趣。换句话说，职业兴趣其实是人格的体现，职业兴趣测评就是人格的测评。每个人都追求能展示个人技术与能力、体现自己态度和价值的工作环境。

兴趣、人格和职业密切相关，职业兴趣与人格正相关，从事一项与兴趣相符的职业将极大地提高人们的工作积极性和幸福感。

个人的行为是由个人的人格和其所处的环境相互作用决定的。

这6种类型的人格特性及其职业偏好如图3-4所示。

霍兰德职业兴趣类型详表

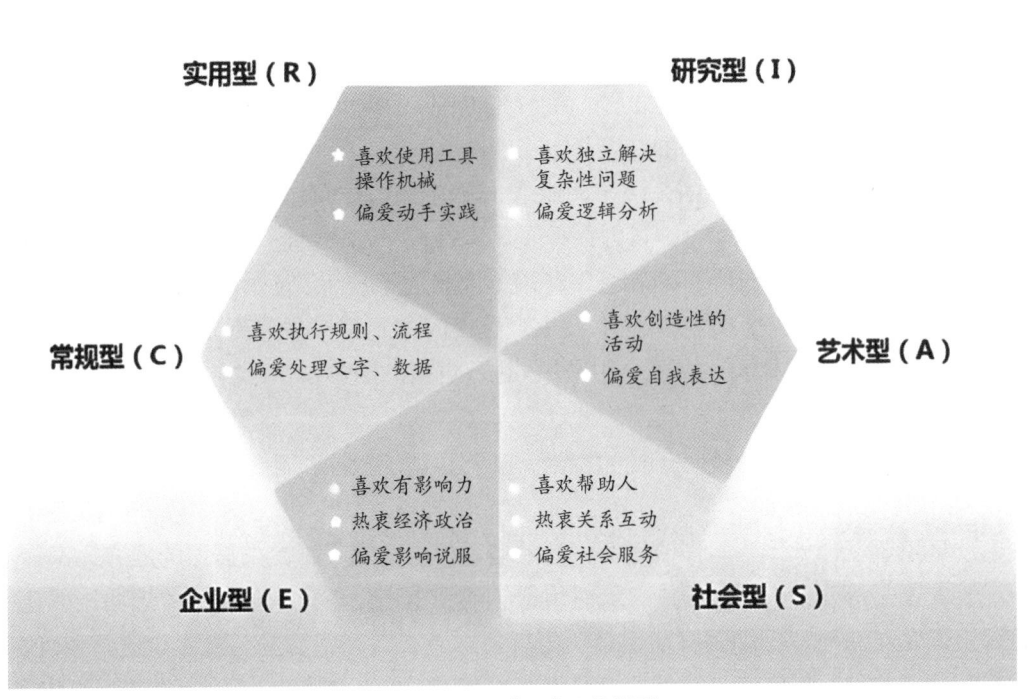

图3-4 霍兰德职业兴趣模型

（二）职业兴趣探索的方法

职业兴趣的探索方法有正式评估方法和非正式评估方法，其中正式评估方法有霍兰德职业兴趣测评、斯特朗兴趣量表等；非正式评估方法则包括前面所使用的职业兴趣岛、自省、生涯幻想、职业实践、提问、榜样人物分析等，下面主要介绍几种常用的方法。

1. 霍兰德职业兴趣测评

霍兰德职业兴趣测评是霍兰德自主研发的测评工具，应用较为广泛，称为"职业自我探索量表"（Self-Directed Search，SDS），它主要通过一系列精心设计的问题来评估个人在这6种类型上的得分，根据每种类型分数的高低排序，用字母代码来表示一个人的兴趣的综合倾向，这个代码称为"霍兰德代码"。一个人的人格特性不一定只有一种类型，不同类型的人格特性强弱程度不同，很少集中在某种类型上，因此所表现出的职业兴趣也是多方面的，为了比较全面地描绘个人的职业兴趣，通常用最强的3种兴趣字母（即三编码）来代表一个人的兴趣。当然，当测评结果中有一个代码的得分特别高，其他代码都较低时，霍兰德代码可以是单编码型，比如R、I、A等；当测评结果中有两个代码的得分相对较高，其他代码都较低时，霍兰德代码也可以是双编码型，比如RI、RS、SE等。同时，每个霍兰德代码都有其推荐的职业，可查看霍兰德职业索引。

📱 霍兰德职业索引

兴趣测评工具简单、使用方便，但是局限性也很明显。有的人在测评过程中会受到自己性格、价值观等影响，选出的答案并非从兴趣出发，比如有些人并不喜欢服务他人的环境，只是比较羡慕某些职业的社会地位，如教师，而在测评中涉及相关的问题都选择了喜欢；还有的人根本就不知道自己到底喜欢什么，而无法在测评中做出正确的判断，从而影响测评结果。更需要注意的是，测评的结果是为了帮助自己拓宽思路，更广泛地了解工作世界，而不是被测评的结果所定义。

另外，在霍兰德类型论中，认为兴趣是个人与生俱来的偏好，是人格在职业上的体现，而约翰·克朗伯兹等理论则认为兴趣是可以后天学习，会随着个人生活经历的不断丰富、个人的成熟度、社会环境和经济环境等因素的影响而改变。所以，间隔一段时间后再次测评，我们会发现结果可能会发生变化，因此不要将兴趣测评的结果作为结论，而应当将其作为未来发展的指导，帮助个人进行更多的探索和学习。

2. 生涯幻游

找一个安静、舒适、没有干扰的空间，让自己能够放松身心，集中注意力。想象未来的某个时间点，比如5年、10年或20年后，自己在那时的生活场景，包括工作的内容、环境、工作伙伴、工作流程等，想象自己的生活状态，比如居住的地方、家庭情况、社交圈子等，在幻想过程中，随时用纸笔或者电子设备记录下关键的想法、感受和细节。幻想结束后，仔细回顾所记录的内容。思考在幻想中哪些元素让自己感到兴奋、满足和有成就感。提取出可能反映自己潜在兴趣的线索，再考虑如何将这些潜在的兴趣与现实的职业选择和发展相结合。

需要注意的是，生涯幻想可能受到当时环境、心情及近期经历的影响，为了获得更准确的探索结果，我们可以多次进行并综合分析。

3. 自省

自省就是自我分析和思考的过程。在我们的生活中，自省的方法随处可见，比如写日志。每天记录自己在日常生活中的感受、喜好和投入程度较高的活动，通过回顾和总结来发现兴趣所在，为职业发展和个人成长提供有价值的参考。如一位职场新人每周日晚上都会花30分钟进行自我反思和日志记录。几个月后，他通过回顾发现自己在组织公司内部培训活动时表现得特别积极和出色，从而意识到自己在培训和教育领域可能有发展潜力，于是，他开始主动参与更多的相关工作，并报名参加了培训师的课程。

4. 职业体验

职业体验即在工作中了解职业。首先要确定自己希望通过职业体验了解职业的哪些方面，是工作内容还是职业发展前景，抑或工作环境？然后根据自己的兴趣选择想要体验的职业领域，在体验前，了解该职业的基本情况，包括所需技能、知识和职责。在体验过程中，全身心投入工作任务，主动向导师或同事请教问题。观察工作中的细节，包括团队协作、工作流程等。经常与同事、上级进行交流，分享自己的感受和想法，同时获取他们的反馈和建议。每天记录当天的经历、收获和体会。分析自己在这个职业中的优势和不足，以及对该职业的兴趣程度。体验结束后，综合评估这次经历，思考该职业是否与自己的兴趣等相匹配，为未来的职业规划提供参考。

职业体验一般时间较长，且需要在该职业中进行较为系统的实地操作。而零星的打工等与未来职业方向没有直接关联的活动，不属于职业体验范畴。

5. 提问

大家在闲暇之时可以问问自己以下几个问题，比如：自己感兴趣的课程科目是什么，喜欢这个科目原因是什么；自己喜欢的榜样或偶像是谁，喜欢他们身上的哪些品质；工作或学习之余的爱好是什么，单纯从兴趣的角度出发你喜欢看哪种类别的书籍或者电视节目，这些书籍或电视节目中的哪些内容会吸引你；在学校里比较喜欢哪个学生组织，是喜欢这个组织所做的事情还是喜欢里面的人；等等。通过提问，寻找出所喜欢事物背后的原因，从而找出自己的兴趣类别。假如你喜欢看探秘类的电视节目，里面寻找真相或探索未知的情节会特别吸引你，那么你可能更多的属于研究型（I）人格。

五、兴趣、专业与职业

人们通常更愿意选择与自己兴趣相匹配的专业或职业，但常常会面临一个颇为现实的问题：所学专业并非自己感兴趣的领域，要么是父母期望自己学习的专业，要么是被调剂所致。在毕业选择职业时，也时常会步入自己并不感兴趣的行业。在此种情形下，应当如何妥善平衡好兴趣与专业、兴趣与职业之间的关系，就显得极为重要。

（一）兴趣与专业

兴趣与专业之间存在着密切而复杂的关系。当专业与兴趣相契合时，兴趣就能成为专业学习强大的内驱力，它能激发人们内心学习的主动性、积极性、探索性，比如一个对计算机编程有浓厚兴趣的人选择了与计算机相关的专业，会更积极主动地学习专业知识，探索新的技术，从而在专业上取得更好的成绩。同时，专业学习也能进一步深化和拓展兴趣。通过系统的专业教育，能让人更深入地了解所感兴趣的领域，发现更多的兴趣点和发展方向，使得它们之间相互促进，相互成就。当专业与兴趣相冲突时，由于兴趣的缺失，往往会造成专业学习的投入不足。很多时候学生选择专业并非基于兴趣，而是出于他人推荐、家长期望或是社会需求，可能会导致学习过程缺乏热情和积极性，进而影响学习的效果和个人发展。当然，兴趣可能会随着专业学习和个人经历的变化而发生改变，比如原本对某个专业不感兴趣，但是随着学习的深入逐渐发现其魅力而培养出新的兴趣，例如，一个学生最初因为父母的建议选择了金融专业，但自己真正感兴趣的是摄影。在学习金融的过程中，他发现金融数据分析也很有趣，从而逐渐培养了对金融的兴趣。

综上所述，我们所学专业不一定与个人兴趣相匹配，因此，当兴趣与专业相匹配时，我们应全身心地投入其中，不仅仅满足于完成任务或达到基本的要求，而是主动探索更深入的知识、更先进的技术和更有效的方法，积累更多的知识和经验，不断追求更高的标准，在该领域展现出个人独特的优势；而当个人兴趣与专业不匹配时，我们可以从消极抵触转变为积极接受，尝试从不同的角度发现专业的价值和潜在的吸引力，或者了解专业的课程设置、教学方法和行业需求，逐渐适应专业学习的节奏和要求，也可以根据学校的相关规定，申请转到自己感兴趣的专业。当然，我们也可以平衡好二者之间的关系，合理分配时间和精力，在完成专业任务的基础上，为兴趣爱好留出一定的空间。通过兴趣来缓解专业带来的压力，同时也寻找将兴趣与专业结合的可能点。举例来说，一个对音乐充满热情但学了法律专业的人，可以在课余参加音乐社团或创作，在法律学习的严肃与音乐带来的放松和快乐之间找到平衡点。总的来说，当专业与兴趣相匹配时，专注、精益和优势相互促进，形成一个良性循环，有助于个人在相关领域取得出色的成就；而当专业与兴趣不匹配时，通过调整心态、适应专业环境及寻找两者的平衡，能够减少冲突和矛盾，更好地应对现实状况，为未来的发展创造更多的可能性。

（二）兴趣与职业

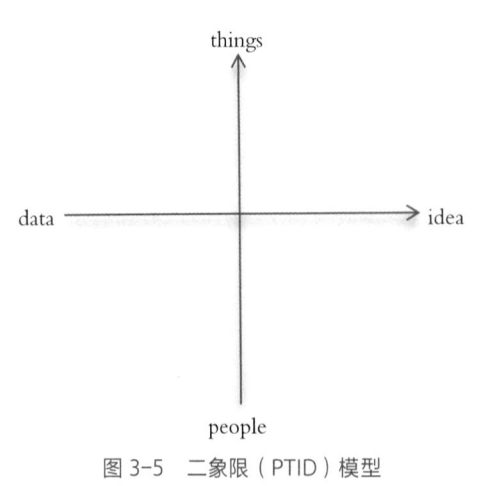

霍兰德认为：个人职业的满意度、稳定性和职业成就，主要取决于个人兴趣类型与工作环境之间的适配性。当个人兴趣与环境相匹配时，其工作满意度、稳定性和成就感就越高；反之则越低。但是在使用霍兰德理论模型来解释兴趣与职业之间的关系时，由于职业兴趣类型可能无法涵盖人类兴趣的全部多样性和复杂性而存在一定的缺陷。戴尔·约瑟夫·普利德格（以下简称普利德格）在霍兰德职业兴趣理论的基础上，发现六角形兴趣结构下潜藏着两个双极维度："事物处理（data）—心智思考（idea）"和

图 3-5　二象限（PTID）模型

"与物接触（things）—与人接触（people）"，即普利德格的二象限模型（PTID模型），如图3-5所示。

在PTID模型中，things和people位于纵坐标，data和idea位于横坐标，其中纵向维度things代表个人更喜欢与物打交道，people代表个人更喜欢与人打交道。需要注意的是，people和things之间的区别不是客观上跟谁在一起，而是背后关注的是人还是物。例如你喜欢看电影，这并不能识别你是倾向于people还是things，而是要继续思考你喜欢怎么样看电影，如果是喜欢下载好电影一个人在家静静地观看，则倾向于things类型；如果是喜欢一群人一起去看电影的感觉，则倾向于people类型。在职业兴趣上，things类型的人适合从事如工程师、技术人员等与物接触的职业，而people类型的人则适合从事教师、销售、心理咨询师等更多地与人接触的职业；横向维度中的data类型侧重于实际的、具体的事务操作和处理，idea类型更强调抽象的思维、理念和创意的产生。例如你让别人帮助完成一项工作，这时候如果是data类型的人，他的回应通常是问清楚工作完成的时间、完成程度、有无参考等边界较为清晰的问题，而idea类型的人通常回应是为什么要做这件事，做这个事情的意义是什么等发散型问题。因此在职业兴趣中，data类型的人更倾向于从事会计等注重数据处理、日常事务管理等相关职业，而idea型的人需要从事更多创新思维、理论研究等心智思考活动的职业。

个人的兴趣倾向可能在这两个维度上有不同的表现，从而影响他们对不同类型职业的偏好和适应程度。例如，一个人在"事物处理（data）—心智思考（idea）"维度上更倾向于心智思考，同时在"与物接触（things）—与人接触（people）"维度上更倾向于与人接触，那么他可能会对需要运用创新思维、与人沟通和互动的职业（如市场营销、人力资源管理等）更感兴趣，也可能在这类职业中更容易获得满足感和成功。相反，如果一个人更倾向于事务处理和与物接触，那么他可能更适合从事技术、操作、手工艺等方面的工作。

通过普利德格的PTID模型，人们可以更好地了解自己在这两个维度上的兴趣倾向，进而探索与之匹配的职业领域，以提高人职适配程度。但是完全的人职适配只是我们的理想目标，在现实中很难做到，因而当我们从事的职业与自己的兴趣类型不匹配时也不需要灰心，不是所有的兴趣都应该或能够在自己的职业中体现，但几乎每一种兴趣都可以与某种职业联系起来，所以可以尝试从当前的职业中挖掘与自身兴趣相关的元素，或者仅仅将兴趣作为一项兴趣，把它发展成你的喜好，滋养我们的生活。

练习3-2

画一画：岗位的兴趣匹配度

请收集你感兴趣的岗位的3份招聘信息，将招聘信息中的工作内容和能力要求填入PTID模型中。

将你的霍兰德代码填入PTID模型中。

观察他们的重合度有多少？

课后任务

任务主题：霍兰德职业兴趣测评

任务要求如下。

完成个人霍兰德职业兴趣测评，并将结果记录下来。

1. 霍兰德测评结果（从高到低）：_____　_____　_____

2. 请从你的霍兰德代码类型对应的描述报告或你的优势代码描述中摘录符合你的描述语句。

_____

3. 请从你的霍兰德代码对应的职业中选出你感兴趣的职业。

_____

课后阅读与思考

6种职业兴趣类型的关系

从上面的内容得知，每个人的人格特性并非只有一种，可能同时包含几种。在霍兰德看来，如果这些特性相似度越高，相容性就越强，个体在选择职业时所面临的内在冲突就会越少。而工作满意度、稳定性等都依赖于个体的人格特点与职业环境的匹配程度，因此为了进一步深层次地理解其中的关系，霍兰德对6种类型之间的相关程度进行了深入研究，并建议将这6种类型分别置于正六边形的6个角。

1. 一致性

霍兰德所划分的6种类型是按照实际型（R）、研究型（I）、艺术型（A）、社会型（S）、企业型（E）和传统型（C）的顺序，围成一个正六角形，如图3-6所示。6种类型之间按照距离远近，存在3种关系：相邻（如RC、IR、ES）、相隔（如ER、EA、AR）、相对（如RS、IE、AC）。

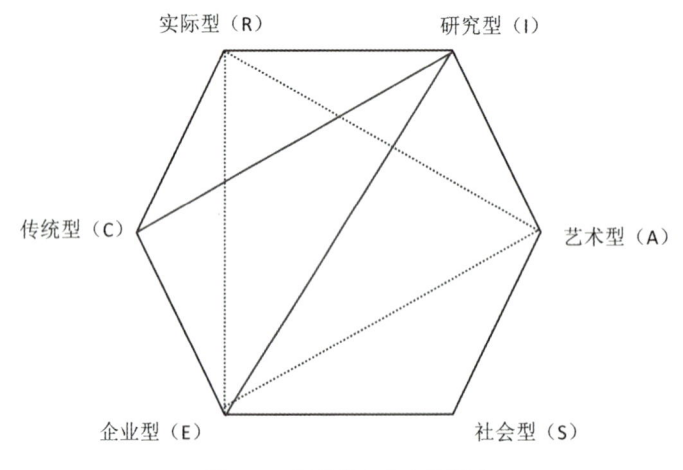

图3-6　霍兰德职业兴趣模型

霍兰德认为，在六角模型上距离越近的类型，它们的人格特质和职业环境的相似程度越高，如相邻类型RC；反之，如果两种类型的位置相对，距离最远，它们的人格特质和职业环境的相似程度就越低，例如研究型（I）和艺术型（A），它们在六角模型上是相邻的关系，两者都喜欢从事富有创造性的工作，只是侧重点不同，研究型更关注的是客观事实，而艺术型则更在意主观情感；实用型（R）和社会型（S）处于六角形模型的相对位置，它们就缺少一致性而更多地呈现出相反的特质，如实用型通常对实际操作、机械、工具和技术等感兴趣，而社会型的人则更倾向于与人打交道，对帮助他人、解决社会问题、教导他人等活动感兴趣。

此外，我们可以根据个人的兴趣强弱程度将排在前三位的字母类型在六角模型上找出来，连成一个三角形，观察三角形的大小，不同位置连起来的面积大小不一致，如实际型、艺术型和企业型3种类型均是相隔关系，组成的等腰三角形面积最大；而实际型、研究型和传统型3种类型均为相邻关系，组成三角形面积最小。面积越小说明一致性程度越高，个人的兴趣越集中；面积越大则一致性程度越低，个人兴趣越广泛。

2. 分化性

分化性是指6种兴趣强度差别的程度：分化性越高，表示在这6种类型中有的兴趣组合差别特别突出；分化性越低，则表示这6种兴趣类型差别不大。

霍兰德在SDS上将每种类型的分值设为0～50分，分化程度高低由霍兰德代码中最高分与最低分差的绝对值表示。若以曲线图表示得分，一个分化程度高的人，所绘出的曲线图应该是高峰低谷，表示其兴趣较为集中；相反，分化程度低的人，曲线图较为平坦舒缓，表示其兴趣较为分散。如某位40岁男性，最高型为实际型，得分45分，最低型为社会型，得分5分，其分差绝对值为40分，表示其分化性很高。

分化性低的人主要有两种类型（可以用具体的图表举例说明）。一种是分值普遍都高，表现出该人对什么都感兴趣，这类人往往由于兴趣广泛，精力容易分散，在做选择时也容易陷入两难境地；一种是分值普遍都低，则表示对什么都不感兴趣，这类人往往尝试得不够，需要走出自己的舒适圈，通过拓宽接触面，在实践中发现和发展自己的兴趣。

用霍兰德代码来解释"一致性"与"分化性"时侧重点不同，"一致性"主要看重前两个字母的关系，"分化性"则重视首尾两字母得分的差距。

❓ 阅读思考

分析你的霍兰德测试结果的一致性和分化性的情况，思考这对你探索你的兴趣有什么启示？

第三节　理解我的性格

知识目标

◆ 了解性格探索的意义，把握性格探索与职业生涯发展的关系。
◆ 了解性格的内涵及性格类型理论。
◆ 理解MBTI职业性格理论，了解性格和职业的关系。

能力目标

◆ 能够通过以MBTI理论为参考来分析和理解自己的性格。
◆ 能够通过MBTI理论分析别人的性格特点，从而在沟通中有效应对。
◆ 能够参考MBTI性格分类，探索与自己性格匹配的职业，或者职业中与自己性格匹配的部分。

明德笃行

通过这一讲的学习，能够通过性格探索工具更全面地认识自己在性格上的优势、劣势及其他特点，以便于更好地理解和接纳自己，完善自己的性格；通过了解不同个体的性格类型，学会接纳他人，从而更加理解和包容不同性格的人的行为方式。这种包容和理解他人的态度有助于建立更加积极的人际关系，增进学生之间的相互理解和尊重；在团队合作中，也能促进个体人际关系的和谐，也有助于培养团队合作精神和社会责任感。

章节导入

案例 3-4

第一份工作

小泽是一名大四的学生，还有半年就要毕业，考虑到目前就业的竞争压力，他也早早准备好了求职简历，积极寻找人生的第一份工作。小泽本科所学专业与经济相关，就业领域相对较宽，财务、金融、市场、销售等工作都可以胜任。由于小泽专业知识扎实、个人能力突出，他很快获得了多家单位的offer。经过初步筛选，小泽在对剩余的两家单位抉择中犯了难。一家的岗位是大型国企的财务助理，另一家的岗位是正处于创业阶段的市场销售。

小泽性格内向，不擅长与人攀谈交流，与熟人聊天中也经常会出现脸红的情况；但是另一方面，他又有很强的上进心，希望自己能有一番作为。在创业公司虽然上升空间明显，能实现自己的个人理想，但是需要经常接触陌生人，一想到这小泽内心就很紧张。但是去国企上班，虽然不用经常接触外人，他又担心一板一眼的工作会让自己失去工作的激情。

案例思考：
1. 你觉得小泽应该如何选择自己的第一份工作？
2. 性格会影响职业选择吗？

讲解与练习

一、性格的内涵与分类

（一）性格的内涵

性格（character）在希腊文中的原义是"雕刻"，后经转译，出现"印刻"、"标记"和"特性"等意思。广义的性格通常指人或事物之间相区别的特性。性格有着多个侧面，包含不同的性格特征，十分复杂。性格特征是指性格在不同方面具有的特点，主要包含态度、意志、情绪和理智4个主要部分，各部分的性格特征并不孤立存在，而是有机联系在一起成为独特的整体。这种独特性显现在个体身上，则形成有别于他人的特殊"标志"和"属性"，这也体现了"性格"原本的意蕴。

在当代心理学中，性格被解释为个体对现实的稳定态度和在习惯化的行为方式中表现出来的个性心理特征。性格特征体现在人对现实的态度和与之对应的行为方式中，经过个体的独特组合，从而形成了可区分的不同性格类型。性格往往不是与生俱来的，个体性格的形成在较大程度上受后天环境的影响，是个体在自然和社会两方环境的相互作用下，经过自身成长实践，逐步形成并习惯地表现在个人的语言、行为、工作等方面。

职业性格是指人们在长期特定的职业生活中所形成的与职业相联系的、稳定的心理特征。这些特征包括对待工作的态度、待人处事的方式、对待自己的态度等多个方面。职业性格具有稳定性，一旦形成，就不易随外界环境的变化而发生根本性的改变；职业性格还具有职业相关性，在职业生活中形成，与职业活动密切相关，不同职业对职业性格有不同的要求。

（二）性格的分类

性格类型理论是一个复杂而广泛的领域，主要目的在于探讨和解释人类性格的多样性和差异性。目前，性格类型理论存在多种不同的体系和分类方法，每种方法都有其独特的视角和分类标准，我们对常用的几种做一个简单的介绍。

1. 经典的气质类型说

经典气质类型说由古希腊医生希波克拉底提出，该理论认为人体内主要包含4种不同的液体（血液、黏液、黄胆汁、黑胆汁），根据4种液体所占的不同比例，就形成了4种不同的气质类型（四液说），如表3-6所示。

表3-6 四液说气质类型分类

气质类型	特 征
多血质	体内血液占比最高的人属于多血质,这类性格的人活泼好动、热情开朗,喜欢与人交往,处事灵活,但也有三分钟热度、比较容易转移注意力等缺点
黏液质	体内黏液占优势的人属于黏液质,这类性格的人性格安静坚忍、能够长期坚持做别人看来很枯燥的事情,比较自律,缺点是过于谨慎小心,不够灵活
胆汁质	体内黄胆汁占优势的人属于胆汁质,这类性格的人情感和行动发生得都比较迅速、强烈,性情中人,直爽,一般脾气比较暴躁,任何情绪都写在脸上
抑郁质	体内黑胆汁占优势的人属于抑郁质,这类性格的人非常敏感、多愁善感,有超越一般人的观察力,比较内向腼腆

2. DISC性格分类

20世纪20年代,心理学家威廉·马斯顿提出了DISC性格分类理论如表3-7所示,用于描述和分析人的行为风格和性格特征。DISC模型将人的性格分为4种主要类型：支配型（dominance,D）、影响型（influence,I）、稳定型（steadiness,S）和谨慎型（conscientiousness,C）。每一种类型都有其独特的特点和行为倾向。

表3-7 DISC性格分类

类型	主要特点	优势	劣势
支配型（D）	自信、果断、直接、以结果为导向	敢于挑战、善于决策、富有驱动力	可能过于强势、不善于倾听、容易忽视细节
影响型（I）	外向、热情、善于沟通、具有影响力	善于激励他人、富有创意、社交能力强	可能缺乏组织性、注意力不集中、过于感情用事
稳定型（S）	可靠、耐心、良好的聆听者、团队合作精神	稳定性高、注重支持与合作、值得信赖	可能抗拒变化、缺乏紧迫感、犹豫不决
谨慎型（C）	细致、系统、重视标准、求知欲强	注重细节、思维缜密、富有分析能力	可能过于挑剔、缺乏灵活性、容易钻牛角尖

3. 大五人格理论

大五人格理论,也被称为五因子模型（Big Five Personality Theory）,如表3-8所示,是由美国心理学家保罗·考斯塔和罗伯特·马克雷在20世纪80年代末提出的。这一理论经过多年的研究和验证,已成为描述个体性格特质的主流模型之一,被广泛应用于教育学、心理学、社会学、心理健康、人力资源管理评估等多个领域。

表3-8 大五人格理论五维度分类

维度	特征
神经质	基于个体情绪稳定性和情绪反应的程度分类。高神经质的人通常容易感到焦虑、紧张、沮丧和易怒,而低神经质的人则更为冷静、放松和稳定
外倾性	基于个体对外部世界的关注、社交能力和情绪表达的程度分类。高外倾性的人通常性格开朗、乐观,喜欢社交活动,善于交际；而低外倾性的人则更为内向、安静和独立
开放性	基于个体对新思想、新经验和文化多样性的接受程度分类。高开放性的人通常更具好奇心、想象力、创造力和探索精神,而低开放性的人则更为传统、保守和习惯性
宜人性	基于个体与他人相处的方式、亲社会性和合作性的程度分类。高宜人性的人通常友善、乐于助人、宽容和合作,而低宜人性的人可能更为独立、自我中心、不合群

续表

维度	特征
尽责性	基于个体对目标的设定、计划制订、自我约束和执行能力的程度分类。高尽责性的人通常有条理、可靠、自律、有责任感，而低尽责性的人可能更为随性、冲动、不守承诺

4. 迈尔斯—布里格斯类型指标（MBTI）

在20世纪40年代末和50年代初，美国心理学家莎贝尔·布里格斯·迈尔斯和她的母亲凯瑟琳·库克·布里格斯开始研究人格类型与职业选择之间的关系。她们悉心研究荣格的《心理学类型》，开发了MBTI测评工具，并于1962年正式出版，为人格心理学提供了一种系统性的框架，帮助人们理解自己和他人的不同人格特征。通过多年来个人和组织的不断研究和开发应用，MBTI已发展成为享誉全球的测评工具，它被翻译成二三十种语言，在各种文化、各个民族中都行之有效。据统计，全世界每年大约有200万人在使用，以得到更大程度上的自我意识觉醒及专业成长。世界排名前100的公司中，包括IBM、3M等在内的89%的公司已经将MBTI作为员工成长和组织发展的重要方法。本节将在后面部分对这一性格理论展开详细论述。

二、性格探索的意义

> **体验活动 3-2**
>
> **"左右手"签名游戏**
>
> 请同学们准备一张白纸，在纸上签下自己的名字。请换一只手，再次在纸上签下自己的名字。
>
> 讨论与分享：
> 1. 两次签名有什么不同的感受？
> 2. 请用几个词来形容一下。

性格探索是指个体通过自我认知和外部观察，深入了解自己的性格特点、倾向和特质。这种探索过程可以帮助个体全面认识自己的内在特征，从而更好地理解自己的行为模式、情感表达和思维方式，在个人成长、人际关系、职业选择及整体生活质量方面都具有重要意义。

（一）促进个人成长与发展

当个人对自己的性格有了深入的了解和认识后，会更容易接受和认可自己。这种自我接纳和认可有助于增强自信心和自尊心，使个人在面对挑战和困难时更加坚定和勇敢。同时，性格探索是一个持续的过程，随着个人经历的增长和环境的变化，人们的性格也会发生相应的变化。通过不断地探索和调整自己的性格，可以更好地适应外部环境的变化，实现个人成长与发展。

（二）拓展人际关系

通过性格探索，个体可以了解自己在与他人互动中的表现和特点，有助于人们理解不同性格类型之间的差异和互补性。在人际交往中，能够更敏锐地察觉他人的需求和情绪，采取更加恰当、有效的沟通方式，从而增进彼此的理解和信任，建立更加和谐、稳定的人际关系。

（三）职业选择与规划

不同的性格类型适合不同的职业领域和工作岗位。通过性格探索，可以更清晰地了解自己的兴趣和职业倾向，从而做出更加明智的职业选择和规划。这有助于个人在职场中发挥自身优势，实现个人价值，同时也有助于提高工作满意度和幸福感。

性格与职业生涯发展的关系可以从"左右手签名"活动中双手的不同感受得以体现。当使用习惯的手签名时，我们往往不假思索，写得流畅，感到"得心应手"。而当我们换用另一只手签名时，往往会很刻意，写得吃力，感到别扭和费劲。但是，我们最终还是可以用这只手完成签名。在职业发展等其他方面，我们同样存在"左右手"，天生存在擅长和不擅长的方面，它们并没有好坏或者对错之分。如果能够找到一个适合的环境，并在其中发挥我们的优势，那么我们往往会表现得更自信，也更容易取得优秀的成绩。相反地，如果我们身处不擅长的领域，那么往往会感到不舒服、力不从心，甚至可能干不好工作。如果我们熟知自己性格上的"左右手"，并了解与之相适应的环境和职业，就能帮助我们做出适合自己情况的职业选择。性格和职业的最佳匹配，有助于我们成为有效的工作者。

三、性格的探索

（一）性格探索的方法

对人格特质进行系统、科学的描述和归类，并将其与独特的行为类型相匹配是性格探索的基础。不同的性格理论自问世以来，研究人员一直致力于寻找一种能广泛适用于人格测评、心理咨询、职业咨询等领域的性格探索方法。目前常用的测评方法有行为评定、测评问卷和访谈。

在实践中，16PF（卡特尔16种人格因素测验）、CPI（California psychology inventory）加州心理测评、迈尔斯·布里格斯性格分析指标（MBTI）、DISC性格测试方法、九型人格性格分析、DPA（dynamics personality assessment，动态性格测试）性格分析、四色性格分析等性格测量方法均有使用。但是我们对性格的了解，不要局限于借助性格测评的工具。如果你对测试的部分结果产生了疑惑，不妨尝试从身边的资源中来找到认清自己的恰当方法。另一方面，我们不要过分纠结于性格测试的结构性研究和描述，无论何时，我们都要有足够的空间和时间让自己从内心深处去感受自己到底是什么样的人，而不是单纯靠一个测试结果来机械化地判断自己。

（二）基于MBTI理论的性格探索

1. MBTI理论的性格类型分类

人类性格的4个基本方面是性格类型评估体系的基础。这4个方面也被称为4个"维度"，可以概括为：我们与外界是如何相互作用，以及我们的能量疏导向何处；我们关注信息的类型是怎样的；我们如何做出决定；我们喜欢什么样的生活及工作方式。MBTI性格理论认为人的性格可以分为4个维度，每个维度有两个方向，分别是外倾（extroversion，E）或内倾（introversion，I）、感觉（sensing，S）或直觉（intuition，N）、思维（thingking，T）或情感（feeling，F）、判断（judging，J）或知觉（perceiving，P）。每个人的性格会在4个维度分界点的两个方向有所体现，我们习惯性地称之为"偏好"。例如：如果你落在感觉的那边，称为"你具有感觉的偏好"；如果你落在直觉的那边，称为"你具有直觉的偏好"。

（1）第一个维度：外倾（E）或内倾（I）。

第一个维度关注我们与外界相互作用的程度及自己的能量被指向何处，反映态度和心理能量的倾向。我们用字母"E"表示外倾偏好，用字母"I"表示内倾偏好（见表3-9）。

你是否习惯于从他人身上或者行动中获得能量？当你一个人待的时间久了，你是否会感到疲惫？你是否更喜欢做一个倾诉者而不是一个倾听者？如果你的回答是"YES"，那么你很可能具有外倾偏好。

你是否习惯于从个人的思考中获得能量？你是否更愿意将自己的想法和所见所闻藏于心底？与诉说相比，你是否更愿意当一个倾听者？如果你的回答是"YES"，那么你很可能具有内倾偏好。

表3-9 能量获取方式：从哪里获取能量

外倾（E）	内倾（I）
热情洋溢	冷静、谨慎
生机勃勃的、善于表达	稳重的，不愿意主动表达
听、说、想同时进行	先听、后想、再说
语速快、嗓门高	语速慢，语速平稳
注意力容易分散	注意力很集中
喜欢人多的场合	喜欢独自消磨时间
关注问题的广度	关注问题的深度
能量来自与外界的相互作用	能量来自内心的思考与推理

（2）第二个维度：感觉（S）或直觉（N）。

第二个维度关注我们如何收集周边世界的信息，反映出某种与获取信息相关的心理功能或直觉过程。我们用字母"S"表示感觉型偏好，用字母"N"表示直觉型偏好（见表3-10）。

你是否主要靠你的五官来搜索信息？你是否对看得到、摸得着的信息更感兴趣？如果你的回答是"YES"，那么你很可能是感觉型偏好。感觉型偏好的人更愿意关注事实和细节。

你是否主要靠你的直觉来搜索信息？你是否更加关注事物背后的意义？如果你的回答是"YES"，那么你很可能是直觉型偏好。直觉型偏好的人更愿意关注事物之间的联系。

表 3-10 感知方式：倾向于如何理解世界

感觉（S）	直觉（N）
关注事实本身	关注事物背后的意义
谈话目标清楚，方式直接	谈话目标宏观，方式复杂
思维连贯	思维跳跃
喜欢从事实际性的工作	喜欢从事创造性的工作
留心细节、现在	关注总体、未来
对身体敏感	精力集中于自己的思想
以客观事实为依据	习惯比喻、推理与暗示

（3）第三个维度：思维（T）或情感（F）。

第三个维度关注我们做决定和得出结论的方法，反映某种与个体做判断相关的心理功能或知觉过程。我们用字母"T"表示思考型偏好，用字母"F"表示情感型偏好（见表 3-11）。

在做决定时，你是否更看重公平正义？如果你的回答是"YES"，那么你很可能是思考型偏好。这类型的人在生活工作中坚持原则，按照规章制度办事，努力做到公正严谨。

另一种决定方式，你是否常常会考虑做出决定之后对他人的影响？会掺杂更多的情感因素？如果你的回答是"YES"，那么你很可能是情感型偏好。这类型的人往往会考虑他人的感受，体会别人的情绪，倾向于做出情感型的决定。

表 3-11 判断方式：如何判断与决策

思考（T）	情感（F）
行为冷静、公事公办	行为温和、注重社交细节
关注事情的客观公平	关注个人感受和价值观
很少赞扬别人	习惯赞美别人
言语平实、生硬	言语友善、委婉
坚定、自信	犹豫、情绪化
遵照客观逻辑推理	倾向于主观想法和道德评判
人际关系不敏感	尽量避免争论和矛盾

（4）第四个维度：判断（J）或知觉（P）。

第四个维度关注我们喜欢以一种固定的方式生活（或做决定），还是以一种更自然的方式生活（或获取信息），反映与外界相处的态度和倾向。我们用字母（J）表示判断型偏好，用字母（P）表示知觉型偏好（见表 3-12）。

你是否更习惯于有秩序的、结构化的生活方式？你是否会为未来制订一份详细的计划，并认真执行？如果你的回答是"YES"，那么你很可能是判断型偏好。

你是否更习惯于自然、轻松、灵活的生活方式？你是否会临时性改变自己早已计划很久的事情而去享受当下你认为最舒适的安排？如果你的回答是"YES"，那么你很可能是知觉型偏好。

表 3-12 生活方式：在自然状态下喜欢怎么样生活

判断（J）	知觉（P）
正式、严肃	随意、自然
保守、谨慎	开放、灵活
习惯做决定，有决断	做事拖拉，不愿意做决定
条理清楚，计划明确	缺乏条理，保持弹性
急于完成工作	喜欢开始一项工作
遵守制度、规则与组织	常常感觉到被束缚
喜欢确立目标，然后去努力实现	经常改变目标，偏好于新的体验
外表整洁，环境干净	着装以舒服为标准，不在意环境

根据MBTI性格理论，个体从出生起就有了4个维度上的不同偏好。在实际生活中，每个维度的两个方面都会出现并被使用，只是其中的一个方面你用得更自然、更舒适，就好比你是一个左撇子，这并不意味着你不使用你的右手，而是说你更习惯用你的左手。由于这种偏好的客观存在，人们总是在不经意间加以运用，在特定的领域培养自己的能力和信心。

2. 16种MBTI性格类型

为了方便理解每个维度的特征，前面将MBTI的4个维度做了简要分析，但这并不代表人的性格可以简单地从单个维度去理解。人的性格受多方因素的影响，十分复杂，4个维度也会相互产生作用，因此对4个维度结合研究，才是正确理解性格的关键。16种性格类型的性格特点可扫描二维码详细了解。

16种性格类型及其特点

关于对性格的理解，我们在运用MBTI理论时要注意以下几个方面。第一，每种性格本身不存在优劣之分，理解和完善是重点，而不要试图去改变和对抗。第二，了解自己的性格，能够让我们更好地扬长避短；了解他人的性格，能够促进我们更好地达成一致。第三，对你性格的最终判定者，不是别人而是你自己。通过性格类型可以帮助我们理解和原谅自己，但不能以此为借口逃避现实。第四，想要改变性格中的态度和行为倾向不是不可能，但需要消耗能量。

四、性格与职业

（一）MBTI性格类型与职业

MBTI类型与职业倾向有着紧密的联系，有相关数据表明，在4个维度组合中，S-N，T-F两个维度的4种组合ST、SF、NT、NF与职业选择密切相关。

ST组合：此类人收集信息的方式主要依赖感官，通过客观发现做出判断。他们注重事实本身，因为事实往往可以直接地通过感官捕获和验证。在如法律、经济、商业、外科等需要对事实进行非个人分析的领域中，他们更容易取得成功和满足感。

SF组合：此类人收集信息的方式主要依赖感官，进而通过情感做出判断。他们注重与人相关的事实，通过情感评估事务的重要性，往往通过个人的热情做出决定。他们的优势体现在友好的性格和良好的社交能力上。在如儿科、护理、教育、社会工作、销售及需要微笑的服务工作领域，他们的个人热情能够更有效地应用于工作中，因此更容易获得成功和满足感。

NF组合：此类人收集信息的方式主要依赖直觉，他们关注的是事物背后的可能性，例如新发现或新项目，并非具体的环境。在满足人类需求的创新性工作方面，他们更容易取得成功和获得满足感。例如，在教育、咨询、临床心理和大多数研究领域，他们通常会表现突出。

NT组合：此类人虽然也关注事物背后的可能性，但大多采用的是非个人的分析方法。他们更加倾向于在不考虑个人因素的情况下，比较理论或事实的可能性。基于理论框架和逻辑性前提，NT思维方式的人在特定兴趣领域解决问题时更容易成功，如科学研究、计算机、数学和财经等复杂问题上。

16种MBTI类型都有各自适合的职业，具体如表3-13所示。

表3-13　MBTI性格类型的职业倾向

ISTJ型：财务经理、审计师、办公室行政管理、后勤和供应管理、中层经理、银行信贷员、公务（法律、税务）执行人员等	ISFJ型：家庭医生、幼儿园老师、社会工作者、特殊教育教师、信贷顾问、房地产代理人、珠宝商等	INFJ型：诊疗心理学家、图书管理员、宗教工作者、诗人、室内设计师、按摩治疗师、推销人员等	INTJ型：投资银行家、药物研究员、宇航员、电脑程序员、图书管理员、行政管理员、新闻撰稿人等
ISTP型：飞行员、消防员、摄影师、计算机工程师、急诊医师、证券分析师、土木工程师、园艺设计师等	ISFP型：木匠、厨师、裁缝、理疗师、按摩师、验光师、海洋生物学家等	INFP型：记者、演员、大学教授、图书管理员、社会工作者、遗传学家、社会科学家等	INTP型：电脑软件设计者、投资银行家、电脑漫画设计者、美容师、兽医、微生物学家、律师等
ESTP型：消防员、地产经纪人、保险销售、新闻记者、广播电视主持人、电器工程师、海关验货员等	ESFP型：小学教师、特殊教育教师、兽医、小儿科医生、摄影师、新闻节目主持人、室内设计师等	ENFP型：记者、剧作家、专栏作家、多媒体制作人、营销顾问、社会工作者、环境律师等	ENTP型：文学作品代理商、摄影师、财务经理、人才招聘员、广告创意人、撰稿人、运动员教练等
ESTJ型：厨师、药物经销商、环保督察员、信贷分析员、药剂师、牙科医生、股票经纪人等	ESFJ型：牙科医生、小学教师、运动员教练、社会工作者、法律办事人员、电话销售员、美发师等	ENFJ型：文艺工作者、新闻广播员、撰稿人、儿童福利工作者、按摩师、程序设计员、人力资源招聘人员等	ENTJ型：人事经理、销售经理、后勤顾问、经济分析家、投资银行家、管理培训员、律师等

需要注意的是，虽然MBTI理论提供了一定的职业倾向指导，但每个人的兴趣、技能和价值观都是独特的。因此，在选择职业时，除了考虑性格类型外，还应综合考虑个人的实际情况和市场需求。同时，随着个人成长和外部环境的变化，职业选择也可能发

生变化。

> **练习 3-3**
>
> **选秘书**
>
> 1. 用头脑风暴的方法列出秘书的性格特质。
> 2. 根据学习的知识，讨论与秘书最匹配的MBTI性格类型是哪种？为什么？

（二）性格与职业的关系

性格与职业之间的关系是一个复杂而多维度的话题，涉及心理学、社会学及职业发展的多个方面。

1. 性格对职业选择的影响

（1）性格特征往往会引导职业偏好。

不同的性格类型会导致个体对不同类型的职业产生偏好。例如，外向、善于沟通的人可能更倾向于选择销售、市场或人力资源等需要频繁与人打交道的职业；而内向、善于思考的人则可能更适合从事编程、数据分析或科研等需要深入思考和独立工作的职业。

（2）从事性格匹配的职业更高效。

每种职业都有其特定的性格特质需求。例如，金融行业需要从业者具备高度的自律性和原则性；领导职位则要求具备决断力和领导力；艺术和设计领域则更看重创造力和想象力。因此，个体的性格特质与职业需求的匹配度反映在职场的效率上，甚至在一定程度上决定了其在职场上的成功与否。

2. 职业对性格的塑造作用

（1）职业环境可以塑造职业性格。

人在步入职场后，会逐渐形成一种与职业环境相适应的职业性格。这种性格特征是在职业活动中逐渐形成的，并受到职业环境、工作压力、同事关系等多种因素的影响。例如，长期从事科研工作的人可能会养成一丝不苟、注重细节的习惯；长期专注于服务工作的人则可能变得更加随和、善于与人沟通。

（2）职业挑战促进性格成长。

职场中的挑战和困难可以促使个体不断反思和成长，进而改变和完善自己的性格特征。例如，一个原本内向、不善言辞的人在从事销售工作后，可能会有意识地通过观察、学习和练习变得善于沟通；而一个粗线条的人在从事财务管理类工作后，可能会主动关注细节以更好地适应职场需要。

3. 性格与职业的平衡与发展

（1）认识自我，扬长避短。

个体在选择职业时，应充分了解自己的性格特征和优势所在，并选择能够充分发挥自己性格优势的职业领域。同时，也要认识到自己的不足之处，并在工作中努力弥补和提升。

（2）持续学习，适应变化。

随着时代的快速发展和职业环境的瞬息万变，个体需要不断学习新知识、新技能以适应职业发展的需求。同时，也要保持开放的心态和灵活的思维方式，以应对职场中的各种挑战和变化。

世界上没有100%适合某种性格类型的职业，同样也没有100%不适合某种性格类型的职业，问题的关键是要懂得用己所长，充分整合资源。清晰地认识自己的性格类型既可以帮助我们更好地了解自己的行为和做事特点，也可以理解与接纳自己与他人之间的差异。

课后任务

任务主题：MBTI性格测评

任务要求如下。

完成个人MBTI性格测评，并将结果记录下来。

1. MBTI结果（代码）：_____
2. 请从你的MBTI代码类型对应的描述报告中摘录符合你的描述语句。

3. 你觉得你性格的优势和劣势分别是什么？

4. 请从你的MBTI代码对应的职业中选出你感兴趣的职业。

课后阅读与思考

MBTI的应用领域及未来展望

近年来，MBTI在网络上迅速走红，特别是在社交媒体和在线社区中，许多用户积极分享自己的性格类型及其相关体验。许多影迷和书籍爱好者热衷于将他们喜爱的角色与MBTI类型进行匹配，各类博主和视频创作者会分析电视剧、电影或小说中的人物，探讨他们的性格特点和MBTI类型。在Instagram、TikTok等平台上，用户常常发布关于MBTI的测试结果和心得，使用话题标签如#MBTI，#MyType等吸引更多人参与讨论，形成了一种"MBTI挑战"的氛围。在Reddit、Discord等讨论社区内，成立了多个专门讨论MBTI的板块和频道，用户可以在这些平台上深入交流和探讨性格分析。MBTI的网络热象既体现了它的简单实用，也体现了它应用的广泛性，它可以在多个领域发挥作用。

1. 职业发展

MBTI在职业发展中起着重要的指导作用。首先，个人可以通过完成MBTI测评来了解自己的人格类型，包括喜好、行为倾向和沟通风格。基于这一了解，个人可以更准确地评估适合自己的职业领域和职业角色，从而选择符合自己人格特点和职业兴趣的职业道路。其次，对于在职场遇到的问题，比如职业压力、团队冲突等，个人可以根据自己的MBTI类型来调整自己的行为方式、沟通策略和决策风格，更有效地解决问题并提升职场表现。最后，通过定期进行MBTI测评，个人可以持续了解自己的发展需求，制订个人发展计划，不断提升自己的专业技能、领导能力和综合素质，实现职业生涯的成功和成就。

2. 领导力发展

MBTI在领导力发展中扮演着重要角色。领导者可以通过了解自己的人格类型，认识自己的优势、盲点和发展方向，提高自我认知和领导效能。同时，领导者可以通过了解团队成员的人格类型，适应团队成员的沟通风格和决策倾向，更有效地激励团队成员、改善团队协作和提升团队绩效。MBTI可以帮助领导者识别团队成员的不同需求和潜力，制定个性化的领导策略，激发团队成员的工作激情和创造力，实现领导力的发展和团队绩效的提升。

3. 人际关系

MBTI可以帮助个人通过了解他人的人格类型来理解他人，提高与他人的沟通技巧和人际关系质量。个人可以根据他人的MBTI类型，调整自己的沟通方式和行为方式，增进与他人的理解、共鸣和合作。通过理解他人的人格倾向和沟通风格，个人可以建立更加亲密的人际关系、减少冲突和误解，加强团队的凝聚力和协作效率。此外，通过团队成员的MBTI类型进行团队建设和团队训练，可以减少团队冲突，优化团队合作，提升团队绩效和团队成员的工作满意度。

4. 婚恋关系

在当今流行的网络约会和社交平台中，MBTI逐渐成为一种帮助人们找到合适伴侣的方法。许多应用程序和网站利用MBTI类型匹配，帮助用户找到性格互补的伴侣。这种基于性格的匹配方式，使得人们在寻找爱情时能够更好地理解彼此的需求和期望，从而增进恋爱关系的和谐与稳定。

MBTI不仅在当前各个领域有着广泛的应用，未来还存在巨大的发展空间。随着科技的进步、教育的创新和对心理健康的关注，MBTI将在科技创新和个性化定制、教育与学习领域的拓展、心理健康和幸福感促进、跨文化与跨领域的应用等方面发挥更大的作用，为个体和组织带来更多的认知和发展机会。

> **阅读思考**
> 1. 你觉得除了以上4个方向，MBTI还能应用于工作和生活中的哪些场景？
> 2. 了解自己和他人的MBTI类型会给你的生活和工作带来哪些改变？

第四节　培养我的技能

知识目标

- 了解能力的内涵及意义。
- 了解技能的分类和相互关系。
- 掌握技能探索的方法，通过撰写成就故事等方法，发现自己的优势技能。
- 理解能力、兴趣、价值观与职业的关系。

能力目标

- 能够发现自身优势能力，并学会将优势能力与职业选择相结合，争取更大的成功机会。
- 能够掌握生涯三叶草模型，学会在自己喜欢的领域里努力拼搏，更好地掌控自己的人生。

明德笃行

通过这一讲的学习，学生能够切实领悟到专业知识技能、可迁移技能和自我管理技能对于大学生未来的职业选择和事业发展的重要意义，激发学生于大学期间提升技能的内驱力。2013年5月4日，习近平总书记在同各界优秀青年代表座谈时着重强调："青年人正处于学习的黄金时期，应该把学习作为首要任务，作为一种责任、一种精神追求、一种生活方式，树立起梦想从学习开始、事业靠本领成就的观念，让勤奋学习成为青春远航的动力，让增长本领成为青春搏击的能量。"[1]习近平总书记所强调的学习，并非仅仅局限于大学生在校期间对于专业知识技能的学习，更是涵盖了在日常生活与实践当中对于可迁移技能和自我管理技能的学习与提升。面对纷繁复杂且多变的社会环境，大学生唯有以终身学习者的姿态，学好专业知识，提升核心能力，方能适应未来社会的发展需求。

章节导入

案例3-4

"斜杠青年"养成记

志鸣是2020届市场营销专业的毕业生，是一位颇具文艺气息的男青年。回忆起自己的大学时光，他用"满满当当"4个字来加以概括。除了专业学习，他还加入了学校

---

[1] 中共中央文献研究室.习近平关于青少年和共青团工作论述摘编[M].北京：中央文献出版社，2017.

的模特队，通过练习体形、走台步，参加多次舞台走秀，他在陌生人面前变得大方且自信。在社团活动中，他结识了从事婚礼主持的学长，此后，他利用周末和寒暑假跟随学长担任婚礼现场的音控助理。整整三年的时光，他不仅自学了音频的剪辑制作，还掌握了婚礼策划与主持的技能，能够依据不同客户的需求制定出令客户满意的个性化方案，而且在每个婚礼现场遭遇突发状况时，都能巧妙且圆满地化解危机。他还钟情于喝咖啡，从零开始自学咖啡知识，同时经营一个主要进行咖啡豆测评和避雷小贴士分享的小红书账号，成功收获了1万多名忠实粉丝。在大四求职时，他的简历同样"满满当当"，其精心为目标房地产公司销售岗位策划的宣传短片，让他在众多求职者当中崭露头角，获得了用人单位的认可。

> **案例思考：**
> 1. 志鸣靠什么顺利拿到了房地产销售岗位的offer？
> 2. 志鸣身上有哪些能力，又是通过哪些途径培养了这些能力？
> 3. 在人工智能时代，你认为大学生应该培养哪些核心能力？

讲解与练习

一、能力的内涵与类别

（一）能力的定义

能力是指完成一项目标或者任务所体现出来的综合素质。它是一种个性心理特征，直接影响活动效率并决定活动能否得以顺利完成。比如，一个具有较强逻辑思维能力的人，往往在解决数学难题时就能迅速理清思路，找到解题方法；而一个具有出色空间想象力的人，在进行建筑设计时，能更快地构想出创新且合理的设计方案，提高工作效率。同时，它也是人们成功完成某种活动所必需的主观条件。当我们面对一项活动或者任务时，外部的资源、环境等客观因素固然重要，但自身所具备的能力才是决定能否成功的关键。例如，参加一场演讲比赛，良好的口才、自信的心态、敏捷的应变能力等主观能力是在比赛中脱颖而出、取得成功的核心要素。如果缺乏这些能力，即便拥有优越的舞台设备和观众支持，也难以达到理想的效果。

（二）能力的类别

能力按能力获得方式（先天具有或后天培养），可以分为能力倾向（潜能）和技能。

能力倾向（aptitude）是指一个人在不同能力方面所展现出的潜在发展可能性和天赋特质，故也被称为潜能。它反映了个体在某些领域相对容易获得较高成就或表现出色的潜在素质，是未经学习和训练之前就具有的某种能力特质。它并非已经形成的实际能力，而是预测个体在未来经过适当的学习和训练，可能在特定领域展现出优秀表现的可能性。例如，一个人在数学方面具有较强的能力倾向，可能意味着如果他接受系统的数学教育和训练，就更有可能在数学领域取得较好的成绩或有所建树。

技能（skill）是指个体通过后天学习和练习而获得的能够完成一定任务的动作系统或智力活动方式。它是在知识的基础上，通过实践和经验积累所形成的能够熟练运用的能力。技能的掌握程度通常会随着学习的深入、练习的次数和质量的提高而不断提升。例如众多大学生都尤为渴望提升英语听说能力，在练习英语口语之初，或许发音不够准确、表达不够顺畅，然而通过加入学校的英语社团、结识外国朋友等途径来强化口语交流练习，就会发觉经过一段时间后，能够流利且准确地用英语进行交流，表达也愈发自然地道。

在现实生活中，个人的能力水平并不仅仅取决于能力倾向或技能中的一个，而通常是能力倾向和技能两者相互作用的结果。对于某一项能力，首先我们在先天需要有一定的天赋，具有与生俱来的特殊才能，这种才能在后天的实践过程中被挖掘出来后，不断地进行训练、培养，最后形成一定的技能，由此，两方面的因素决定了个体的能力水平。比如，中国跳水奥运冠军全红婵在学校操场玩跳格子游戏时，因其跳跃动作轻盈，被启蒙教练陈华明发掘，进而开始接受跳水训练。从广东省跳水队再到国家队，经过日复一日、持之以恒且无比艰辛的反复训练，全红婵不断挑战自我，克服重重困难，以惊人的毅力和坚定的决心，逐步掌握了跳水的精髓和技巧，最终练成了令人叹为观止的"水花消失术"。在 2020 年东京奥运会上，她以五跳三跳满分总分 466.2 分创女子 10 米跳台历史最高分纪录夺得金牌。可以说，全红婵的成功不是单单因为具有天赋，而是在具有天赋的基础上日复一日训练的结果。而具有跳水天赋的人并非只有全红婵一人，全国每年被选入体校参加跳水训练的人不少，然而由于种种原因，例如一些人无法承受高强度训练的艰苦，一些人因为看不到未来的出路而中途放弃，最终导致这些人未能在跳水方面发展出卓越的能力。

（三）多元智能理论及应用

1983 年，美国著名心理学家和教育学家霍华德·加德纳（以下简称加德纳）博士在其《智能的结构》一书中，首先系统地提出多元智能理论，如图 3-7 所示。

图 3-7 加德纳多元智能理论

该理论认为，人类的智能并非单一，而是呈现多元化的特点。它主要由语言智能、逻辑—数理智能、空间智能、身体—动觉智能、音乐智能、人际交往智能、自我认识智能、自然观察智能这8个方面构成，并且每个人都有着不一样的智能优势组合。

1. 语言智能（linguistic intelligence）

这是指有效地运用口头语言或书面语言表达自己的想法、理解他人，并能通过语言进行思考和学习的能力。具有较强语言智能的人，通常在词汇量、语法掌握、语言表达的流畅性和准确性、阅读理解、写作能力、语言推理等方面表现出色。他们能够清晰、准确、生动且富有逻辑地进行语言交流，擅长运用语言来描述事物、表达情感、阐述观点、讲述故事等。语言智能不仅包括母语的运用能力，也包括对其他语言的学习和掌握能力。

2. 逻辑—数理智能（logical-mathematical intelligence）

这是指有效运用数字和逻辑推理，能够理解和处理抽象的概念、关系和模式，进行逻辑思考、数学运算、科学分析和解决复杂问题的能力。具有较强逻辑—数理智能的人，在数学计算、逻辑推理、科学探究、问题解决、模式识别等方面表现出色。他们善于发现事物的规律，进行理性的分析和判断，能够运用逻辑思维解决实际问题，对数字、图形、符号等具有高度的敏感性和理解能力。

3. 空间智能（spatial intelligence）

这是指准确感知视觉空间及周围一切事物，并且能把所感觉到的形象以图画的形式表现出来的能力。具备较强空间智能的人，对空间关系有敏锐的感知力，在诸如绘画、建筑设计、导航、机械组装等需要空间感知和操作的活动中表现出色。他们善于辨别方向、识别地图、理解图形结构、进行空间想象和空间推理，能够在头脑中形成清晰的空间图像。

4. 身体—动觉智能（bodily-kinesthetic intelligence）

这是指善于运用身体来表达想法和感觉，以及运用双手灵巧地生产或改造事物的能力。拥有良好身体—动觉智能的人，通常在身体协调性、平衡感、节奏感、动作精准度、运动技巧等方面表现突出。他们能够熟练地控制身体动作，擅长体育运动、舞蹈、表演、手工制作等需要身体参与和精细动作操作的活动。

5. 音乐智能（musical intelligence）

这是指对节奏、音调、旋律、音色等音乐元素的感知、辨别、记忆和表达的能力。具有较强音乐智能的人，对音乐有深刻的理解和独特的感悟，在音乐欣赏、音乐表演、音乐创作等方面展现出出色的才能。他们能够敏锐地感知音乐，准确地辨别不同的音符、旋律和节奏，轻松地记住音乐片段，并且能够通过演奏、演唱、创作等方式富有表现力地传达音乐所蕴含的情感和意义。

6. 人际交往智能（interpersonal intelligence）

这是指有效地理解他人的情绪、意图、动机和行为，并能够与他人进行良好互动、建立关系和合作的能力。具备较强人际交往智能的人，能够有效地与不同性格、背景的人沟通和交流，在团队合作、领导、协商、调解冲突等社交情境中表现出色。他们善于观察他人的非言语信号，如表情、姿势和语气等，能够准确地解读他人的情感状态和需求，并以恰当的方式做出回应，从而建立和维持良好的人际关系。

7. 自我认识智能（intrapersonal intelligence）

这是指对自己的内心世界、情感状态、价值观、优点和不足等有清晰的认知，并能够据此进行自我调节和自我管理的能力。拥有较强自我认识智能的人，能够深入反思自己的行为和想法，理解自己的情绪反应模式，明确自己的兴趣、目标和志向。他们能够客观地评价自己，善于自我激励和自我约束，不断进行自我提升和发展，对自己的人生方向有较为明确的把握，并能根据自身情况做出明智的决策。

8. 自然观察智能（naturalist intelligence）

是指对自然界中的事物，包括动植物、天文地理现象等进行观察、识别、分类和理解的能力。具有较强自然观察智能的人，能够敏锐地感知自然环境中的细微变化，善于发现和区分不同物种的特征和习性，对自然规律有深刻的理解和领悟。他们对大自然充满好奇和热爱，能够在观察自然的过程中获取知识，并且能够运用这些知识解决与自然相关的问题，或者对自然环境进行保护和合理利用。

加德纳多元智能理论打破了传统上认为智能主要是语言和数理逻辑能力的局限，认为人类拥有多种相互独立又相互作用的智能类型，这为更全面地理解人类能力和潜力提供了新视角。具体而言，我们每个人都同时具备相对独立的 8 种智能，不过在现实生活中，每个人身上的这 8 种智能并非绝对孤立、毫无关联，而是通过不同方式、不同程度有机组合在一起，致使每个人的智能都有其独特之处。比如，一位优秀的科学家，可能在逻辑—数理智能和自然观察智能方面表现出色，但同时他也需要具备良好的语言智能来撰写研究报告和阐述自己的理论，需要人际交往智能来与团队成员合作交流，需要自我认识智能来明确自己的研究方向并克服困难。这几种智能以独特的方式和程度组合在一起，成就了他在科学领域的独特贡献。

此外，该理论还特别强调要重视个体差异：每个人都拥有独特的智能组合，这意味着不能用单一的标准去衡量所有人的智力水平，要尊重和发掘个体在不同领域的优势和潜力。中国有句古话："天生我材必有用。"每个大学生都有自己的优势智能领域和智能特点，比如，有的大学生具有很强的语言智能，擅长演讲和辩论，在各种比赛中大放异彩；有的在逻辑—数理智能方面表现突出，能够轻松解决复杂的数学问题，在学术研究中崭露头角；也有些则拥有良好的人际交往智能，在团学活动中组织协调能力出众，能快速与他人建立良好的关系。当然，大学生于职业生涯的探索历程中，倘若能够找出自身独特的优势智能，并使其与职业目标相适配，那么必然会在特定的职业领域大放光芒。

智能与职业的最佳匹配表如表 3-14 所示。

表 3-14　智能与职业最佳匹配表

智能类型	解释	与职业的匹配
语言智能	有效地运用口头语言或书面语言表达自己的想法、理解他人，并能通过语言进行思考和学习的能力	教师、主持人、播音员、公关专员、记者、律师、咨询员、导游、营销人员等
逻辑—数理智能	有效运用逻辑和数字推理，能够理解和处理抽象的概念、关系和模式，进行逻辑思考、数学运算、科学分析和解决复杂问题的能力	会计师、审计师、软件工程师、数学家、科学家、统计学家、密码学家、精算师等
空间智能	准确感知视觉空间及周围一切事物，并且能把所感觉到的形象以图画的形式表现出来的能力	工程师、测量员、建筑师、设计师、摄影师、绘图员、雕刻家等
身体—动觉智能	善于运用身体来表达想法和感觉，以及运用双手灵巧地生产或改造事物的能力	职业运动员、康乐活动辅导员、舞蹈演员、健身教练、手工艺人等
音乐智能	对节奏、音调、旋律、音色等音乐元素的感知、辨别、记忆和表达的能力	音乐家、乐器制作者、钢琴调音师、作曲家、歌手等
人际交往智能	有效地理解他人的情绪、意图、动机和行为，并能够与他人进行良好互动、建立关系和合作的能力	行政主管、公关人员、对外联络员、新闻发布员、物业管理员、调解员、仲裁者、社会学家、心理辅导员等
自我认识智能	对自己的内心世界、情感状态、价值观、优点和不足等有清晰的认知，并能够据此进行自我调节和自我管理的能力	心理咨询师、生涯规划师、人力资源专员、企业管理者、社会工作者、培训师等
自然观察智能	对自然界中的事物，包括动植物、天文地理现象等进行观察、识别、分类和理解的能力	生物学家、农业研究员、天文学家、生态学家、园艺家、工艺家、海洋学家等

二、能力探索的意义

（一）探索能力倾向，挖掘个人潜力

潜能就像是深埋在地下的宝藏，等待着被发现和开采。对大学生而言，若能挖掘到个人潜能，将会给自己的大学生活和未来的职业选择带来无限可能。在知识获取方面，挖掘潜能能够帮助大学生突破传统学习模式的限制，可能会发现自己在某个特定学科领域有着超乎寻常的理解能力和创新思维，从而能够更深入地钻研，取得优异的学术成果。在个人能力发展上，挖掘潜能可以让大学生展现出未曾被察觉的领导能力、沟通协调或者抗压能力，这不仅让我们在校园活动中能主动地把握机会，更能为未来的职业生涯打下坚实的基础。从心理层面来看，挖掘潜能的过程能够极大地增强大学生的自信心和自我认同感。当我们意识到自身具备更多的潜能时，便会更为勇敢地去应对学习生活里的挑战与困难，塑造出积极向上的人生态度。在职业规划方面，挖掘出的潜能可以为大学生指明未来的职业方向，使我们能够根据自身的独特优势和潜力，选择更适合自己、更能发挥个人价值的职业道路。

（二）盘点现有技能，提升自我效能感

自我效能感是指个体对自己是否有能力完成某一行为所进行的推测与判断。技能与自我效能感相互辅助，彼此成就。一个人若能对自己所拥有的技能进行全面、细致且深入的梳理时，便能够清晰地了解自身在各个领域的优势和长处，以及可能存在的不足之处。这种清晰的自我认知使得人在面对任务和挑战时，能够准确地评估自己的能力，从而更加自信地投入其中。另一方面，当一个人拥有较高的自我效能感时，会相信自己有能力应对各种情况，这种积极的心态会激发个体进一步探索和挖掘自身潜在的技能。所以，大学生要静下心来，对自己所掌握的各项技能进行全面、深入且细致的盘点，更加清晰地认识到自己的能力水平和优势所在。当大学生了解到自己拥有众多有价值的技能时，会更加坚信自己有能力应对学习、生活和未来工作中的各种任务和挑战，而这种积极的自我效能感会激发我们的内在动力，促使我们更加勇敢地追求更高的目标，进一步发挥自身的潜能和技能。

（三）发现优势能力，培养职场长板

优势能力是个人在特定领域中表现出色、相对容易取得成功的能力。对于职业发展而言，明确并充分发挥自己的优势能力至关重要。首先，优势能力能够增加职业选择的精确性。当一个人清楚了解自己的优势所在时，便能够更有针对性地选择与自身优势相匹配的职业方向。这样的选择能够提高工作的满意度和成就感，因为在擅长的领域中工作，往往会更加得心应手、事半功倍。其次，优势能力有助于在职场中快速脱颖而出。在竞争激烈的工作环境中，凭借独特且出色的优势能力，能够让个人在众多同行中崭露头角。例如，出色的沟通能力可以在销售和公关领域大放异彩，强大的逻辑分析能力则在金融和数据分析等行业备受青睐。再者，优势能力能够增强职业的稳定性和可持续性。当工作内容与个人的优势能力高度契合时，个人更容易适应工作中的变化和挑战，保持良好的工作状态，减少因能力不足而产生的职业倦怠和挫折感。对于大学生而言，一定要善于发现自身所具备的优势能力，并且积极主动地去培养这些能够成为自身在职场中独特长板的能力。

（四）关注弱势能力，适当补齐短板

在管理学中，存在着一个著名的"木桶原理"。它形象地将人的能力和素养比作一个木桶，而组成这个木桶的木板则分别代表着不同的方面，比如专业技能、沟通能力、领导力、创新思维等。木桶能够容纳水的容量，并不取决于最长的那块木板，而是由最短的那块木板所决定。这也就意味着，一个人即使在某些方面拥有出色的能力，但如果在其他方面存在明显的不足，那么这些短板就会限制其整体的发展和成就。因此，我们应当始终保持清醒的认知，要高度关注那些处于弱势的能力，因为它们在很大程度上影响着我们的综合发展。不能对其视而不见，而是要以坚定的决心和切实的行动，适当补齐这些短板。只有这样，我们才能构建起更加全面和均衡的能力体系，在面对复杂多变的挑战时，拥有足够的实力和底气去应对。

三、技能探索

（一）技能的分类

技能根据性质的不同，也有多种分类方式，美国心理学家辛迪·梵和理查德·鲍尔斯将技能分为专业知识技能、可迁移技能和自我管理技能。

1. 专业知识技能

专业知识技能是指通过专门的学习和培训所获得的，与特定专业领域相关的知识、理论、方法和操作流程等，是不可迁移的技能。这些技能往往是在学校教育、职业培训、实习实践或工作经验中积累的，具有专业性、系统性和规范性。例如，医生的医学知识和手术技能、会计师的财务核算和审计知识、律师的法律条文和辩护技巧等。专业知识技能是在特定职业或领域中完成工作任务、解决专业问题及取得职业成功所必需的重要能力。通常用名词来表示，如计算机、英语、会计、心理学等（见表 3-15）。

表 3-15　专业知识技能词汇表

美学	会计	管理学	农业	解剖学	声学	杂技	体操	人类学	制陶术
地理学	工程学	建筑学	历史	生物学	园艺	插花	心理学	绘画	计算机
信息	数学	文学	政治	市场学	时尚	病理	音乐	保险	新闻
算法	英语	哲学	摄影	生态学	数字	导航	编程	采访	机械
投资	房地产	电影	急救	金融	艺术史	预算	卡通	雕塑	植物学
原子	天文学	小说	素描	法律	动画	跆拳道	播音	图表	法务

2. 可迁移技能

可迁移技能是指在不同的工作、情境和环境中都能够通用和应用的技能。这些技能不是针对某一特定职业或专业，而是具有通用性和灵活性，可以从一个工作领域转移到另一个工作领域，帮助个人更好地适应变化和新的工作要求。因此，可迁移技能也被称为"通用技能"。它可以从生活中的方方面面，特别是工作之外得到发展。通常用动词来表示，例如，沟通、协作、组织、领导等（见表 3-16）。

表 3-16　可迁移知识技能词汇表

执行	照顾	巩固	指导	声称	编辑	建设	洞察	适应	制图
联系	发现	管理	选择	控制	拆除	装配	分类	烹调	质疑
劝告	引导	协调	证明	反馈	写作	培养	鼓励	分析	训练
纠正	绘制	预测	收集	联络	改进	申请	着色	咨询	驾驶
评价	交流	计数	决策	推理	比较	创造	接受	评估	完成
决定	忍耐	权衡	集中	设计	说服	协助	判断	理解	提高
激励	领会	运送	娱乐	审核	计算	完善	统筹	美化	调和
探测	突破	预算	规划	发展	解释	购买	联结	发明	探索
治疗	互动	诊断	表达	促进	领导	生产	分享	包容	学习
编程	调整	感受	搬运	提升	演出	反思	倾听	校对	简化

3. 自我管理技能

自我管理技能是指个人对自己的思想、情绪、行为、时间和资源等进行有效管理和控制的能力，通常表现为在处理事情过程中表现出来的态度、风格或者行为特点。它包括个人对自身的认知、目标设定、自律、自我激励、自我监督、压力管理及保持积极心态等方面的能力。自我管理技能有助于提高个人的效率、实现个人目标、保持身心健康，并促进个人在学习、工作和生活中的全面发展，因此也常被称为"适应性技能"，也有人称之为"成功所需要的品质、个人最有价值的资产"。通常用副词或者形容词加以描述，比如，认真的、热情的、出色的、负责任的等（见表3-17）。

表 3-17　自我管理技能词汇表

精力充沛的——活跃的、活泼的	有条理的——逻辑的、理性的
深谙的——通晓的、内行的	能言善辩的——口若悬河、伶牙俐齿的
胆大的——勇敢的、无畏的	艺术的——美妙的、优美的
好战的——善战的、好斗的	亲和的——温和的、好相处的
固执的——执拗的、顽固的	有效的——有用的、有说服力的
强壮的——健壮的、健硕的	有效率的——省力的、省时的
公平的——公正的、无私的	善良的——和善的、仁爱的
包容的——宽容的、大度的	认真的——仔细的、用心的
勤奋的——努力的、勤勉的	专注的——专心的、笃志的
正直的——正派的、刚正的	热情的——热忱的、热心的
内敛的——含蓄的、低调的	上进的——进取的、努力的
仔细的——谨慎的、小心的	慷慨的——乐善好施的、大方的
严谨的——缜密的、谨慎的	生动的——鲜活的、灵动的
聪明的——伶俐的、敏捷的	果断的——坚决的、果敢的
精明的——机敏的、睿智的	有远见的——明智的、有预见的
耐心的——沉稳的、沉着的	灵活的——灵敏的、机灵的
自信的——有信心的、有把握的	坚定的——不动摇的、稳定的
忠诚的——衷心的、忠实的	主动的——积极的、能动的
有勇气的——勇敢的、无畏的	温和的——温柔的、有同情心的
有创造性的——新颖的、有创意的	吃苦耐劳的——坚强的、坚韧不拔的
好学的——善学的、乐学的	开朗的——豁达的、爽朗的
自律的——自省的、自控的	诚实的——真诚的、坦率的
谨慎的——小心的、精明的	乐观的——达观的、积极的

专业知识技能、可迁移技能和自我管理技能这3种技能在特点、词语表达方式、培养方式和重要性几个方面各有不同，相互之间的关系如表3-18所示。

表 3-18 专业知识技能、可迁移技能和自我管理技能相互关系

分类	特点	培养方式	重要性	词语表达方式
专业知识技能	所掌握的知识	需要经过有意识地、专门地学习和记忆	常常被求职者夸大	名词
可迁移技能	所能做的事	可以在生活的方方面面，特别是工作之外得到发展	用人单位最看重的部分	动词
自我管理技能	所具有的特征和品质	用来帮助一个人更好地适应环境	影响职业生涯成功与否的关键	形容词或副词

（二）技能的探索

1. 专业知识技能的探索

在专业知识技能的探索过程中，可以从专业课程、选修课程、培训、咨询、资格认证考试等维度进行思考：所学的专业是什么？专业课程包含哪些？选修了怎样的课程？参加过何种相关培训？近期在阅读什么书籍或者观看什么专业视频？等。

● 练习 3-4

梳理你的专业知识技能

针对下述经历展开分析，尽可能全方位地罗列出你所具备的专业知识技能，接着从里面分别拣选出你自身觉得相对精通的，以及你在工作中运用过或者期望运用的专业知识技能，最后梳理出对于你而言最为重要的 5 项专业知识技能。

（1）从学校课堂系统的学习中获得的专业知识技能有哪些？

（2）在工作（包括兼职和暑期实践）中学到的专业知识技能有哪些？

（3）参加课外培训、辅导班、研讨班、专业会议中学到的专业知识技能有哪些？

（4）自学获得的专业知识技能有哪些？

（5）资格认证过程中参加培训时获得的专业知识技能有哪些？

（6）在业余爱好、娱乐休闲、社团活动、家庭职责中学到的专业知识技能有哪些？

盘点自己的专业知识技能：

（1）从前面的探索中汇总自己已经具有哪些专业知识技能？

（2）从已有的专业知识技能中列出自己最擅长的 5 项，并说明你是如何运用的。

学习不具备的知识技能：
你希望具备但目前还没有熟练掌握或者不具备的知识技能有哪些？你准备通过何种途径、在何时获得？
_____
_____

2. 可迁移技能的探索

在可迁移技能的探索过程中，可以从社会实践、企业实习、社团活动等维度进行思考：参加过哪些社会实践？自己最突出的工作能力有哪些？哪些能力使你能够胜任这项工作？等。

练习 3-5

梳理你的可迁移技能

了解自己已具备的可迁移技能：
（1）你自己会做什么？
_____
（2）请用 5～10 个行为动词概括自己的工作能力。
_____
（3）你参加过哪些社会实践活动或实习，从中学会了什么？
_____

盘点自己的可迁移技能：
（1）从前面的探索中汇总自己已具备的可迁移技能有哪些？
_____
（2）从已经具有的可迁移技能中找出自己最擅长的 5 项，并说明是如何应用的。
_____

了解自己不熟练或不具备的可迁移技能：
你希望具备但目前还没有熟练掌握或者不具备的可迁移技能有哪些？你准备通过何种途径、在何时获得？
_____
_____

3. 自我管理技能的探索

在自我管理技能的探索过程中，可以从社会实践、企业实习、社团活动、社会工作及兼职等维度进行思考：这些活动中你表现出了哪些特质帮助你完成这些任务？也可以从熟悉你的他人对你的评价中找到答案……

> **练习3-6**
>
> **我愿意与××样的人共事**
>
> 请列出：你愿意与之共事的人的特质，并在小组中进行讨论，看看大家最重视的特质有哪些？
>
> _____
>
> 请思考：我是这样的人吗？符合大家所描述的理想同事吗？我的个性特征会怎样影响我的生涯发展？
>
> _____
>
> 你通常以什么态度从事工作或学习？你是怎样与人交往的？与你的同学或朋友相比较，你有何与之不同的特点？根据你对自己的了解，试着写下用来描述自己的形容词，写得越多越好。
>
> _____
> _____

（三）技能的培养

1. 系统掌握专业知识技能

相较于具有极大灵活性的自学，大学学习对于知识的获取和掌握具有显著的优势。其中尤为突出的一点是，它非常有助于知识的归类和系统吸收。在大学的教育体系中，课程设置经过了精心的规划和编排，各个学科之间相互关联、相互支撑。每一门课程都有其明确的教学目标和大纲，涵盖了该领域的核心概念、理论和方法。大学老师凭借丰富的教学经验和专业知识，按照科学合理的顺序进行授课，引导学生逐步深入地理解和掌握所学内容。这种有组织、有步骤的教学方式，能够帮助学生将零散的知识点进行有效地归类整合，形成清晰的知识框架和体系，从而更有利于对知识的系统吸收和运用。通过大学学习，学生能够建立起全面、深入且有条理的知识结构，为今后的学习、研究和工作打下坚实的基础。

大学生在探索专业知识技能的道路中，要学会准确把握专业知识学习的3个层次。其一为专业知识的记忆与积累，这就如同舶来他人的经验成果，是学习的初始阶段。其二是掌握专业知识的关键要素，并能够清晰地认识到其中的关联性，这一步骤意味着真正的理解。其三则是形成独属于自己的专业知识框架和思维方式，达到融会贯通的境界。例如，以学习历史专业知识为例，首先需要记忆和积累大量的历史事件、人物、时间等基本信息；然后理解各个事件之间的因果关系和相互影响；最后形成自己对整个历史发展脉络的清晰框架，能够用历史的思维去分析和看待当今的社会现象。总之，大学学习的核心任务在于构建本专业的体系化、结构化的知识体系和思维框架，这是在为未来职业发展奠定坚实且稳固的基础。

2. 实践打磨可迁移技能

"纸上得来终觉浅，绝知此事要躬行。"实践能够提供真实且复杂的情境，让我们在实际操作中面对各种意想不到的问题和挑战。这种真实环境中的体验是理论学习无法完全替代的。当然，这里说的实践绝非轻松随意、毫无压力的，而是需要承担一定压力和责任的。通过这样真正的实践，我们能够将所学的理论知识应用到实际情况中，从而更深入地理解知识，发现理论与实际之间的差距，进而调整和完善我们的知识体系和技能运用方式。实践过程中的不断尝试和犯错，也让我们积累宝贵的经验教训，使我们的技能在不断地调整和优化中逐渐成熟。实践因其提供真实情境、促进知识应用、积累经验、锻炼综合能力、激发创新及提供有效反馈等特性，成为打磨技能的主渠道。

对大学生而言，积极参与校园活动是提升可迁移技能的有效路径。通过参加学生会、社团等组织，主动培养自己的组织管理能力，比如，在组织一场社团迎新晚会时，面临时间紧迫、资金缺乏、人员不足等问题，社长带领社员开会集思广益、求助团委老师和寻求社会赞助，克服重重困难，终于如期成功举办一场受大众欢迎的晚会。其中，就用到了组织、商讨、寻求帮助、问题解决等重要的可迁移技能。当然，还可以通过参加学术活动和各类学科竞赛，突出自身优势，培养创新精神和创新意识，为将来就业打造核心竞争力。此外，大学生还应主动参加校外实践，主动地将理论知识与实践结合起来，提高社会适应力。比如利用寒暑假相对集中的时间，走进企业、走入社会，积极开展各种形式的专业实习和社会实践，在实习和活动中不断增强自身的人际交往、运用知识、社会适应、耐挫抗压等能力。

3. 觉醒修炼自我管理技能

自我管理技能是一个人的资产，而且是一笔无比珍贵、具有无限增值潜力的资产。自我管理技能有很多，对大学生而言，自我管理技能的总目标应当是：成为一个被人信任的人！这意味着要在个人的品德修养、行为举止、学业表现、社交互动等各个方面都展现出令人信赖的特质。具体而言，这要求在面对困难和诱惑时坚守道德底线，诚实守信，不弄虚作假；在处理学业任务时，认真负责，按时高质量地完成；在与他人交往中，真诚友善，言出必行，能够保守秘密；在参与团队活动时，积极配合，勇于担当，不推诿责任。只有在这些方面都做到出色，才能够真正实现大学自我管理技能的总目标，成为一个被人信任、尊重和愿意与之交往合作的人。

要达成这样的发展目标，不是一蹴而就的过程。首先需要觉醒，需要深刻地认识到自我管理技能对于个人成长和发展的重要性。这种觉醒不是一时的冲动或短暂的念头，而是源自内心深处对于自身成长的渴望和追求。大学生可以通过实地参观、参加讲座、听取先进事迹报告会等形式，用先进人物鲜活的事例激励自己；也可以将身边熟悉的人，比如奖学金获得者、优秀学生干部、优秀毕业生等作为学习的榜样，学习他们战胜困难的勇气，学习他们遇逆境而不气馁的乐观精神，激发前进的动力。其次，大学生提升自我管理技能还需要修炼，需要在日常的学习和生活中不断地磨炼和提升。大学生可以结合自身实际，拟定形式丰富的、切实有效的计划，在计划施行的过程中，不断做出调整和优化，并一步步将其实现。在这一进程中，逐步形成自我检查、自我监督、自我评价、自我激励的良好习性，在一点一滴的成果里培养自信、自立、坚忍等品格。

（四）发现你的优势技能

在对技能的探索部分，我们已经介绍了"梳理你的专业知识技能""梳理你的可迁移技能""我愿意与××样的人共事"等用来了解和发掘个人技能的方法。除此之外，还可以通过以下方法来发现你的优势技能。

1. 可衡量的业绩

回顾一下，在你过往的历程里，存在哪些能够量化的业绩？除了一些常见的诸如"期末考试全班第一"或者"连续三年荣获奖学金"之类，是否还有其他事宜能够通过数字来彰显你的成绩？像是"身为校学生会新闻中心主任，负责的学校公众号发布新闻520条，日均浏览量1万以上"，"于校外培训机构兼职，促使部门销售额提升10%，客户满意度达100%"等。此类数据能够极为具体且详尽地表明你所获取的成绩，给人留下更为深刻的印象。当然，倘若你打算在简历或者面试中提及这些事例，最为理想的是明确在这些情形中，你运用了何种技能助力自己获取佳绩。

我所取得的可衡量的业绩：

_____

我所运用的技能有哪些？

_____

2. 来自他人的认可

在生活中，认可的呈现方式多种多样。它可以是显著的，如荣获学校奖学金、担任学生会主席等；也可能是他人给予的直接夸赞，像是服务对象给出的好评。然而，很多时候，这种认可或许是细微的，需要我们用心去挖掘和体会。

想想看，同学、朋友或者兼职实习的部门负责人是不是常常依赖你去处理某些事务？他们觉得你在哪方面尤为擅长？

你是否曾在人群中被挑选出来承担更重要、更具挑战性的责任？比如被老师指定专门负责某项工作。这是否表明你在某些能力上比其他人更强，或者在态度上更加认真负责？

倘若有了解你的人，如老师、领导、同学、服务对象、同事等，要向他人介绍推荐你，他们大概会怎么说？

假设你离开了当前所处的环境，不管是宿舍，还是学生社团组织或者兼职实习的岗位，你的同学或同事会不会因为你的离开而遭遇某些不便或者难题？

认真思考这些问题的答案，也许就能发现自身出众的、备受称赞的能力和品质。倘若觉得回答起来有难度，不妨和身边的人交流，请求他们给予协助。要是感觉自己与周围人的交流太少，那就要抓紧拓展人际交往圈子了。别一味沉浸在书本里，要积极行动，多多参与实践活动，让自己的能力得到更充分的展现。

我所得到过的来自他人对能力的认可：

_____

3. 技能词汇表

从前面所提及的专业知识技能词汇表、可迁移技能词汇表、自我管理技能词汇表当中，精心挑选出那些与你自身状况相符的词汇。紧接着深入思考：为何会以这样的词汇来形容自己？在实际的生活与工作场景里，又有哪些具体的事例能够用来支撑和证实你得出的结论？

通过这样的梳理和回顾，你能够更加清晰地认识到自己的优势和特长，从而更好地规划未来的发展方向，在学习和工作中更有针对性地提升自己的能力。

符合我自己的专业知识技能词汇：
_____

符合我自己的可迁移技能词汇：
_____

符合我自己的自我管理技能词汇：
_____

4. 撰写成就故事

成就故事是对个人在特定情境下取得显著成果或经历重要突破的详细描述。它不仅仅是对事件的陈述，更是通过生动地叙述展现个人的能力、品质、价值观及成长历程。成就故事能够反映出个人的优势和潜力，帮助自己和他人更好地理解个人的发展轨迹和核心竞争力。

在撰写成就故事的时候，可以运用 STAR 法则。它是一种结构化的叙事方法，具体包括以下要素。

S——situation（情境）：描述故事发生的背景、时间、地点和相关情况。

T——task（任务）：明确在该情境中需要完成的具体任务或目标。

A——action（行动）：详细说明为完成任务所采取的具体行动和步骤。

R——result（结果）：阐述行动所带来的结果，包括取得的成就、获得的经验教训等。

> **案例 3-5**
>
> **荣获学校营销策划大赛冠军**
>
> 在我大学二年级的时候，学校举办了一场激烈的营销策划大赛。作为市场营销专业的学生，我决定组队参加，挑战自我。我们的团队最初面临着诸多困难。首先是时间紧迫，从报名到提交方案只有短短 3 周的时间。其次，团队成员对于比赛的重点和方向存在分歧，导致讨论时常陷入僵局。面对时间压力，我制订了详细的计划，将任务分解到每天，确保每个阶段都能按时完成。对于团队的分歧，我积极倾听每个成员的想法，组织多次头脑风暴会议，引导大家综合各自的优势，最终确定了以"线上线下融合，打造个性化体验"为核心的营销方案。在方案的撰写过程中，我负责市场分析和竞争策略部分。为了获取准确的数据和深入洞察行业，我查阅了大量的文献资料，还通过电话和邮

件与多家企业的营销经理进行交流。同时，我不断与团队成员沟通，确保各个部分的内容紧密衔接，逻辑清晰。经过两周的紧张筹备，我们提交了方案。经过初赛和复赛的激烈角逐，我们成功晋级决赛。在决赛的现场展示环节，我作为团队代表进行演讲。尽管内心紧张，但我凭借充分的准备和对方案的深入理解，自信地向评委和观众阐述了我们的创意和实施计划。最终，我们的团队凭借创新的方案和出色的展示，赢得了比赛的冠军。

我们来对这个成就故事进行分析。很明显，这个故事很好地运用了STAR法则。

情境：大学二年级时，学校举办营销策划大赛，作为市场营销专业的学生组队参赛。时间紧迫，只有3周，团队成员对重点和方向有分歧，讨论常陷入僵局。

任务：在有限时间内制定出令团队成员满意、有竞争力的营销方案，通过初赛和复赛晋级决赛，并在决赛中出色地展示方案以赢得冠军。

行动：①面对时间压力，制订详细计划，将任务分解到每天，确保按时完成。②对于团队分歧，积极倾听成员想法，组织头脑风暴会议，引导综合优势，确定"线上线下融合，打造个性化体验"方案的核心。③负责市场分析和竞争策略部分时，查阅大量文献资料，与多家企业营销经理交流。④不断与团队成员沟通，确保方案内容衔接紧密、逻辑清晰。⑤在决赛现场展示环节，作为代表演讲，凭借充分准备和深入理解自信阐述。

结果：经过两周紧张筹备并提交方案，成功晋级决赛，最终团队凭借创新方案和出色展示赢得了比赛冠军。

在这个案例中，荣获学校营销策划大赛冠军所涉及的技能包括：市场营销知识，如市场分析和竞争策略的制定方法；对营销方案的策划和设计能力；沟通能力；团队协作能力；领导能力；问题解决能力；创新能力；时间管理能力；压力管理能力；责任心；积极主动性。其中，前两项是专业知识技能，中间五项是可迁移技能，最后四项是自我管理技能。

练习3-7

撰写成就故事

我的成就故事：运用STAR法则至少写出3个成就故事（越多越好）。看看在这些故事中是否有重复出现的技能，它们就是你喜欢施展也擅长的技能。将这些技能按优先次序加以排列。

我的优势技能（喜爱使用且擅长的技能）有哪些？

四、能力与职业

（一）能力对于职业发展的价值

1. 能力是就业之关键所在

"你具备何种能力？"是求职进程中用人单位最为关切的问题，也是每一位求职者最需予以证明的要点。一个人若欲谋取理想的职业，并于岗位上实现长远发展，不单要拥有一定的科学文化知识与思想道德素养，更要具备优良的能力。能力是就业的关键要素，也是获取职业成功的先决条件。

中国有一句成语叫作"优胜劣汰"，指在生物的生存竞争中，适应能力强劲的得以留存，适应能力欠佳的则遭淘汰。对于生物而言，适应力是其于世间生存所必备的能力之一。同理，当代大学生自校园步入社会，所面临的将是严峻的就业形势，就业竞争愈发激烈，而此种竞争具体便体现在能力的角逐之上。于优胜劣汰的市场竞争之中，大学生若未具备一定的能力，尤其是职业能力，便意味着难以获得用人单位的青睐，无法顺利地实现就业。据调研，我国大学生就业艰难，一个重要的原因便是相当一部分大学生职业能力匮乏，未拥有过硬的职业技能。

2. 能力是职业生涯持续发展的动力源泉

拥有较高的能力，不仅是成功就业的敲门砖，更是职业可持续发展的坚实保障；反之，倘若能力匮乏，即便暂时获取了岗位，也会因无法胜任而黯然退场。具备良好的职业能力，会令自身在工作时满怀信心、应付自如，于工作中才能收获更多的成就感与满足感。

在职业生涯里，能力出众之人通常会取得更为出色的工作绩效，为组织创造更大的价值，因而相比能力较弱之人拥有更多的职业晋升契机，从而获取更优质的职业生涯发展资源。随着能力的积累与施展，职业发展的空间将会愈发广阔，而随着施展空间的扩大，职业能力的提升亦会更为迅速且丰富，形成良性循环，最终成就职业生涯的成功。

（二）能力、兴趣与价值

> **案例 3-6**
>
> **谷爱凌的成功密码**
>
> 自由式滑雪运动员谷爱凌是中美混血，其母亲谷燕曾是滑雪教练。谷爱凌自幼喜欢滑雪，3岁开始练习滑雪，8岁正式学习自由式滑雪并成为一名职业滑雪运动员。自9岁斩获全美自由式滑雪少年组冠军开始，谷爱凌在一场又一场的比赛中不断缔造着新的历史。在2022年北京冬奥会上，谷爱凌勇夺两金一银：在自由式滑雪女子大跳台决赛中，原本可以依靠自己熟练掌握的空中转体1440度来确保稳定，但她勇敢地挑战了空中转体1620度并顺利完成，实现逆袭，摘得了该项目的金牌；在自由式滑雪女子坡面障碍技巧决赛里，她第一轮表现平平，第二轮发挥失常，不过她凭借过硬的心理素质扛住压力顺利完赛，仅以0.33分之差位居第二，获得了该项目的银牌；在自由式滑雪女子U型场地技巧决赛中，谷爱凌依靠前两轮出色发挥，提前锁定金牌。

从案例中，我们不难发现，在谷爱凌的职业生涯中，兴趣促使她投入滑雪，能力让她在滑雪中取得成就，而实现的价值又进一步增强了她对滑雪的兴趣和提升能力的动力，形成了一个良好的循环，推动着她在职业生涯中不断前进和取得成功。这个案例背后所蕴含的道理正是由著名生涯规划师古典精心构建的职业生涯三叶草模型，如图3-8所示。此模型由兴趣、能力与价值三大关键要素组成，当这三者完美交融，便构成了理想职业，其公式为：理想职业＝兴趣＋能力＋价值。

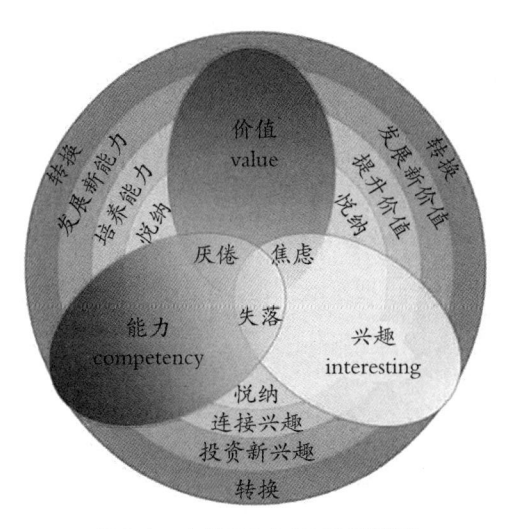

图3-8 古典职业生涯三叶草模型

兴趣宛如神奇的魔法，能让我们不断探寻新的天地，为生命注入无尽的欢乐源泉；能力好似坚实的基石，帮助我们稳固拼搏的成果，掌控工作与生活的节奏，收获非凡成就；价值观仿若明亮的灯塔，使我们坚定信念，专注挚爱，抵御诱惑，拥抱幸福真谛。这3个要素于职业生涯而言，皆举足轻重，倘若其中之一缺失，都会令我们对职业的满意度大打折扣。确切来讲，倘若心怀兴趣，便会萌生快乐之感，反之则易产生厌倦；倘若拥有能力，就会形成控制感，反之则易陷入焦虑；倘若实现价值，就会收获满足，反之则易陷入失落。可以这么说，若对职业产生厌倦、焦虑或失落等不良感受，往往是由于这3个关键要素中的一个或多个出现了偏差。

这3个变量之间还存在着紧密而精妙的内在逻辑关联：我们最初会对某件事物萌生出浓厚兴趣，这种兴趣宛如强大的引擎，驱动着我们积极学习和反复练习，进而使我们逐步具备相应的能力。随后，我们会努力探寻一种适宜的模式（不论是兼职还是全职），将自身能力转化为所期望的价值。而价值的不断巩固与提升，又会激发我们新的兴趣，如此周而复始，职业生涯三叶草便开始灵动地旋转起来，引领我们一步步靠近理想的职业殿堂。

（三）培养你的职场通用技能

当今社会发展日新月异、人工智能的应用逐步进入社会生活的方方面面，社会的运行模式正在被深度重塑。大学生作为承载着社会未来期望的重要群体，若想要在如此复杂多变、充满不确定性的未来职业道路上毫无阻碍地顺利前行，在犹如百舸争流般异常激烈的竞争中鹤立鸡群、脱颖而出，就必须运用科学有效的方法，精确且深刻地掌握一些关乎个人职业命运、具有极其重要意义的核心技能。

1. 数据分析与处理能力

在当今数字化时代，个体需要拥有能够有效地收集、整理、清洗、分析和解读大量数据，并从中提取有价值的信息和知识，以支持决策制定、问题解决和业务优化的综合能力。随着大数据在当今社会各个领域的广泛应用，具备收集、整理、分析和解读数据的能力变得至关重要。只有如此，才能从海量的数据中精准地提取出有价值的信息和深刻的见解，而这些对于有效地解决问题及做出明智且合理的决策起着决定性的作用。

2. AI应用能力

随着科技飞速发展，人工智能已成为不可忽视的力量，它正给职场带来深刻的变化。特别是生成式人工智能的出现，极大地提高了工作效率。它能够快速处理大量数据，完成复杂的任务，让许多重复性、机械性的工作变得更加高效、精准。这不仅为企业节省了时间和成本，也为员工减轻了负担，使他们能够将更多的精力投入更具创造性和价值性的工作。掌握生成式人工智能的使用方法，并将它应用到工作的各种场景中将成为职场的必备技能。

3. 问题解决能力

当面对错综复杂的现实问题时，能够充分运用所积累的知识和掌握的技能，进行全面综合的分析，进而探寻并找到行之有效的解决途径。人工智能在许多领域替代了部分重复性和规律性的工作，但同时也创造了更多需要创新和综合思考的岗位。拥有出色的问题解决能力，有助于在竞争激烈的就业市场中脱颖而出，适应新的职业需求。

4. 创新与批判性思维能力

这是指个体在面对各种复杂、未知和具有挑战性的情境时，运用自身的知识、经验、技能和思维方式，准确地识别问题的本质，分析问题产生的原因和影响因素，创造性地提出多种可能的解决方案，并从中选择最优方案付诸实施，最终有效解决问题并达成预期目标的综合能力。在科技飞速发展的时代背景下，拥有创新意识是必备的素质，需要能够跳出传统思维的框架，提出独具匠心的想法和切实可行的解决方案。与此同时，还应当熟练运用批判性思维，以理性、客观的态度评估各种各样的观点和纷繁复杂的信息。

5. 沟通与协作能力

这是指个体在与他人进行交流和合作的过程中，所展现出的一系列综合素养和技能。要求能够清晰、准确且有效地表达自己的想法和观点，善于倾听他人的意见和建议，在团队中积极协同工作，充分发挥各自的优势，共同努力完成具有较高难度和复杂度的项目。人工智能推动了行业的快速变革和跨领域合作，不同专业背景的人需要紧密协作，共同解决复杂问题。良好的沟通与协作能力能促进团队成员之间的优势互补，充分发挥各自的专长，实现资源的优化配置。

6. 适应变化和终身学习的能力

个体在面对不断变化的环境和持续更新的知识体系时，所展现出的积极调整自身、接纳新事物，并坚持不懈地追求知识与技能提升的综合素养。人工智能领域的发展可谓是一日千里，必须能够迅速适应层出不穷的新的技术和不断变化的工作方式，坚持不懈地持续学习新的知识和前沿的技能，以紧跟时代的步伐。

课后任务

任务主题：用AI工具完成成就故事撰写

任务要求如下。

在撰写成就故事时，不少同学表示会词穷，尝试使用AI工具完成一则成就故事的撰写。

（1）安装一种生成式人工智能软件或APP（比如豆包、文心一言等）。

（2）通过关键信息的投喂和提问，让AI使用STAR法则帮你生成一个成就故事。

（3）完善成一个完整的成就故事。

课后阅读与思考

乔哈里窗理论及其应用

心理学家乔瑟夫·勒夫和哈里·英格拉姆提出了"乔哈里窗"理论，如图3-9所示。他们把对个人的了解比作橱窗。为便于理解，把橱窗放进直角坐标系中，坐标横轴正向表示别人知道的部分，坐标横轴负向表示别人不知道的部分；纵轴正向表示自己知道的部分，负向表示自己不知道的部分。这就形成了4个橱窗。

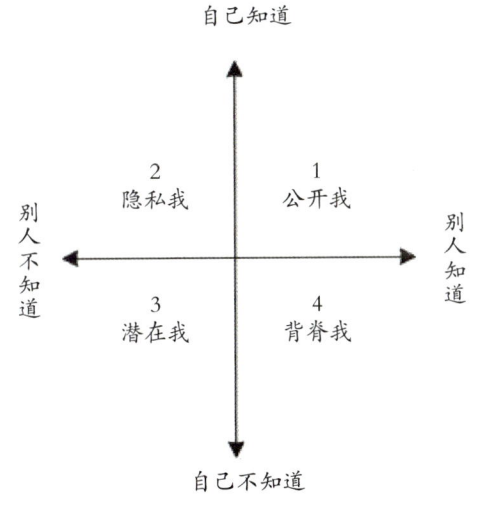

图3-9 乔哈里窗理论

橱窗1是"公开我"：是自己知道、别人也知道的信息。例如姓名、部分经历和爱好、一些公开的观点态度等。

橱窗2是"隐私我"：是自己知道、别人却可能不知道的秘密。例如自己的某些经历、希望、心愿、计谋、秘密，以及个人的好恶等。

橱窗3是"潜在我"：是自己和别人都不知道的信息。例如某人自己身上隐藏的疾病、尚未被挖掘的潜力、潜在的一些特质等。

橱窗 4 是"背脊我"：是自己不知道、别人却可能知道的盲点。例如性格上的弱点或者坏的习惯，自己某些处事方式存在的问题，别人对自己的一些感受等。

显然，在进行自我认知与探索的时候，自己不知道的这部分即橱窗 3 和橱窗 4，是我们需要重点认知和探索的部分。俗话说，当局者迷，旁观者清。要准确地认识自我，还可以借助他人对自己的客观评价来了解自己。这里重点介绍一种方法：360°评价法，如图 3-10 所示。

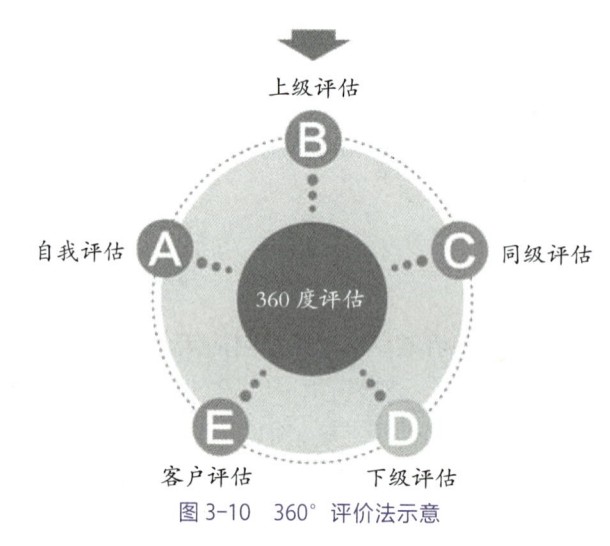

图 3-10　360°评价法示意

360°评价法是一种多角度、全方位的绩效评估方法。它通过收集来自被评估者周围不同层面人员（包括上级、下属、同事、自己甚至客户）的反馈和评价，对被评估者的工作表现、工作能力、职业素养、团队合作等多方面进行综合评估。在这个评价体系中，每个评价者从各自的角度观察被评估者的行为和表现，提供独特的观点和看法。然后将这些来自不同方向的评价信息汇总整合，形成一个全面、立体的评估结果。这种评价方法的目的是更客观、准确地了解被评估者的优点和不足，为个人的职业发展、培训需求及组织的人力资源决策提供有价值的参考依据。

大学生也可借助这种方法来认知自我。在做 360°评估时，我们要走访尽可能多的人，从不同的角度把握自己、认识自己，以提高自我认知结论的准确性。我们走访的人群主要包括父母、朋友、同学、亲戚、老师及所有认识并熟悉你的人。评估的内容可以包括各个方面，比如你的性格、气质、兴趣、能力特长、为人处世方式，你给人们的印象，他们认为你适合什么等，在听取大家对你的评论后，总结出你的优点和缺点。

（资料来源：齐忠玉. 乔哈里窗沟通法：深层沟通的心理学途径 [M]. 北京：中国电力出版社，2010.）

阅读思考

360°评价法与乔哈里窗理论有什么关联？应用 360°评价法时有什么应该注意的问题？

第四章
成就大学生涯

CHAPTER
4

在人生的长河中，大学生涯无疑是最为重要的一段航程。它让我们步入知识的殿堂，承载着我们的梦想。每一分努力、每一次尝试、每一段经历，都是这段旅程的风景，共同绘制成一幅大学生涯的美好画卷。然而，要想顺利度过大学生涯并非易事。在前行的道路上，必然会面临诸多抉择和挑战。面对这些问题，我们该如何决策？如何制定目标？为了实现目标应该如何行动就显得至关重要了。成功地度过大学生涯不仅需要向内和向外的探索，更重要的是树立你大学的flag（旗帜），并让它屹立不倒！

科学规划你的大学生涯，将会使你既享受到丰富多彩的大学生活，又能实现你设定的毕业目标；面对纷繁复杂的选择，做出科学的生涯决策是大学生涯成功的开始；将你的决策转化为具体的目标，通过目标管理提高目标的实现率是你成就大学生涯的保障。总之，学会生涯决策、管理自己的目标、规划自己的大学生活是一个相辅相成的过程。它们共同构成了我们大学生活的主旋律，引领我们绘制出属于自己的精彩人生蓝图！

第一节　学会生涯决策

> **知识目标**

- ◆ 了解生涯决策的定义与特点。
- ◆ 了解大学生决策的常见问题。
- ◆ 了解影响决策的因素及决策困难的原因。
- ◆ 了解信息加工理论的应用及决策平衡单的使用方法。

> **能力目标**

- ◆ 能够正确认识自己的决策风格对自己决策的影响。
- ◆ 能够将各种生涯决策的方法和工具应用到自身生涯决策的实际问题中，为生涯决策提供有力支持。
- ◆ 能够在决策过程中科学评估各种选择可能带来的风险，并理性制定应对策略。

> **明德笃行**

通过这一讲的学习，理解生涯决策对个人职业发展的重要作用，从而唤醒大学生生涯决策的意识，端正生涯决策的态度；理解决策不仅是选择，更重要的是选择后的行动，个人需要对自己的决策负责；理解生涯决策不仅仅是个人的事，还对家庭、社会有着重要意义，鼓励学生将个人的生涯决策融合到创造家庭幸福、促进社会发展中去。

> **章节导入**

案例 4-1

小张的十字路口

小张，财务管理专业大一学生，一个充满活力与激情的 20 岁青年。他在大学的成长轨迹，是无数次求知若渴的深夜灯火，也是一次次突破自我边界的勇敢尝试。

当然，小张的校园生活远不止于书本与课堂。在校园这个多彩的大舞台上，他更是以多面的风采，展现着自己的领导才能与团队精神。在校团学策划部，他不仅是老师与同学之间的桥梁，更是活动策划与执行的中坚力量。在这里，他学会了如何高效沟通、团队协作，以及如何在压力之下保持冷静与坚忍，这些经历无疑为他未来的职业生涯铺设了坚实的基石。

与此同时，在决定参加省市场调查与分析大赛并担任学院备赛组组长的那一刻，小张又肩负起了一项重任。这项赛事，不仅是学院内部的一次技能大比武，更是全省范围内高校学子智慧与能力的较量。作为组长，小张深知自己肩负的不仅是团队的荣誉与梦想，更是对个人组织能力、专业素养乃至心理素质的全方位考验。他带领着一群志同道合的伙伴，夜以继日地筹备着，从市场调研到数据分析，从策略制定到实战演练，每一个细节都凝聚着他们的汗水与智慧。

随着大学时光的推进，小张发现自己正站在一个关键的十字路口。一方面，校团学的换届选举即将到来，这不仅是对他过去一年辛勤工作的总结与肯定，也是对未来发展方向的一次重要抉择。他深知，继续留在团学，将意味着更多的责任与挑战，同时也将为他提供更为广阔的成长空间。另一方面，下个月即将拉开帷幕的省市场调查与分析大赛，如同一场蓄势待发的风暴，正等待着他们这群勇敢的航海者去征服。这不仅仅是一场竞赛，更是一次展现自我、实现梦想的绝佳机会。

面对这两项几乎同时到来的挑战，小张感受到了前所未有的压力与抉择的艰难。他深知，无论选择哪条路，都将意味着放弃另一条路上的风景与机遇。小张说："现在我毫无头绪，做决定原来这么难！"

案例思考：

1. 你觉得小张的问题出在哪儿？
2. 如果案例中的主角是你，你会怎么办？

讲解与练习

一、生涯决策的内涵

20 世纪法国最重要的哲学家让-保罗·萨特曾说过："我们的决定，决定了我们。"人生处处在选择，而我们每个当下的决定都决定了未来的我们。生涯决策在个人成长与发展过程中具有深远的意义，它不仅关乎个人的职业选择和职业发展路径，还深刻影响着个人的生活质量、自我实现程度及整体幸福感；生涯决策是我们生命历程中的重要决策，它不仅影响着我们的工作方式，更影响我们的生活方式。从某种意义上来说，选择一种职业，就是选择一种生活方式。

（一）生涯决策的定义

"生涯决策"这一概念最早起源于英国经济学家约翰·梅纳德·凯恩斯的理论，它描述的是个体在选择目标或职业时，会采用能够获得最高报酬并将损失降至最低的方法。沈之菲在《生涯心理辅导》一书中提出，**生涯决策是个人在面临多项选择时，通过权衡各种利弊，以期达成最大价值的历程。这一概念在生涯教育领域被更多地采用。**

从广义来讲，生涯决策是指基于人生目标进行的一系列认知、选择和行动的过程，包括发现需求、收集信息、确定目标、选择路径、执行方案、评估调整及最终达成等步骤。如果用生物学中的概念来比喻，这个过程就像是不断地进行同化和顺应，持续地接收来自外部和自身的信息，并将其整合内化为自己的一部分，然后再以执行选择的形式投射到外部世界，进行新一轮的接纳、整合。

从狭义来讲，生涯决策可以理解为了达到一定生涯的目标，在形成的多个可行方案中选择最优方案的过程。它是决策者在经过比较、分析、判断后，对于应当做什么及应当怎么做所做出的决定。本章中探讨的更多的是狭义的生涯决策。

生涯决策的过程是一个综合性的整合过程，对于大学生而言，职业生涯决策的核心在于根据个人特点和社会需求，做出合理的职业方向选择，也就是进行职业定位的过程。这个方向的确定，包括了我们之前提到的职业生涯的起点、路径的选择与确定。虽然看似只是一个点的选择，但实际上它涵盖了自我了解、对职业世界的认识和体验。因此，我们所探讨的生涯决策，是指在深入了解自我和外部环境之后，从多个方案中选择并确定一个具体环节的过程，这是狭义上的生涯决策过程。

（二）生涯决策的特征

从决策的概念深入剖析，我们可以清晰地揭示出其蕴含的一系列独特而深刻的特征。决策是作为个体或组织在面对不确定性情境时，为达成特定目标而进行的方案选择过程，其本质在于对多种可能性的权衡与取舍。这一复杂而精细的思维活动，展现出以下几个显著特征。

1. 动态性：决策无处不在

世界每天在变化，可以说这个世界上唯一不变的就是变化，故决策是一个动态循环的过程。我们每天都在面对决策，小到一日三餐、衣食住行、如何安排一天的时间、与什么人交往，大到要考哪所大学、选什么专业、从事哪个行业、与谁结婚……可以说，决策和人类活动是密切相关的，从早到晚，我们决策不断。

2. 满意性：没有绝对完美的决策

生涯决策以满意为标准，一般做不到最优和最完美。尽管理论上最佳的决策是从多个选项中选择总效用或边际效用最大的那一个，但实际上，由于人们的智力、精力、经验、资源有限，这一理想状态往往难以实现，所以并不是每个决策都可以百分百满足个人的所有需求，即"鱼与熊掌不可兼得"。不仅如此，每一个决策的背后都是有利有弊的，在有所得的同时，也会有所失去。由此可见，决策只能尽可能达到自己满意的效果，而没有绝对完美的决策。

3. 目的性：决策与风险并存

生涯决策是根据一定的目的做出的。目的是组织或者个人在未来一段时间和风险承受范围内完成某项任务，而决策是个人基于当下所掌握的信息或经验做出的，但在实施决策的过程中，难免会受到外界各种因素的干扰，有些是不可抗力造成的，会使最终的结果与预设存在偏差。决策无疑是一场充满未知的勇敢者游戏。那些能够与不确定性共舞，心平气和地接受最不利局面的人，往往更能在关键时刻展现出决策的魄力。

4. 选择性：决策除了选择，还包含行动

决策因选择而生，没有选择也就没有所谓的决策，多种互相可替代的方案怎么选择，我们需要有选择的标准，当然选择后的知行合一也是关键。"三思而后行"强调在行动前的谨慎思考。决策中难免存在不完美和不确定性，这些都会伴随着焦虑。然而，没有行动，就无法终结焦虑，也无法开创新的局面。当然，选择不行动也是一种决策，承担由此带来的焦虑也是必然的。

5. 过程性：决策是一种解决问题的活动，相关的知识和技能是可以习得的

决策是个综合思考的过程，包括前期决策、中期决策、后期决策。通过学习决策相关的知识和技能，是可以获得解决问题的能力和经验的，还可以以此应用于其他决策情境中。从这个角度来看，经历决策过程的意义，要比单纯拥有决策结果更为重要。

综上我们可以看到，生涯决策是个复杂的系统过程，不单单只有一个结果。有决策就会有风险，不决策也不代表没有风险。生涯决策也是一个复杂的认知过程，决策前有充分的自我认知和外部世界探索非常有必要。

（三）大学生常见的生涯决策问题

不同年级阶段的大学生在生涯决策过程中面临的困难点各不相同，这些困难点主要源于学生的个人发展阶段、对自我和职业世界的认知程度，以及外部环境的复杂性。以下是对这4个年级学生生涯决策困难点的具体分析。

1. 大一：初探决策之门

（1）自我认知与决策基础。

大一学生初入大学，首要挑战在于建立决策的基础——自我认知。他们开始探索自己的兴趣、能力和价值观，但往往因缺乏深入的自省而难以形成明确的决策框架。

（2）信息搜集与初步判断。

面对职业世界的广阔与未知，大一学生开始尝试搜集职业信息，但信息的碎片化和不确定性使他们难以做出初步的职业决策判断。

（3）培养决策意识。

这一时期，培养决策意识至关重要，学习如何设定目标、评估选项和承担后果，为未来的生涯决策奠定基础。

2. 大二：决策困惑与调整

（1）深化专业认知与决策挑战。

随着专业知识的积累，大二学生开始意识到所学专业与职业发展的关联，但这也带来了更多的决策困惑。他们可能需要重新评估自己的职业目标，甚至调整专业方向。

（2）信息筛选与决策优化。

面对海量的职业信息，大二学生需要学会筛选和整合，以便做出更加优化和合理的决策。

（3）试错与调整。

通过参加社团活动、实习等方式，大二学生开始尝试将决策付诸实践，并在过程中不断调整和优化自己的决策策略。

3. 大三：决策深化与执行

（1）明确职业定位与决策方向。

大三学生面临更加紧迫的就业压力，他们需要更加明确自己的职业定位，以便为后

续的求职决策指明方向。

（2）决策细化与行动计划。

基于职业定位，大三学生开始细化自己的职业规划，并制订具体的行动计划和时间表。

（3）实习体验与决策验证。

通过实习，大三学生有机会将理论知识应用于实践，验证和调整自己的职业决策。

4. 大四：决策冲刺与结果评估

（1）就业决策与冲刺。

大四学生进入求职高峰期，他们需要根据自身条件和市场需求，做出最终的就业决策，并全力以赴地冲刺目标职位。

（2）决策执行与反馈。

在求职过程中，大四学生需要积极执行自己的决策计划，并密切关注市场动态和求职反馈，以便及时调整策略。

（3）结果评估与反思。

无论求职结果如何，大四学生都需要对自己的决策过程进行评估和反思，总结经验教训，为未来的职业发展提供参考。

总的来说，这些难题主要可以归纳为以下几种类型，如表4-1所示。

表4-1 大学生涯决策中的常见问题

问题类型	具体内容
职业方向不明的问题	专业与兴趣不匹配：学生在高考填报志愿时，由于分数、家庭意见或其他原因，未能进入自己感兴趣的专业，产生转专业等方面的问题 自我认知不足：学生对自己的性格、兴趣、能力等方面缺乏深入地了解，难以明确自己的职业定位和发展方向
毕业去向选择的问题	进入大三或大四阶段，同学们需要面对考研、出国深造、考公务员、直接就业或创业等多种选择，除了大方向上的选择外，地域等每个具体方向也会遇到决策的问题。 升学方面：无论是考研还是留学都面临深造目标院校和专业的选择问题；对于留学，还面临国家或地区的选择问题 就业方面：无论是考公还是就业都面临行业、单位和岗位选择的问题 创业方面：面临行业和项目选择的问题
生活中的选择的问题	能力培养：大学能力提升的路径很多，是选择科研、竞赛，还是团学组织来锻炼自己也是一个决策问题；团学组织类型繁多，选择哪一个又是决策问题 精力分配：学习、生活、休闲都是大学生活的一部分，如何分配三者间的精力也是一种决策问题

大学生的生涯决策是一个从初探到深化、再到冲刺和评估的连续过程。在这个过程中，大学生需要不断提升自我认知、搜集和分析信息、制订和执行决策计划，并在实践中不断调整和优化自己的决策策略。通过这些努力，他们将逐渐成长为具备独立决策能力和良好职业素养的优秀人才。

二、生涯决策的影响因素

（一）生涯决策的风格

> **体验活动 4-1**
>
> 请根据图 4-1 所示 STAR 法则，回忆你的高考志愿填报经历，并完成以下问题。
>
> - situation 当时的形式
> - task/target 面临的任务/目标
> - results 取得的结果
> - action/attitude 采取的行动/态度
>
> 图 4-1　SATR 法则
>
> 讨论与分享：
> 1. 描述当时的情景，你有哪些选择？
> 2. 你主要的考虑因素有哪些？你是如何做选择的？
> 3. 评价一下你的选择结果，你觉得成功吗？

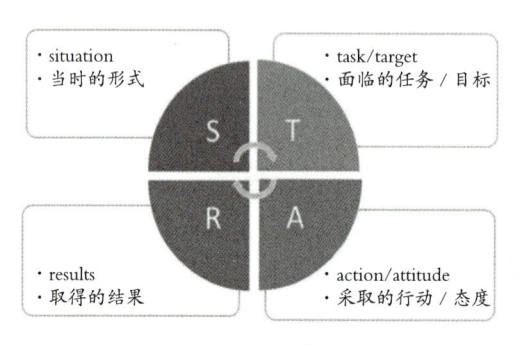

决策风格是指个体在长期的决策过程中形成的比较稳定的决策倾向，包括决策制定方式、对行动的迫切性、对待风险的态度与处理办法等综合特征。决策风格对决策效果有重大的影响。

约翰·B.丁克里奇（以下简称丁克里奇）的决策风格理论在职业生涯决策领域具有重要影响。他通过深入研究，将个体的决策风格划分为 8 种类型，每种类型都反映了不同的决策过程和特征。表 4-2 是丁克里奇决策风格的详细分析。

表 4-2　丁克里奇的 8 种决策风格

决策类型	说明	行为特征	好处
计划型（planning style）	做决定时会倾听自己内在的声音，也会考虑外在环境的要求，以做出适当且明智的选择	一切操之在我，我是命运的主宰，是自己的主人	主动积极地解决问题
痛苦型（agonizing style）	选择的项目太多，无法做出取舍，经常处于挣扎的状态，下不了决心	我绝不能轻易决定，万一选错了，就惨了	收集充分完整的资料
拖延型（delaying style）	知道问题所在，但经常迟迟不做决定，或者到最后一刻才做决定。如大四学生为了避免选择工作的压力，打算先考研再说	急什么？过两天再说吧	延长做决定的时间

续表

决策类型	说明	行为特征	好处
瘫痪型 （paralysis style）	可能在理性上接受了应当做决定的观念，但无法开始决策过程，事实上无法真正为决策和决策的后果承担责任，选择麻痹自己来逃避做决定	我知道该怎么做，可是我办不到	可以暂时不做决定
冲动型 （impulsive style）	选择第一个到来的方案而不考虑其他，当其他的可选方案一出现，就要改变	先决定，再考虑	不必花时间收集资料
直觉型 （intuitive style）	基于"感觉是对的"来做决定，但不能说明原因	嗯，感觉还不错，就这么决定了	比较简单省事
宿命型 （fatalistic style）	知道做决定的需要，但自己不愿做决定，把决定的权力交给命运或机会，认为做什么选择都是一样的	船到桥头自然直。时也、运也、命也	不必自己负责任，减少焦虑
顺从型 （compliant style）	倾向于顺从别人的计划安排而不是独立地做出决定，如听从父母的安排选择自己不感兴趣的专业	如果你说 OK，我就 OK	维持表面和谐

丁克里奇的决策风格理论为我们提供了理解个体决策行为差异的框架。每种决策风格都有其独有的特征和适用范围，而且每种类型都有一定的优点。了解这些差异有助于我们更好地理解他人的决策过程，并在自己的决策中做出更明智的选择。同时，我们也应认识到，不同的决策情境可能需要不同的决策风格，因此在实际应用中应根据具体情况灵活调整。如果将这 8 种决策风格类型进一步进行分类，可以将其划分为两个维度：即环境已知与环境未知、自己已知与自己未知，如图 4-2 所示。

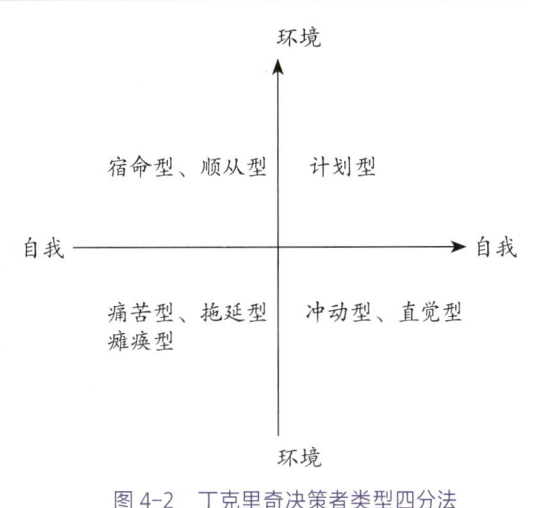

图 4-2 丁克里奇决策者类型四分法

练习 4-1

决策风格类型测试

你平常是怎么做决策的？请仔细阅读表 4-3 中的题目，并注意每个选项没有对错之分，只需根据你的真实情况做出选择。完成所有选择后，计算你的得分，看看你属于哪类决策风格。这个测试可以帮助你了解自己的决策风格。

表 4-3 决策风格类型测试表

序号	情景描述	符合	不符合
1	我常仓促做草率的判断		
2	我做事情时不喜欢自己出主意		
3	碰到难做的事情，我就把它放到一边		
4	我会多方收集决定所必需的一些个人及环境材料		
5	我常凭一时冲动行事		
6	做事时我喜欢有人在身旁，以随时商量		
7	遇到需要做决定的事情，我就紧张不安		
8	我会将收集到的材料加以比较分析，列出选择的方案		
9	我经常改变我所做出的决定		
10	发现别人的看法与我的不同，我就不知怎么办		
11	我做事总是东想西想，下不了决心		
12	我会权衡各项可选择方案的利弊得失，判断出此时此地最好的选择		
13	做决定之前，我从未做任何准备，也未分析可能的结果		
14	我很容易受别人意见的影响		
15	我觉得做决定是一件痛苦的事情		
16	我会参考其他人的意见，再斟酌自己的情况来做出最适合自己的决定		
17	我常不经慎重思考就做决定		
18	在父母、师长或亲友催促做决定之前，我并不打算做任何决定		
19	为了避免做决定的痛苦，我现在并不想做决定		
20	经过深思熟虑之后，我会明确决定一项最佳的方案		
21	我喜欢凭直觉做事		
22	我常让父母、师长或亲友为我做决定		
23	我处理事情经常犹豫不决		
24	当已经决定了所选择的方案，我会展开必要的准备行动并全力以赴做好它		

计分方式：符合记 1 分，不符合不计分，将同一类型的得分计入测试结果表 4-4。

表 4-4 测试结果

题号	1、5、9、13、17、21	2、6、10、14、18、22	3、7、11、15、19、24	4、8、12、16、20、24
得分				
决策类型	冲动直觉型	依赖型	逃避犹豫型	理性型

哪种类型的得分最高，可能就意味着你更偏向于哪种决策类型。

（二）生涯决策的困难及影响因素

1. 生涯决策困难

决策理论的发展始于 20 世纪 60 年代，随后一些研究者从不同的角度构建了职业决策过程模式，其中较有代表性的是 T.L.希尔顿的职业决策过程模式、H.B.伽列特的连续性决策模式和 S.H.奥西普等人的生涯决策理论。1996 年，以色列和美国学者 I.加蒂、M.克劳兹和 S.H.奥西普，以信息加工理论为基础，进一步推动了该领域的发展，他们通过对大量人群的生涯决策情况进行观察、访谈和分析，总结出人们在决策过程中常见的困难类型和表现，并基于这些研究数据，构建了 CDDQ 模型，如图 4-3 所示，并以此为基础编写了职业决策困难问卷。CDDQ 模型更系统、全面地描述了生涯决策困难的各个方面，并为解决这些困难提供理论依据和指导方法。

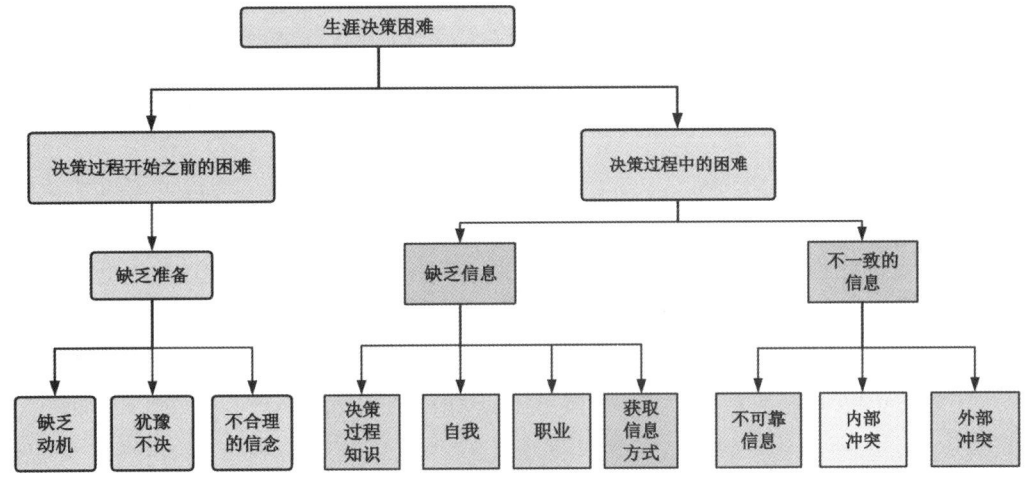

图 4-3　生涯决策困难的 CDDQ 模型

第一大类困难发生在职业决策的前期，被称为"缺乏准备"。这类困难主要包含 3 个小类：①缺乏职业决策动机，即个体在当下没有强烈的意愿进行职业选择；②犹豫不决，即无论面对何种选择，个体都表现出难以做出决策的特点；③在职业决策方面存在不合理信念，即个体对决策持有非理性期望或抱有不合理的想法。

第二大类和第三大类困难主要出现在职业决策的过程中。其中，第二大类困难被称为"缺乏信息"，它包含 4 个小类：①缺乏与职业决策相关的知识，例如如何做出明智的决策，以及决策过程中的关键环节是什么等；②缺乏关于自我的信息，如对自己的能力或职业喜好不够清晰等；③缺乏各种职业信息，例如哪里有招聘岗位，以及每个职业的具体特点是什么等；④缺乏获取信息的有效方式，例如可以通过哪些渠道获取职业信息，以及可以利用哪些资源等。

第三大类困难被称为"不一致的信息"，这类困难指的是由于已获得的信息之间存在不一致性，导致信息使用上的困扰。它主要包含 3 个小类：①不可靠的信息，即指已获得的关于自我特质或职业特质的信息之间存在相互矛盾的地方；②内部冲突，即指个人在决策中看重的要素无法彼此兼容，导致在选择和平衡方面出现困难；③外部冲突，特别是指个人的选择喜好与重要他人的选择喜好不一致，或者重要他人之间的意见不统一，从而给决策带来困扰。

总的来说，CDDQ模型作为职业决策困难领域的核心理论框架，其深远影响不仅在于构建了系统的理解体系，更在于其提供了实践层面的精准导航。该模型深入剖析了职业决策过程中的复杂性与多维度性，使个体能够细致入微地审视自身在职业选择路上所遭遇的种种挑战与困惑。它不仅揭示了信息不全、价值观冲突、自我认知模糊等常见的决策障碍，还强调了这些障碍如何相互作用，共同影响决策进程。通过CDDQ模型的应用，个体能够获得一种全新的视角，来审视并剖析自己在职业决策中的困境。这一过程不仅增强了自我认知的深度与广度，还激发了内在的探索欲望与解决问题的动力。个体开始主动寻求外部资源与支持，如职业咨询、行业探索、技能提升等，以弥补自身不足，为制定更为明智的决策奠定坚实基础。更重要的是，CDDQ模型鼓励个体采取一种积极、主动的态度去面对职业决策困难。它教会我们如何识别问题、分析问题并寻求解决方案，这种能力对于个体未来的职业发展具有不可估量的价值。通过不断实践与反思，个体能够逐渐培养出一种更加成熟、理性的职业决策模式，为自身职业生涯的长远发展奠定坚实基础。

2. 生涯决策的影响因素

克朗伯兹在其社会学习理论中，详细阐述了影响职业决策的4个主要因素，并指出这些因素相互作用，共同塑造了个人对职业的选择和决策过程。以下是这4个因素的详细阐述。

（1）遗传因素和特殊能力。

①遗传因素：包括种族、性别、外在的仪表和特征等生理特质，这些在一定程度上决定了个人的职业表现。例如，某些职业可能更倾向于招聘具有特定身体条件或外貌特征的人。

②特殊能力：如智力、音乐能力、艺术能力、肌肉的协调等，这些能力也会影响个人在职业选择上的倾向和优势。

（2）环境因素和重要事件。

①环境的情况和事件：这包括工作机会的数量和性质、训练机会的多寡及其性质、社会政策和过程（例如遴选训练人员和工作人员的流程）、不同职业的投资报酬率、劳动基准法和工会的相关规定等。除此之外，物理环境（如地震、洪水等自然灾害），以及科技的发展、社会组织的变革等也会对职业决策产生重要影响。

②家庭和社会环境：家庭教育、社会风气和文化背景等都会对个体的职业观念和选择产生影响。

（3）学习经验。

①工具式学习经验：这涉及前因、内隐与外显的行为，以及后果等直接的学习过程。例如，个体可以通过实际操作和亲身体验来学习并掌握某项技能或知识。

②联结式学习经验：这一概念综合了班杜拉的社会学习理论中的观察学习，以及学习心理学中的古典条件学习理论。个人通过观察他人的行为和环境中的刺激来学习，并形成对外部刺激的反应模式。

③学习经验的作用：学习经验不仅影响个人对职业的认知和兴趣，还直接影响其职业选择和决策。通过丰富的学习经验，个人可以培养出适应不同职业要求的能力和素质。

（4）任务取向的技能。

①技能内容：这涵盖了解决问题的能力、工作习惯、心理状态、情绪反应及认知过程（例如选择、注意、保留、符号演练等心理动作能力）等多个方面。这些技能在个人职业发展中起着至关重要的作用。

②技能的作用：任务取向的技能使个人能够更好地应对职业中的挑战和变化，提高工作效率和满意度。同时，这些技能也是个人在职业竞争中脱颖而出的重要因素。

在克朗伯兹的理论中，这4个因素相互作用，共同影响个人的职业决策。他强调，个人应该通过积极参与各种学习和实践活动，不断丰富自己的经验和技能，以更好地适应职业发展的需要。同时，他也关注偶发事件和机缘规划在职业决策中的重要性，鼓励个人保持开放的心态和灵活的策略来应对职业生涯中的不确定性和变化。

> **练习 4-2**
>
> **梳理你重要生涯决策时的影响因素**
>
> 请你写下3个重要决策，分析影响你做决策的因素，探究是哪些要素在起作用，它们对你决策的影响程度有多大，以及这些因素对你的决策是起到了促进作用还是构成了阻碍。
>
> 影响你决策的因素及出现次数：_____
>
> _____
>
> 它们对你决策的影响程度：_____
>
> _____

三、生涯决策的原则与方法

（一）生涯决策的原则

生涯决策的过程是一个综合性的整合过程，需要综合考虑多个因素，既要考虑到个人的兴趣、能力、价值观及资源，又要考虑外部环境和未来发展的需要。以下是一些生涯决策的基本原则，可以帮助同学们做出更明智的选择。

1. 自我认知原则

深入了解自己是生涯决策的基础。个体在生涯决策过程中，首先要对自己的价值观、兴趣、性格、技能等有相对清晰的了解。真正地了解自己，才能避免盲目的选择，从而清晰自己的职业方向和定位。

2. 尊重现实原则

尊重现实是生涯决策的保障。个体在生涯决策的过程中，必须考虑现实因素，比如地域因素、家庭因素、个体能力因素、市场经济因素等。只有尊重现实基础，才能做出合情合理的决策，避免脱离现实。

3. 着眼长远原则

着眼长远是生涯决策的立足点。个体生涯发展本身是一个长期的过程，因此生涯决策既要尊重现实，又要着眼未来，要更多的基于未来成长和发展的需要。特别是大学生需要更多地关注个体的成长和进步，要增强新技能的学习和视野的开拓，过于关注眼前的利益反而会一叶障目，甚至对未来发展造成损失。

4. 目标导向原则

目标导向是生涯决策的前提。个体在生涯决策过程中，要有一个明确的目标指向，在这样的基础上信息的收集才有针对性，生涯决策才有意义，制订计划和策略才有指向性。

5. 保持弹性原则

保持弹性是生涯决策的需要。个体的生涯规划本身就是一个动态的过程，一方面在生涯决策实施的过程中，个体能力、资源在变化、环境在变化，需要个体具有应变的能力，根据实际情况不断地调整和优化；另一方面在生涯决策过程中本身也应该保持一定的弹性空间以应对各种可能性。

（二）生涯决策的方法

1. 认知信息加工理论

20世纪90年代初期，盖瑞·彼得森、詹姆斯·桑普森和罗伯特·里尔登提出了从信息加工取向来看待生涯问题解决的认知信息加工理论。该理论强调，个体如果能够"认知"到生涯选择的内涵，就能够提升其进行生涯选择的能力。这里的"认知"指的是人们获得、储存、提取与应用信息的加工方式及思维方式。换句话说，生涯决策的过程实际上就是通过学习信息加工和提升思考信息加工过程的能力，来解决生涯问题的训练过程。因此，在这个过程中，生涯问题的解决和决策的制定比最终得到的结果更为重要。

按照信息加工的特性，理论学家构建了一个信息加工金字塔模型，如图4-4所示。金字塔的底部是知识领域，主要包含自我知识和职业知识，即了解自我和了解我的选择。金字塔的中间部分是决策技能领域，它涵盖了进行良好决策的5个阶段，即沟通（communication）、分析（analysis）、综合（synthesis）、评估（evaluation）和执行（execution）。这5个阶段的英文名字首字母或代表性字母组合起来，简称CASVE循环，代表了决策技能领域对所存储的信息进行加工处理的过程，它能够指导我们如何做出决策。而金字塔的尖端则是执行加工领域，它强调发展高阶思维，即元认知能力，使我们能够对决策制定的全过程进行反思和调控，也就是思考自己的决策制定过程。

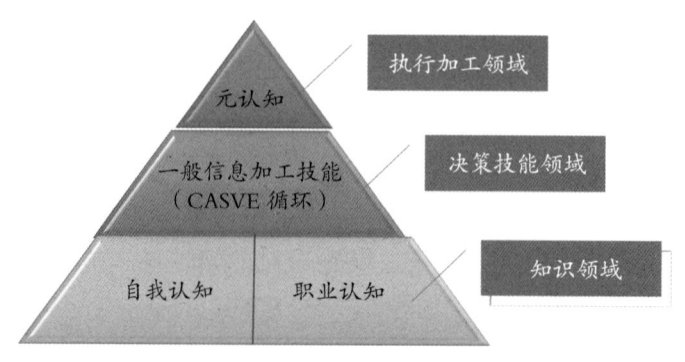

图4-4 生涯决策的信息加工金字塔模型

整体来看，信息加工金字塔模型强调了我们在生涯决策过程中需要掌握的主要成分，而CASVE循环则具体说明了在生涯决策过程中我们应该如何行动。

当我们面临重大决策时，为减少风险，应尽可能多方面考虑决策所涉及的因素。我们可以使用CASVE循环将决策制定过程分为"沟通—分析—综合—评估—行动"5个阶段，来帮助自己做出良好的决策，如图4-5所示。

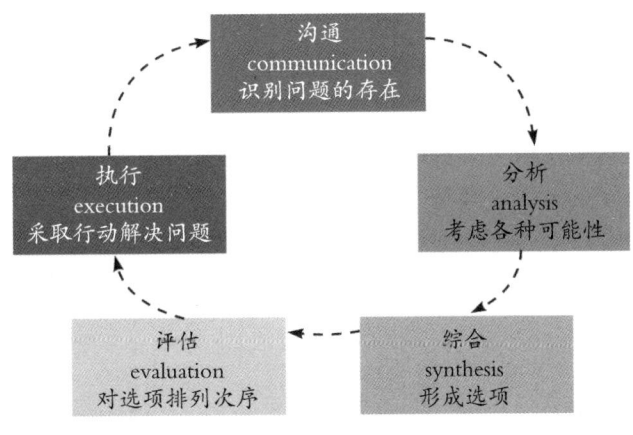

图 4-5 CASVE循环

（1）沟通。

沟通标志着个人察觉到了理想与现实之间的差距，意识到了"问题"的存在，从而萌生出"我需要做出一个选择"的需求。沟通是打开决策之门的钥匙。例如，大四学生在面临多个工作机会时，需要选择其中一个。通常，这种意识或需求是由内部和外部的刺激共同引发的。内部刺激包括个人体验到的情绪，如迷茫、焦虑、紧张等；而外部刺激则包括截止时间的提醒，如毕业的临近、周围人的提醒或催促，如父母、师长、朋友关于毕业后去向的询问，以及社会压力，如毕业季时媒体对当下大学生就业压力的报道等。对于大多数大学生来说，他们很可能是先接收到了外部刺激，进而触发了内部刺激，从而产生寻求内部改变的需求。

（2）分析。

该阶段是指将问题的各个部分相互关联起来，找到导致现实与理想之间差距的主要原因，对现状和所有信息进行深入分析，以充分"了解自我和我的选择"。具体可以细化为以下5个方面：①增强自我知识与职业知识。例如，思考"我需要了解自己或外部环境（学习、职业）的哪些方面？""我可以通过哪些有效的渠道来增强对自我和环境的了解？""目前，我对自己和外部环境的了解程度如何？"②将自我知识和职业知识相联系，探索可供选择的范围和方向，为决策目标的确定奠定基础。③深入反思"无论做出何种选择，最终想要得到的是什么"。可以从具体的选择中抽离出来，站在更长远的时间点上回望当前的选择，以跨越选项看到真实的内心需求。④回顾以往做决策的过程，总结个人的决策风格和策略，梳理出成功的决策经验。⑤了解个人的思维方式是如何影响选择的。

（3）综合。

在分析的基础上，为了进一步缩小问题与理想状态之间的差距，并确认最适合自己的选择，我们需要继续收集与个人紧密相关的可能解决方法的信息。这一阶段的核心任务包括两个方面：首先，我们要积极探索是否还存在新的解决方案，思考如何基于自己的终极目标，发掘更多解决问题的可能性；其次，我们也要审慎考虑是否可以排除那些可能干扰我们做出最佳选择的选项，即思考哪些选项目前并不重要，可以暂时搁置或舍弃，以确保我们的决策过程更加清晰和高效。

（4）评估。

通过"价值—挑战—策略—情感承诺"4个步骤逐一对每个综合阶段得到的解决方案进行评估，排出优先次序，得出可实践的首选和备用方案。①价值。每个选项因为有好处和收益才成为选项。可以从物质与精神，对自己与对他人，眼前和长远等不同维度对选项的价值进行评估。例如："假如我选择了方案A，我将会得到什么？"②挑战。有价值，就一定有挑战、有风险、有代价，否则就不会犹豫不决。因此可以继续思考："假如选择了方案A，接下来我面临的挑战是什么？"③策略。有挑战，就必然要有去预防或应对的策略。这里的策略大致可分为两个方面：一是应对挑战的现实行动；二是在此过程中心态的调整，做好无法达到预期时可以坦然接受的准备。例如："假如选择了方案A，将不得不面对挑战a，我可以如何应对？出现了挑战b，我又该怎么办？"，等等。④情感承诺。即根据之前获取的信息，放眼未来，分别体验每种选择带来的生命状态，感受一下个人是否愿意承担因选择而带来的生活方式。做出情感承诺可用以下语言进行自我体验："假如我选择了方案A，在接下来的3年内，我将获得……同时，我将面对的困难和挑战有……对于这些困难，我采取的应对策略有……倘若未来3年都是这样的生活状态，我能承受这样生活方式的决心有多大？"

（5）执行。

该阶段的核心任务是基于最终的决策来制订具体的行动计划，并付诸实践，以期实现评估阶段所确定的首选方案，进而缩小现实与理想之间的差距。那么，我们应如何有效地制订并执行这一计划呢？

首先，我们需要将首选方案细化为一系列具体且易于操作的小步骤，这些步骤可能涵盖增长知识、提升技能、转变观念、争取资源、投递简历、申请实习等多个方面。其次，我们需要明确哪一步是最适合作为起始的第一步，以确保行动的顺利进行。接着，我们应该对实现最终目标所需的时间进行预估，并为每个小步骤设定合理的完成截止时间，同时预留出一定的缓冲时间以应对外界干扰可能导致的延误。此外，我们可以采用适当的奖励与惩罚机制来确保每个步骤的有效执行。最后，如果在实施过程中遇到阻碍，我们应该清楚如何及时调整和纠正问题，以确保计划的顺利进行并最终达成目标。

需要注意的是，决策的制定并非一次性完成，而是一个循环往复、不断优化的过程。只有在真正采取行动去执行选择之后，我们才能通过切身的体验去检验自己做出的决策是否正确，以及当初引发问题的内部和外部刺激是否得到了有效的缓解，理想与现实之间的差距是否得到了实质性的弥补。如果问题没有得到解决，那么我们将继续进入

CASVE循环。在CASVE循环中，任何一个阶段遇到的困难都可能会使我们回到前一个阶段去纠正问题，以确保我们能够做出更加明智和有效的决策。

> **体验活动 4-2**
>
> **我的决策模式**
>
> 请回想一下迄今为止你在生活中做出的一个重大决定，并思考一下你通常采用了什么样的决策模式？
>
> _____
>
> _____
>
> 现在，考虑一下你现阶段面临的职业决策问题，尝试使用CASVE循环来进行分析。你可以参考以下问题来引导你的思考。
>
> 1. 你是怎么认识到自己的需求的？
> 2. 你如何分析这个问题，如何收集信息？
> 3. 你是如何形成解决方案的？是否看到了其他的可能性？
> 4. 你在不同方案之间如何做出选择？标准是什么？
> 5. 你做了决定后，如何落实行动？
> 6. 你怎么评价自己的决策过程？结果如何？你满意吗？
> 7. 分析这些之后你有什么新感受？对你处理职业生涯中的决策问题有何指导性意义？

（三）生涯决策的工具

1. 决策平衡单的使用步骤

职业决策平衡单是一种方法和框架，旨在帮助决策者全面审视与职业选择相关的各种要素，以便做出更加科学的决策。例如，当一个人初步确定了几个自己感兴趣的职业选项，并有意将它们作为长期职业目标时，可以借助职业决策平衡单来辅助自己做出最终的选择。

运用职业决策平衡单的前提如下：具备事业成熟的相关条件；已有可供选择的多个职业发展方案。

运用职业决策平衡单方法的步骤如下。

（1）列出2～3个自己的职业备选方案，最好能够具体到职位，并将它们分别填入表4-4中。

（2）确定个人的职业决策因素。在进行有效的职业决策时，通常需要综合考虑自我物质方面的得失、他人物质方面的得失、自我精神方面的得失及他人精神方面的得失等四方面因素。可以根据自己的实际情况来做出选择，并根据需要添加其他你认为重要的因素。

生涯决策平衡样表

（3）接下来，针对每个职业备选方案，在你的决策考虑因素项上给出相应的权重。权重代表了你在进行决策时对这项因素的看重程度，一般加权范围为1～5倍。将每个因素的权重数值（即权数）填入表中，数值越大，说明这项因素对你越重要。

（4）打分。针对职业决策的各项因素，对每个方案在某项因素上的失与得进行打分。每项因素的计分范围设定为1~10分。

（5）分值的计算。首先，将每项因素的得分和失分分别乘以对应的权数，然后将所得结果相加，以算出每个方案的总分。最终，得分最高的方案将被视为最合适的选择。

2. 决策平衡单的应用实例

小张的决策平衡单：团学工作 VS 专业竞赛会选什么？

案例4-1中的小张在深思熟虑之后，决定采用一种更为系统和理性的方法——"决策平衡单"这一工具来辅助自己进行决策。表4-5是他利用决策平衡单做出的决策结果。

表4-5　小张的生涯决策平衡单

考虑因素		权重(1~5分)	团学 正面预期得分（加权分）	团学 负面预期得分（加权分）	竞赛 正面预期得分（加权分）	竞赛 负面预期得分（加权分）
个人物质方面的得失	1. 工作的困难	4	5（+20）			-7（-28）
	2. 工作环境的安全	3	3（+9）			-4（-12）
	3. 休闲时间	2		-5（-10）	4（+8）	
	4. 对健康的影响	4		-2（-8）		-3（-12）
	5. 就业机会	3	6（+18）		7（+21）	
他人物质方面的得失	1. 家庭地位	4	3（+12）		4（+16）	
	2. 与家人相处的时间	5	2（+10）		4（+20）	
个人精神方面的得失	1. 生活方式的改变	3		-2（-6）		-3（-9）
	2. 成就感	5	3（+15）		7（+35）	
	3. 自我实现的程度	4	4（+16）		8（+32）	
	4. 兴趣的满足	4	6（+24）		7（+28）	
	5. 挑战性	4	2（+8）		5（+20）	
他人精神方面的得失	1. 父母	4	3（+12）		5（+20）	
	2. 师长	3	3（+9）		5（+15）	
合计			129		154	

结合平衡单的结果，小张最终做出了自己的决定，选择继续参加比赛，放弃团学的竞选。经过这一系列的理性分析和权衡，他意识到，无论是哪条路，都是成长道路上不可或缺的风景，关键在于他如何把握现在，勇敢前行。小张的决策平衡单不仅帮助他解决了眼前的选择难题，更让他学会了在未来的生涯规划中，如何运用更加科学和系统的方法，做出更加明智和满意的决定。

课后任务

任务主题：完成自己毕业目标的决策

任务要求如下。

（1）确定3个毕业去向的目标，越具体越好，可以是留学、就业、考研、当兵等，要求职业方向明确，升学专业具体。

（2）认真思考和列出考虑因素，运用决策平衡单的步骤和方法完成决策，填入表4-6。

表4-6 毕业去向决策平衡单

选择项目 考虑因素	权重 （1～5分）	毕业去向一 （　　） 得分	小计	毕业去向二 （　　） 得分	小计	毕业去向三 （　　） 得分	小计
总分							

任务反思：根据决策平衡单的结果，确定你的首选目标并说明原因。

课后阅读与思考

生命平衡轮及其应用

"生命平衡轮"是生涯教练技术中常用的一个工具，它通过"轮子"的形象比喻，将生活中抽象的事物具象化地展现出来。就像车轮从轴心延伸出一根根辐条，每根辐条都支撑着轮子的外缘，确保轮子能够均匀受力，顺利前后滚动。对于大学生来说，这个工具具有多重应用价值，不仅可以用于全面盘点现状，还可以广泛应用于学业规划、学期规划，甚至在解决职业选择、人际关系冲突等常见问题时也能提供有力辅助。

生命平衡轮这项技术需要借助一幅图来完成。我们模拟车轮的样子，将一个圆分成若干等

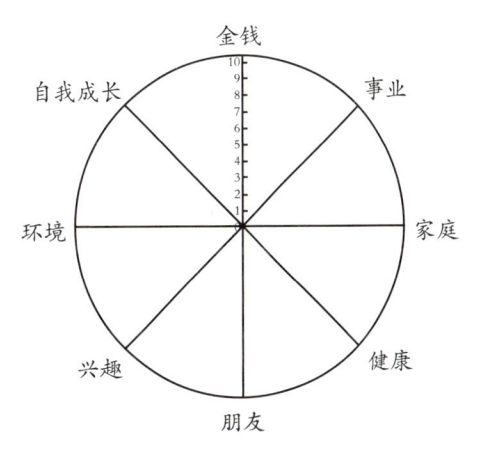

图4-6 生命平衡轮样例

份（通常分成8等份），然后在图中填写工作、生活、情感、成长等内容，每个辐条代表一项，如图4-6所示。以金钱为例，我们可以从圆心往外分成10个刻度，通过对金钱满意度的打分，帮助自己清晰地了解目前在金钱方面的满意程度。

当我们对每个项目都进行打分之后，就能从整体上对现状有一个清晰的把控，察觉到那些平时被忽略的部分，并找出我们希望有所改变的内容。生活中那些容易被我们忽略和模糊的元素，通过生命平衡轮这一张图的系统梳理，就会变得具象且清晰。在梳理的过程中，我们往往会产生许多思考，伴随着思绪的展开，会体验到满足与遗憾交织的情感。随后，我们就自然而然地进入了制订计划、采取积极行动的环节。生命平衡轮的具体操作步骤如下。

（1）对于大部分人来讲，建议从以下8件事入手评估：健康、家庭、事业、金钱、个人成长环境（或休闲）、兴趣和朋友。上述8项仅为参考，可以根据实际情况做调整。确定好内容后，将上述项目写在轮子的辐条外缘。

（2）询问自己：对于这8个方面，每一方面的满意度是多少？如果10分是满分，你会给每一方面打几分？记录下每一项的打分情况，然后在辐条上找到相应的刻度并做好标记。这个过程需要特别有耐心，也需要充分地自我沟通，它是这个工具最核心的部分。不要急于求成，而忽略了这次认真反思和总结的绝好机会。因此，在这个环节中，最好做到细细地想、慢慢地涂。过程中，你可以对项目、得分等进行修改。

（3）接下来，将相邻的两根辐条的分数连接起来，这样就得到了一张"雷达图"。当你拿到这张雷达图时，就表示该工具的绘制环节已经完成。

（4）在清晰了现状的基础上，我们可以对该工具进行深度应用。接下来，询问自己：看着这张图，你对目前的状况满意吗？如果只能选一个你最想改变的地方，那会是什么？通过这样的询问，引发自己对现状进行深入分析，明确未来的发展目标和方向，为后续制订改变计划做好准备。

（5）在明确了个人的发展目标和方向之后，强烈建议大家增加一个赋能的问题来深入思考：如果我真的进行了调整和改变，那么我的生活将会发生怎样的积极变化呢？这个问题能够更有效地启发我们去憧憬和想象改变后的生活，将原本抽象的感受转化为具象化的画面，让一幕幕真实而生动的场景在我们的脑海中浮现。这个看似简单的一句追问，实际上具有深远的意义，它能够深度激发我们内心的向往和渴望，为我们制订并执行后续的行动计划增添源源不断的动力和能量。

（6）接下来，我们可以基于这些深入的思考，引导自己按照内心的想法和憧憬，制订具体的计划，并勇敢地采取行动。

阅读思考

针对你的毕业目标，应该如何将生命平衡轮运用到你本学期的规划上？

第二节　管理我的目标

知识目标

- ◆ 掌握目标制定的原则方法。
- ◆ 掌握目标职业分析的方法。
- ◆ 学会目标的分解、计划的制订和实时管理。
- ◆ 了解目标的评估与修正。

能力目标

- ◆ 能够熟练将SMART法则运用于自己的职业目标分析中。
- ◆ 能够运用时间管理方法制定和执行职业规划。

明德笃行

通过这一讲的学习，理解目标对于个人学业和职业发展的重要意义，学会结合职业目标和人生规划，科学地制定具体目标和行动计划；通过应用所学的时间管理方法推动自己向目标迈进，成为时间和个人生涯的主人。

章节导入

案例 4-3

比尔·拉福的成功之路

比尔·拉福（以下简称拉福）从小立志要当一名成功的商人，他的父亲也认为他机敏果断，于是鼓励他报考经济或商贸类大学，然而高中毕业后，他考入麻省理工学院，学习最基础的机械制造专业。在4年大学生涯里，拉福还涉猎化工、建筑、电子等方面的知识；毕业后，比尔并没有立即投身商海，反而进入政府部门工作5年。5年之后，他应聘到一家公司，开始熟悉商情和商务技巧。两年后，公司决定让他当高管，他却辞职了，他意识到开始向理想迈进了。于是，他创建了拉福商贸公司，此时他已经35岁了。

在此后25年里，拉福的公司从最初的25万美元的资产发展成了现在的200亿美元，他成了美国商业圈的一个神话人物。

案例思考：

1. 梳理比尔·拉福的每个生涯选择，思考每个选择和他最终目标的关系。
2. 比尔·拉福的成功给你的启示是什么？

> 讲解与练习

一、职业定向

（一）职业定向的概念

职业定向的概念最早在金一鸣教授 2000 年出版的《教育社会学》中被提及，是指青年学生确立职业方向，选择职业目标，并为此而采取各种行动的行为。职业定向即个体职业生涯规划过程的基础，也是事业成功的前提。个体的职业定向，主要是要解决"干什么""在哪干""干到哪"3 个问题，即定向、定点、定位，这 3 个问题解决了，职业定向问题也就解决了。

1. 定向

职业生涯设计的第一步是要"定向"，即确定职业方向，此为"一定"，方向一旦确定错误，将会导致个人在职业道路上走弯路，甚至偏离目标，需要重新调整方向，这会付出更大的努力与时间成本。职业定向是一个过程，指个体确立职业方向，选择职业目标，并为此制订计划、采取行动的过程。

在理想情况下，人们认为职业方向应该与本人所学专业紧密相关。但实际生活中，许多人的职业道路并不总是如此线性或直接相关。据麦可思研究院调

本科学科门类名称	2023届/%	2022届/%	2021届/%
医学	92	94	93
教育学	81	83	84
历史学	76	71	70
理学	76	73	71
法学	73	71	68
文学	71	73	74
管理学	67	67	66
艺术学	64	68	70
经济学	62	62	62
农学	59	61	59
全国本科	72	74	73

图 4-7 2021—2023 届应届毕业生就业的对口率

查，2023 届应届毕业生就业对口率中，最高医学为 92%、最低农学为 59%，如图 4-7 所示。"学非所用"在职场也很常见，但在一定程度上也是一种人力资源浪费。及早定向，科学定向对于大学生来说，有利于下好职场先手棋，更为聚焦地规划大学生涯。

2. 定点

所谓"定点"就是定职业发展的地点。俗话说"人各有志"，大学生对毕业后职业意向地的选择也各有不同，有些人看重区域经济发展状况、有些人看重气候和生活节奏，有些人看重就业的机会，有些人看重离家远近。选择地点时需要综合考虑多方面的因素，避免因为一时冲动而做出决定。去往一个新地方，尤其像南方一些经济发展迅速的城市工作，确实可以带来更多的机会和发展空间，但同时伴随着一些挑战，包括竞争激烈、观念差异带来的心理压力，以及因气候、水土不服带来的身体不适等。如果变换工作地点，一方面需要花更多的时间适应生活和工作节奏，另一方面需要重新积累工作人脉资源，对一个人的职业发展来说，往往并不一定是件好事。

3. 定位

合理定位在人生规划与职业发展中占据着举足轻重的地位。在这个信息爆炸、机遇

与挑战并存的时代，合理定位关乎个人潜能的最大化发挥，关乎着个人的生活和职场幸福，更是实现自我价值与社会贡献和谐统一的关键。通过深入剖析自我，能够更加清晰地认识到自己在职场的位置，使我们能够做出更加符合自身特点和实际情况的决策，这样既能避免盲目跟风或盲目追求不切实际的目标，也能减少因为目标过高而带来的焦虑感。无论在职场还是学校，抱有"从基层做起、从小事做起"的心态定位，可以帮助你一步一个脚印，循序渐进地成长，对你的一生都会有裨益。

（二）职业定向的作用

《爱丽丝梦游仙境》里，猫对爱丽丝说："如果你不知道自己想去哪儿，那么走哪条路都无所谓。而你只要一直往前走，哪怕是胡奔乱跑，也总可以到达某个地方。但你对自己的处境满意与否可就是另一回事了。"很多学生进入大学期间忙忙碌碌，参与各种各样的活动，但却缺乏明确的目标与方向。很多大学生一方面感到迷茫，另一方面又不愿意停下脚步花时间看清楚自己的方向，只是盲目地胡乱奔跑，到了毕业求职时，才发现大学有很多的遗憾。事实上，没有方向的奔跑虽然往往比待在原地要好，但真的不是一种前往目的地的高效路径，有时甚至还在倒退。职业定向就好像在职业发展的路上看到了一盏明灯，让你的前行之路豁然开朗。总的来说，职业定向有以下4个方面的作用。

1. 职业定向具有唤醒功能

当一个人有明确目标时，自然而然地就会关注与目标相关的信息和实现目标所需要的资源。因此职业定向能使与个体职业目标相关的知识、策略被唤醒、发现或使用，也会激发一个人朝着目标前进的动能，让个体朝着目标的方向行动。

2. 职业定向具有导向功能

职业定向不仅能够帮助个人确定自己的职业目标，还能够在认知层面上更好地理解自己的职业路径，在行为层面上指导他们采取有效措施来实现职业目标。研究发现，在驾驶训练中提供针对性的反馈能够显著提高驾驶员在特定方面的表现，但是未设有目标的那些方面的表现没有改善。

3. 职业定向具有激活能量的功能

职业定向帮助个人明确自己的职业目标和发展方向，能够激发个人内在的动力，更加专注于实现职业目标；职业定向促使个人将有限的时间、精力和资源聚焦于与职业目标相关的领域；职业定向不仅关注个人当前的职业状态，还关注其未来的成长和发展。通过不断地学习和实践，个人能够在职业道路上不断成长和进步，逐步实现自己的职业价值和人生理想。

4. 职业定向具有维持功能

职业定向能为个人提供持续的动力，激励他们在遇到困难和挑战时坚持不懈；同时，它能使个人在职业发展中保持相对稳定的状态，清晰的目标有助于在职业生涯中保持专注和投入；另外，职业定向有助于形成个人的职业身份认同，强化对自身职业角色的认知和归属感，从而更坚定地在该领域发展。

（三）目标职业的来源

职业目标的形成是一个复杂且多维的过程，它涉及个人的内在需求、外部环境、社会文化背景及个体经历等多种因素。职业目标可以被视为一个人在职业发展和个人成长中所追求的方向和终点，它不仅影响着个人的职业选择，还深深影响着生活的满意度和幸福感。以下是从不同角度对职业目标来源的详细解析。

1. 家庭的影响

家庭背景作为一个人成长过程中的重要组成部分，对其职业选择有着深远的影响。家庭背景包含了家庭文化、经济条件、父母职业等多个方面，它们共同塑造了一个人的价值观、兴趣爱好，以及对未来职业的期望。

（1）父母的职业对个人的职业选择有着潜移默化的影响。

子女在成长过程中，常常会意识不到自己被父母的职业选择所影响，潜移默化地接受父母对于某个职业的评价和认可。例如，父母是医生或工程师，他们可能更鼓励孩子选择这些稳定且受人尊敬的职业。由于父母对于特定职业的认可和经验，子女可能会更倾向于选择与父母职业相似的领域，因为他们认为这样能够获得更多的支持和指导。

（2）家庭文化在一定程度上塑造个人的职业选择。

一个有着文化传承的家庭，让子女接触到多样的艺术、文学、音乐等领域，并且以此为榜样塑造子女的兴趣爱好与追求。例如，在一个家庭中，父母对音乐有着极高的热情和追求，他们可能会鼓励孩子学习音乐并且选择成为一名音乐家或音乐老师。因为在这样的家庭环境中，音乐被普遍认为是一种高雅的艺术，孩子们可能会受到积极的影响，将来也会从事相关的职业。相反地，如果家庭文化更注重实用性和功利性，那么孩子可能更倾向于选择金融、医学等更稳定且收入较高的职业。

（3）家庭的经济状况也会影响个人的职业选择。

贫困家庭的孩子可能因为经济压力而选择更为实用的职业，如技工、护士或销售等，以尽快承担起家庭的经济责任。富裕家庭的孩子可能因为经济条件优越而选择更为自由和宽泛的职业，如艺术家、探险家或社会工作者等。

2. 专业的可能

（1）专业选择影响未来职业发展。

专业是我们未来职业发展的基础，不同的专业在就业市场上的需求和发展前景不同，因此选择合适的专业可以为我们的职业发展提供优势。如果我们想从事IT行业，选择计算机、软件工程等专业可以为我们在就业市场上提供更多机会；如果我们想从事金融行业，选择经济学、财务管理等专业可以提高我们的竞争力。

（2）专业对职业发展的指引作用。

选择合适的专业可以为我们的职业发展提供方向和指导。大学的专业教育可以帮助我们获得专业的技能和知识，了解行业的发展趋势和前沿技术。通过专业知识的学习和实践，可以逐步形成自己的职业规划和发展路径，明确自己的职业目标和未来方向。合理规划职业发展的道路可以帮助我们更好地实现自我价值，创造更好的未来。

（3）专业对个人成长的促进作用。

大学专业不仅仅是一种知识和技能的传授，更是一种思维和方法的培养。通过专业教育的学习和实践，我们可以培养综合分析和解决问题的能力，提高我们的逻辑思维和创新能力，增强我们的职场竞争力。此外，专业学习也可以帮助我们认识自我，找到自己的兴趣和天赋，实现个人和职业发展的有机结合。

3. 现实需求

通过行业分析找到适合自己的职业方向，是职场定向中至关重要的一步。只有了解行业的发展趋势和个人的兴趣、能力的匹配度，才能确定明智的职业目标。

（1）社会发展的需求。

一方面，随着社会的进步和变化，新的需求不断涌现，相应的新职业也应运而生，比如科技的发展催生了诸如人工智能工程师、大数据分析师等与科技相关的职业；另一方面，经济发展的不同阶段对人才需要的类别和数量都有很大的影响，而这些都是我们选择目标职业的依据之一。

（2）个人特质的匹配。

个人的兴趣也是目标职业的重要来源，比如既喜欢篮球又喜欢孩子，青少年篮球教练就可能成为你的目标职业；个人的价值取向也是目标职业的重要来源，你是一个利他倾向明显的人，那么社会工作者、教师可能会成为你的职业选择；另外，胜任能力也是一个考虑因素，如果你在做学生干部时能够协调处理好团队成员的关系，或许辅导员可以成为你的目标职业之一。

二、目标的制定

（一）目标的分类

目标分类是一个动态过程，它要求个人具备洞察力、灵活性和适应性。有效的目标不仅应当符合个人或组织的愿景，还应与外部环境、行业趋势和个人能力相匹配。目标的分类方法有很多，从内容上分可分为生活目标、学习目标、财务目标、职业目标、事业目标等；从时间维度分，可分为短期目标、中期目标和长期目标等，我们这里主要阐述时间维度的分类。

1. 终极目标：生命的意义

终极目标是个人一生追求的最高理想，它们超越了物质和功利的范畴，触及灵魂深处的渴望。成为世界知名的思想家、艺术家，或者致力于推动社会正义和环境保护，这些终极目标反映了人类对生命意义、贡献和成就的永恒追求。

2. 长期目标：梦想的轮廓

长期目标描绘的是数年乃至几十年后的宏伟蓝图，它们是个人或组织愿景的核心。比如，成为某个领域的权威、创立并经营一家成功的企业，或是规划一个充实的退休生活，这些都是长期目标的体现。长期目标要求我们有远见卓识，能够预见未来的趋势和机遇，同时也需要我们具备持之以恒的决心和勇气。

3. 中期目标：成长与转型的阶梯

中期目标可能跨越数月至几年的时间，它们更像是一系列连续的台阶，引领着个人或组织从当前状态迈向更高层次。这些目标可能涉及职业晋升、教育成就或专业认证，每一项都是成长道路上的关键里程碑。中期目标要求我们具备耐心和毅力，同时保持对目标的清晰认识和持续的努力。

4. 短期目标：基石与催化剂

短期目标是通往长期愿景的基石，它们如同一座座小桥，连接着现状与未来。这些目标通常在几周到几个月内实现，旨在保持动力，确保每一步都朝着既定的方向前进。例如，学习一项新技能或完成项目的一个关键阶段，都是短期目标的典型例子。它们提供了即时的满足感和成就感，同时也为更长远的目标打下坚实的基础。

（二）目标制定的原则

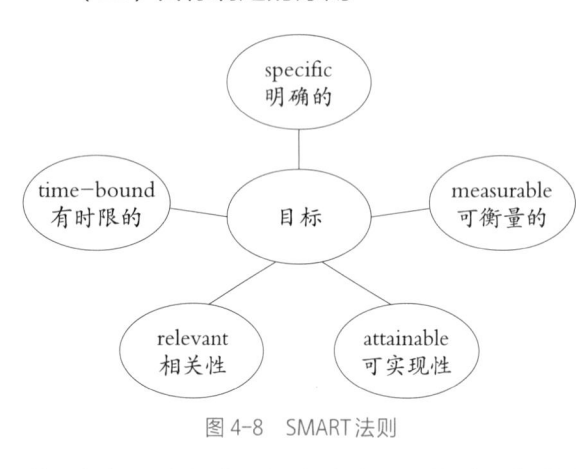

目标的制定是一个策略性的思维过程，它不是设定一系列要达到的结果，而是一种精心设计的蓝图，引导着我们从当前状态向期望的未来迈进，从而激发出个人的潜力。我们常用的目标设定原则是SMART法则（见图4-8），最早是由管理大师彼得·德鲁克（以下简称德鲁克）在1954年提出来的。德鲁克被称为现代管理学之父，他在目标管理方面的方法深深影响了当代人。可以说，任何一个设定目标和达成目标的过程都蕴含着德鲁克SMART法则的影子。

图4-8 SMART法则

实际上，SMART目标管理法强调的不仅是在设定目标的环节要遵循SMART原则，而是在设定目标的初期，以及在进行目标分级、目标执行、总结改善等环节均需要遵循正确的方法，采取正确的行动。

1. SMART原则一——明确的（S）

明确的（specific）指的是目标要是具体的、特定的、清晰的、明确的，不能是模糊的、笼统的、没有边界的。列宁曾说："没有抽象的真理，真理总是具体的。"要达到specific的要求，需要能够用明确的语言清楚地表达出目标的含义。明确的目标才能给我们动力，模棱两可的目标很可能变成一句口号，起不到用目标促进成长的效果。

例如，有的家长让孩子把"努力学习"作为目标，但什么叫"努力"？学到什么程度才算"努力"？具体要在哪些方向上"努力"？显然，这是个模糊的目标，而不是一个明确的目标。与之不同的是，家长让孩子把"学习总分全班前十"作为目标，自己就会比较清晰。

总之，满足specific原则的目标应当有确定的表述，不能模棱两可，并且应当有清晰的行动，知道自己该做什么。

2. SMART原则二——可衡量的（M）

可衡量的（measurable）指的是目标应当是可以被细化为以事实为依据的或者可以量化的目标，同时这些验证目标是否达成的数据或者信息是可以被获得的。德鲁克曾说：如果不能衡量，就无法被管理。可衡量性就像是一把尺子，丈量着目标的达成情况。没有这把尺子，目标是否达成或者达成情况将无法获取。

比如大学英语"成绩良好"这样的目标就很难衡量，因为每个人对于良好的标准不一样；如果换成通过英语四级，那一切就变得简单了，因为大家都认为四级考试425分就是通过的标准。

3. SMART原则三——可实现性（A）

可实现性（attainable）指的是在人们付出努力后能够被实现的目标，也可以理解为不要过高或过低地设定目标。畅销书作家丹尼尔·科伊尔说："把自己置于杠杆的一边，遭遇的失败越多，你就翘得越高。窍门是设定一个稍稍超过自己现有能力的目标，设定努力的目标靶。盲目受挫毫无帮助，实现目标才能突破原有水平。"最好的目标是在可达成的同时，具备一定的挑战性，当然最好是"伸伸手""踮踮脚""跳一跳"才能达成的目标，因为这样的挑战性更有助于激发我们不断进步。

例如，对于高考英语90分以下的同学来说，如果你的目标是一次性通过英语四级，这的确有点难度，可以根据自己的能力，将考试目标设定在400左右的某个值，通过阶梯式的设定目标，逐渐实现通过英语四级的目标。

4. SMART原则四——相关性（R）

相关性（relevant）指的是目标要对实现愿景或者使命有所帮助，同时在一个系统内的多个目标要具备一定的关联性。南非前总统纳尔逊·罗利赫拉赫拉·曼德拉说："人们只会回应和他们相关的事情。"目标应当为自身的需求服务，应当导向某种价值或意义。不能满足某种需求、不能实现某种价值、没有特定意义的目标通常是无效的。设置的目标要对实现大目标有所帮助，相关行动要对实现目标有所帮助，不能出现"跑题"的情况。

例如，张三一个月之后有一场重要的英语四级考试，但给自己制定的学习目标不是每天2小时背50个英语单词，而是每天花1小时做数学题。这个目标显然"跑题"了，没有满足一个月后英语考试的需求。

"跑题"的目标会让我们缺少动力，即使实现了，对我们的最终目标帮助也不大。所以，设置目标时，一定要考虑好自己最期待实现什么。设定的目标和愿望是否有关系。关系越紧密，学习动力越强，实现后的满足感也越强。

5. SMART原则五——时限性（T）

时限性（time-bound）指的是目标要有时间限制，或目标的实现要有一定期限。个人成长权威人士博恩·崔西说："为自己的目标设定一个最后期限。如果一个目标没有最后期限，就不会产生紧迫感，从某种意义上说，你的行动就没有真正的起点和终点，自然而然地，你就会拖延时间，工作效率也在不知不觉中降低了。"

任何目标都要花费一定的时间，设置目标时，应当明确目标所需时间。如果没有时间概念，则目标多长时间完成都是合理的，将会失去完成目标相关任务的紧迫感，有时候实现了目标也会发现它的价值大大缩水。比如你的目标是大学通过英语六级，可当你在大学最后一次英语六级考试通过时，你会发现你已经错过了秋招和春招，此时移入简历中，它的价值对于求职来说已大打折扣。因此，每个目标都要设置实现的期限，都应当有时效性，也就是不仅要说清楚用多长时间完成，还要说清楚从何时开始完成，或在某个时间点之前完成。为目标设置实现的截止时间后，我们会产生紧迫感，会使得完成目标的过程更专注，效率也更高。

这里介绍一种工具——SMART原则检验表，如表4-7所示。当我们有了某一目标时，可以用它来检验目标是否符合SMART原则。SMART原则检验表中的所有项都为"是"时，代表这个目标完全符合SMART原则，是一个合格的目标。假如SMART原则检验表中的某一项为"否"。则应当重新审视该目标，重新定义目标。

表4-7 SMART目标法则检验表

原则	序号	对应问题	判断	
明确的 （specific）	1	目标是否有确定的表述？	□是	□否
	2	目标是否有导向清晰的行动？	□是	□否
	3	目标是否表达出明确的边界？	□是	□否
可衡量的 （measurable）	4	目标是否是客观的？	□是	□否
	5	目标是否以事实为依据？	□是	□否
	6	目标能否被有效获取？	□是	□否
可实现性 （attainable）	7	目标是否具有挑战性？	□是	□否
	8	目标是否实现，有可能达成吗？	□是	□否
	9	目标是否考虑了当下的所有情况？	□是	□否
相关性 （relevant）	10	目标是否有足够的价值或意义？	□是	□否
	11	目标达成的资源是否能够有效地获取或者应用？	□是	□否
	12	目标相关的行动是否对达成目标有所帮助？	□是	□否
时限性 （time-bound）	13	目标的时间限制是否足够明确？	□是	□否
	14	目标所用时间是否为当前能达到的最短时间？	□是	□否
	15	完成目标是否有明确的截止时间？	□是	□否

（三）具体目标的设定

SWOT分析法，全称为态势分析法，是一种广泛应用于战略规划、项目管理、市场分析等领域的分析工具。该方法由美国哈佛商学院的教授肯尼斯·安德鲁斯于20世纪60年代提出，旨在帮助组织或个人全面审视自身内外部环境，明确自身的优势与劣势，识别外部的机会与威胁，进而制定出针对性强、可行性高的发展战略。

SWOT分析法将分析过程划分为4个核心部分：优势（strengths）、劣势（weaknesses）、机会（opportunities）、威胁（threats），这四个方面既相互独立又紧密关联，共同构成了组织或个人发展的全面图景。

SWOT分析法可以从中找出对自己有利的、值得保持或拓展的因素；也可以找出对自己不利的、要避开的东西，发现存在的问题，找出解决办法，并明确以后的发展方向。它是被广泛应用于商业、战略规划、个人发展等多个领域的分析工具。它帮助个人或组织识别并评估其内外部环境中的关键因素，以便制定有效的策略，它是最常用的方法之一。

进行SWOT分析时，主要有以下几个方面的内容。

1. 分析环境因素

运用各种调查研究方法，分析个人所处的外部环境因素和内部能力因素。在调查分析内外部因素时，不仅要关注历史和现状，更要以发展的眼光预测未来。这包括考虑技术进步的速度、行业变革的方向、个人职业目标的长远规划等。通过设定明确的发展目标，制订针对性的学习计划、职业规划或转型策略，以充分利用外部机会、克服内部弱点、应对潜在威胁，实现个人持续成长与发展。

（1）strengths（优势）。

定义：优势是指组织或个人内部拥有的正面特质或资源，这些特质或资源能为其带来竞争优势。优势可能包括技术专长、品牌知名度、财务稳定性、人力资源质量、专利技术或市场占有率等。

作用：识别优势有助于个人或组织确定其核心竞争力，以及如何利用这些优势来实现目标和抵御外部威胁。

（2）weaknesses（劣势）。

定义：劣势是组织或个人内部存在的负面因素，可能会削弱其市场地位或阻碍目标的实现。劣势可能包括过时的技术、高昂的成本结构、管理混乱、技能不足或品牌形象受损等。

作用：了解劣势可以帮助个人或组织识别需要改进或加强的领域，以提高整体表现和市场竞争力。

（3）opportunities（机会）。

定义：机会是指外部环境中出现的有利条件，可以被个人或组织用来实现其目标。机会可能包括新兴市场、行业趋势、政策变化、技术创新或竞争对手的失误等。

作用：识别机会使个人或组织能够制定策略，抓住时机，利用外部环境的有利条件来促进增长和创新。

（4）threats（威胁）。

定义：威胁是指外部环境中可能对个人或组织造成负面影响的因素。威胁可能包括强势的竞争对手、经济衰退、法规变动、技术替代品的出现或消费者偏好的转变等。

作用：分析威胁帮助个人或组织预测潜在的风险，并制定相应的防御或应对策略，以减少负面影响。

SWOT方法是一种系统思维，优点在于考虑问题全面，而且可以把对问题的"诊断"和"开处方"紧密结合在一起，条理清楚，便于检验。

2. 综合制定策略

完成对个人环境因素的系统性分析及构建SWOT矩阵之后，我们能够清晰地认识到自身所处的内外部环境，包括优势、劣势、机会与威胁。这一过程为设定个人发展目标提供了坚实的基础，并指引着后续行动计划的制定。比如针对目标职业你的学历层次不够，那么提升学历就会成为你的不二选择。运用系统分析的综合分析方法，将排列与考虑的各种环境因素相互匹配起来加以组合，得出一系列个人未来发展的可选择对策，如表4-8所示。

表4-8　SWOT分析的4种策略

外部	内部	
	优势（S） 具备教育背景、知识技能 具备个人特质、职业能力 具备工作经验、资源网络	劣势（W） 欠缺教育背景、知识技能 欠缺个人特质、职业能力 欠缺工作经验、资源网络
机会（O） 当下供需、社会发展 自我成长、个人选择 地域优势、关系网络	SO策略	WO策略
威胁（T） 当下供需、社会发展 竞争者、地域劣势	ST策略	WT策略

（1）SO策略是进攻型对策，即积极利用自身优势，把握外部机会。

（2）ST策略是中性对策，即积极发挥自身优势来迎接外部的挑战。

（3）WO策略是中性对策，即在考虑自身劣势的情况下最大限度地利用外部机会。

（4）WT策略是防御性对策，即避免自身劣势和外部威胁。

案例4-4

庞燕的SWOT分析表

庞燕是人力资源管理专业的学生，在选择人力资源管理相关职业时所做的个人SWOT分析（见表4-9）。

表4-9　庞燕的SWOT分析表

外部	内部	
	优势（S） 1. 专业成绩优秀，学习能力强 2. 丰富的学生干部工作经验 3. 工作细致，善于沟通合作 4. 外语水平高	劣势（W） 1. 学历水平不高 2. 没有相关的工作经验 3. 比较情绪化，容易受外界影响 4. 考虑问题不全面
机会（O） 1. 人力资源管理逐渐受到企业的重视 2. 现如今人力资源管理人才需求日益增加	SO策略 1. 利用良好的专业知识与丰富学生工作经验的优势 2. 发挥自身外语水平优势	WO策略 1. 加强学习相关领域知识 2. 积极参加相关实践 3. 提高情商及适应力

续表

外部	内部	
	优势（S） 1. 专业成绩优秀，学习能力强 2. 丰富的学生干部工作经验 3. 工作细致，善于沟通合作 4. 外语水平高	劣势（W） 1. 学历水平不高 2. 没有相关的工作经验 3. 比较情绪化，容易受外界影响 4. 考虑问题不全面
威胁（T） 1. 很多企业还处于人事管理的阶段，运作还不规范 2. 人力资源管理对从业人员的学历及工作经验要求很高 3. 其他经营类人才参与竞争	ST 策略 1. 强调自身专业知识的优势 2. 强调学习能力的重要性 3. 加强工作态度、沟通对实际工作的积极作用	WT 策略 1. 考取人力资源管理研究生 2. 积极寻找重视员工潜能的企业 3. 努力克服情绪化的影响

练习 4-3

基于当下情况，完成毕业目标的SWOT分析。

三、目标的管理

（一）目标的分解

新东方创始人俞敏洪说："我从来不是一个有一辈子规划的人，但我会对人生每个阶段的小目标有明确的设定。当大的目标被分解，小的目标实现时，梦想就离你越来越近了。"

目标制定的分解原则（target decomposition），要求制定职业目标时兼顾长期目标、中期目标和短期目标的要求，协调不同时间段目标之间的相互关系，保证目标切实可行。有的目标比较宏观，很难一蹴而就，这就需要对目标实施分解，将难以实现的大目标分解为一个个可以实现的小目标。要实现大的目标，就要先从小的目标开始。当小目标实现后，大的目标也将得以实现。对于大学生而言，最迫切的是制定大学期间的学习和生活目标，除了需要设定大学 4 年的整体目标之外，还需要将整体目标不断细化，分解到每个学年、每个学期，直至每个月、每个周，形成一个系列的具体目标。

马拉松冠军成功的故事

总的来说，近期目标来源于远期目标，是由远期目标推导而来的，是为达成远期目标服务的。在设计目标时，应当先设计远期目标，再根据远期目标分解出近期目标。同时，越远期的目标，应当越关注一些宏观的、模糊的、长远的、愿景类的事务；越近期的目标，应当越关注一些微观的、具体的、短期的、可操作、可执行的事务，如图 4-9 所示。

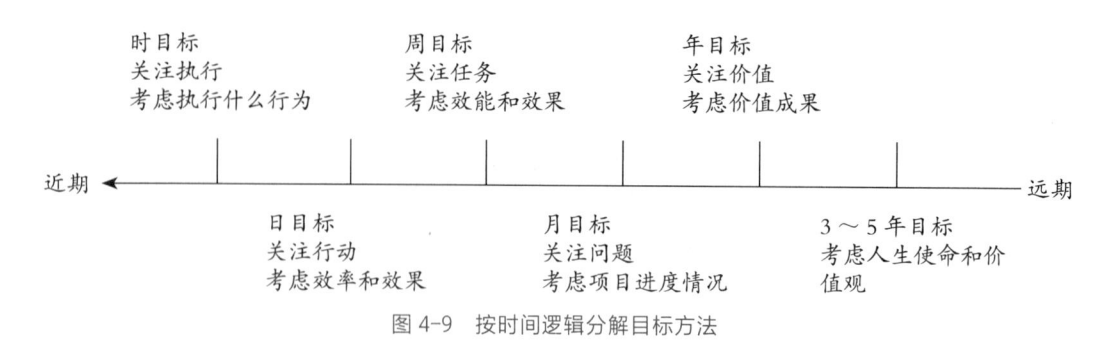

```
时目标              周目标              年目标
关注执行            关注任务            关注价值
考虑执行什么行为    考虑效能和效果      考虑价值成果
```

近期 ←——————————————————————————————→ 远期

```
        日目标              月目标           3～5年目标
        关注行动            关注问题         考虑人生使命和价
        考虑效率和效果      考虑项目进度情况 值观
```

图 4-9　按时间逻辑分解目标方法

（二）目标的时间管理

目标与时间紧密相连，或者说目标本身就需要时间来加以度量，否则就成为一种幻想和意愿。那么，什么是时间呢？人的社会性和目的性决定了目标方向，持续性和不可逆性是一切物质状态的变化过程都具有的共同的属性，而此连续事件的度量被称为时间。

时间管理（time management）就是运用一定的方法、技术和技巧来合理利用时间，以帮助人们有效地完成工作、实现目标。时间管理并不是要求把所有事情做完，而是更有效地利用时间。就目的来看，就是要分清楚在规定时间内什么事该做，什么事不该做。时间管理主要目的是降低计划的变动性。

可以从两个不同的层面来理解时间管理。一是将时间管理看成管理技巧，旨在提高个人或组织的时间利用效率和效果。它涉及对时间的合理规划、任务的优先级排序、时间块的分配与调整，以及通过有效的策略来避免拖延、减少干扰，从而确保在有限的时间内完成更多的任务或达到更高的目标。二是将时间管理视为一种深层次的、个性化的心理和行为特征，即时间管理倾向或时间管理能力。它不仅关注外在的时间管理技巧和策略，更关注个体内在的心理结构，包括时间价值感、时间监控观和时间效能感3个方面。

当我们进行时间管理时，要遵循一些基本的原则，主要包括：制定时间进度表的原则、维护日常性事务的原则、应对突发性事件的原则，以及时间管理中久负盛名的80/20原则。经过本章的学习，将会使你的时间管理更有依据、更加科学。下面我们来逐个了解这几项原则。

1. 制定时间进度表的原则

为了有效地进行时间管理并确保日常工作和个人目标的顺利实现，制定一个清晰、详尽的时间进度表至关重要。这种进度表不仅可以帮助你节省思考如何安排任务的时间，还能确保你能够专注于最重要的活动。将最重要的活动作为一天工作的核心部分，约占总时间的60%。这些任务应该对你的长期目标有着直接的影响。日常性事务是为了维持个人或组织正常运作所必需的基本工作，虽然它们可能不那么引人注目，但却是不可或缺的。确保为这些任务留出大约40%的时间，以便即使没有突发状况也能完成这些基本任务，为处理更重要的工作腾出空间。面对不可预测的突发状况时，立即重新评估当前任务的优先级，将紧急且重要的任务放在首位，并调整或推迟非紧急任务。制订灵活的工作计划，并利用时间管理工具，如电子日历或项目管理软件来轻松调整任务顺序和截止日期。

2. 时间管理的 80/20 法则

80/20 时间管理原则，也称为二八时间管理原则，这一定律由 19 世纪末 20 世纪初的意大利经济学家维尔弗雷多·帕累托所发现。该定律的核心思想是，在任何一组事物中，最重要的部分往往只占整体的一小部分，大约 20%，而其余 80% 的部分虽然数量上占据多数，但重要性相对较低。

80/20 时间法则是时间管理的重要原则，时间管理的重要意义在于你能经常以 20% 的付出取得 80% 的成果。因此，在管理工作中，你应该把十分重要的项目挑选出来，专心致志地去完成，即把时间用在更有意义的事情上。对于管理，就是要整体统筹、合理规划、以高效促实效。

具体方法如下。

（1）遵循二八法则，首先应该明确态度，再排定先后顺序，定出远期和近期目标，这些是时间管理的重要步骤。

（2）按照二八法则，拟定好人生方向，确定每天、每月、每年的行事日程，然后努力遵守。

比如说，你通过观察发现自己一天精力最旺盛的时间段是在上午，那么你就把最重要的事安排在上午处理；而在一天中精力最差的时间段，你就可以去做些无关紧要的事。

人们的时间和精力都是有限的，要想在有限的时间里做出不俗的成就，就应该运用好"80/20 法则"，将时间和精力花在那些重要的事情上。

3. 四象限法则

四象限法则是时间管理理论的一个重要方法，由美国管理学家史蒂芬·R.科维提出，也被称为"科维时间管理法则"。这个法则把事情按照重要和紧急两个不同的程度进行了划分，基本上可以分为 4 个"象限"，以帮助人们更好地管理时间和任务，如图 4-10 所示。

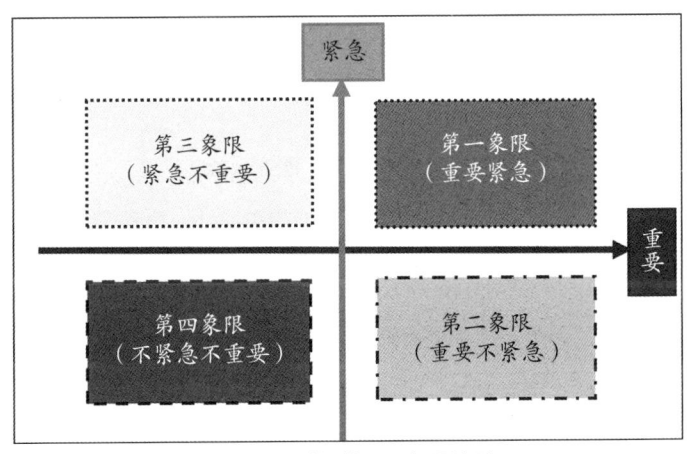

图 4-10 时间管理四象限法则

四象限法则帮助人们清晰地认识到工作中不同事务的重要性和紧急程度，从而做出更加合理的时间分配和决策。它鼓励人们将更多的时间和精力投入重要但不紧急的事务，以预防未来的危机和挑战。同时，它也提醒人们要警惕那些看似紧急但实际上并不重要的事务对时间的侵蚀。

以下是四个象限的具体说明。

第一象限是重要又紧急的事。这类事务具有时间的紧迫性和影响的重要性，无法回避也不能拖延，必须首先处理。它表现为重大项目的谈判、重要的会议工作等。如果总是有这类事情要做，说明在时间管理上存在问题，需要设法减少。对于既紧急又重要的事务，要立即投入时间和精力去处理，以确保其得到及时解决。

第二象限是重要但不紧急的事。这类事务对个人的成长和未来具有重要影响，但通常不会立即产生明显的结果或反馈。例如，建立人际关系、进行人员培训、制定防范措施等。这个象限是法则的重点，这些任务对于长期成功至关重要，需要制订计划和时间表来逐步完成，这样才能减少第一象限的工作量，进入良性循环。

第三象限是紧急但不重要的事。这类事务虽然需要快速处理，但实际上对我们的工作和生活并没有太大影响。例如，接听电话、会见不速之客、召开部门会议等。这些事务往往让我们产生"这事很重要"的错觉，实际上可能只是在满足别人的期望与标准。过多地处理这类事务会占据大量时间，影响重要事务的完成。可以评估这些任务的真正价值，并考虑是否可以通过委托或简化来减少它们对你的影响。

第四象限属于不紧急也不重要的事。这类事务对我们的工作和生活没有实质性的贡献，但过多地参与可能会浪费时间和精力。例如，上网、闲谈、写邮件、写博客等。应尽量减少在这些琐事上花费的时间，可利用在闲暇时间或者安排好的专门时间去处理，以便将更多的精力投入更有价值的事务。

练习 4-4

完成周计划分类

请将下周计划按照四象限法的原则进行分类，分别填入图 4-11 的 4 个部分中，并以此来监控你当周任务的完成情况。

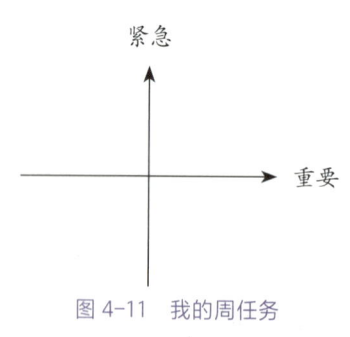

图 4-11 我的周任务

（三）目标的评估与修订

职业目标的修正与调整，是生涯规划中反馈过程的必要组成部分。在快速变化的职业环境中，个人的职业目标并非一成不变，而是需要随着自我认知的深化、外部环境的变化及个人发展阶段的推移进行适时的修正与调整。这一过程是生涯规划中不可或缺的反馈机制，它不仅帮助个体保持竞争力，还能确保职业生涯的顺利发展和个人价值的最大化。

在大学生职业生涯规划的广阔蓝图中，反馈机制作为规划系统的一个核心组成部分，扮演着至关重要的角色。它不仅帮助大学生个体在职业道路上明确方向、调整策略，还促进了内外资源的有效整合与利用。在这一机制中，反馈主体与客体的界定及其各自的反馈方式，构成了反馈机制运行的基础框架。

在大学生职业生涯反馈机制中，大学生个体无疑是最为核心的反馈主体。他们通过对自身职业规划过程的深入反思与评估，形成对自我职业发展的独特见解与判断。自我内省是主体反馈的主要方式，它要求大学生在日常学习、实习、社团活动及与他人的交流中，不断审视自己的兴趣、能力、价值观与职业目标之间的匹配程度。通过日记、周记、职业规划报告等形式，记录自己的职业探索历程、成功经验与失败教训，进而明确自身的优势与不足，为后续的职业生涯调整提供依据。与大学生个体相对应的，职业生涯反馈机制中的客体则涵盖了教师、辅导员、家长、朋友、学校指导机构、专业咨询机构及外部环境等多方面的因素。这些客体从不同角度、不同层面为大学生提供职业发展的建议与指导。从图4-12中可以看出，生涯反馈作为整个生涯规划不可分割的部分，是个循环不断提升的过程。

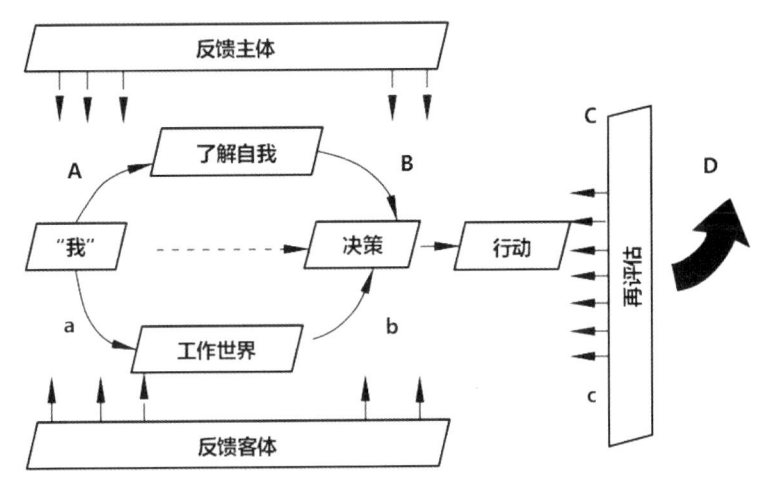

图 4-12 生涯规划的反馈机制

在现实社会中，由于外部环境的复杂性、多变性和个人发展的不确定性，原定的职业生涯规划目标往往难以完全按照既定路线实现。这种不确定性要求个人在规划实施过程中保持高度的灵活性和适应性，通过不断地反省、评估和调整，确保自己的职业道路始终朝着实现人生理想的方向前进。因此，这里所说的目标修正与调整不是指随意更改目标，而是围绕人生理想，对阶段性目标进行的微调，以及对实现目标的途径、方式或策略、时间进行的调整。

目标修订过程中，为确保修订的目标仍然是有效、可行且与个人或组织的整体战略保持一致，需要注意以下关键点。

1. 明确修订原因

修订不应导致目标的偏离或断裂，而是要作为原有目标的自然延伸或调整。

因此，在修订目标之前，需要清楚地了解为什么需要进行修订。是因为外部环境发生了变化，还是内部条件有所调整，或者是目标本身设定得不合理？明确修订的原因有助于确定修订的方向和程度，确保修订后的目标仍然与个人或组织的长期愿景和战略目标保持一致。

2. 考虑资源和能力

在修订目标时，需要重新评估可用资源和当前能力。确保目标的修订是在现有资源和能力范围内的，避免设定过高的目标导致无法实现。

3. 保持目标的SMART特性

即便是修订目标，也应该遵循SMART原则。修订后的目标应该继续保持这些特性，以便于执行和评估。

4. 沟通与共识

修订目标时，应与所有相关方进行充分沟通，确保大家对修订的原因和新目标的理解和认同。这包括团队成员、合作伙伴、利益相关者等。

5. 评估影响

在修订目标前，评估修订对个人、团队或组织的影响。考虑修订目标可能带来的挑战和机遇，以及如何应对这些变化。

6. 重新设定时间框架

修订目标时，可能需要调整时间框架，确保目标在新的条件下仍然具有可实现性。这可能意味着延长或缩短完成目标的时间线。

目标的评估与修订是目标设定过程中的关键环节，它确保目标的持续相关性和可实现性，同时促进个人或组织的成长和适应性。这一过程应定期检查目标的进展情况，评估目标的有效性，并根据需要进行调整。

课后任务

任务主题：制定下一周的时间安排表

任务要求如下。

（1）根据本学期的总体目标，列出下一周的具体目标及相应的任务。

（2）将下一周课程学习任务先列入表格。

（3）将梳理出来的下一周其他的学习、生活、工作任务根据四象限原则进行梳理。

（4）根据你的学习效率和时间，将梳理好的任务填入时间安排表（见表4-10）的空余时间内。

（5）用时间管理工具做好提醒督促，并在一周结束后进行复盘，进一步优化每周时间管理表。

表 4-10　时间安排表

事项	8:10—9:40	10:00—11:30	13:30—15:00	15:10—16:40	18:10—19:40	20:00—21:30
周一						
周二						
周三						
周四						
周五						
周六						
周日						

课后阅读与思考

平衡计分卡

1. 平衡计分卡的概述

平衡计分卡（balanced score card，BSC）作为一种战略管理工具，最初由哈佛商学院教授罗伯特·卡普兰和戴维·诺顿发明，旨在将组织的战略目标转化为具体的、可衡量的指标和目标值。这一工具不仅适用于企业管理，也可以应用于个人职业规划，平衡计分卡可以帮助我们关注不同方面的重要指标，以达到目标的平衡发展，最终帮助个人从多个维度评估和实现职业目标。

在职业规划中应用平衡计分卡，个人可以从以下 4 个关键角度来规划和实施自己的职业发展.

（1）财务与理财：在职业规划中预期的经济回报，比如薪资增长、职位提升带来的收入增加等。例如，我们可以设定年收入目标，并定期检查自己是否朝着这一目标努力。

（2）生活与休闲：在职业规划中应该重视与家人、朋友和同事之间的关系，保持生活与工作之间的平衡，要建立和维护两者之间的关系，需要投入时间和精力。我们可以设定与家人和朋友相处的时间目标，并确保我们将有足够的时间用于与他们建立深入而有意义的联系。

（3）职业与事业：在职业规划中应该设定个人发展目标，并制订学习计划来提升自己的技能和知识。我们可以追踪个人学习的进展，包括参加培训课程、阅读专业书籍、获取资格证书等。通过不断学习和提升自己，我们可以在职业生涯中获得更多的发展机会。

（4）学习与成长：在个人和职业生涯规划中，应该关注个人成长的方方面面，包括身体健康、心理素质、情绪管理等。我们可以设定健康目标，例如每周锻炼几次，保持良好的饮食习惯等。通过关注内部学习与成长，我们可以保持身心的平衡，并为职业生涯提供更好的支持。

2. BSC制定个人的目标与规划的步骤

（1）闭上眼睛，问自己：想站在哪？想成为谁？想达到什么样的状态？那里有什么样的场景？这时只需要用心来确立自己最初的梦想，并把这个梦想写下来，不论这个梦想看起来有多不切实际。

（2）张开眼睛，看着自己的梦想，然后想好梦想的那个状态需要哪些能力，需要哪些资源，需要付出什么，需要放弃什么。

这一步是看清梦想的样子。有人梦想成为职业经理人，那么就要看清楚职业经理人究竟是什么状态。既要看到职业经理人风光的一面，也要看到其心酸的一面，还要看到成为职业经理人背后的那些付出、坚持与努力。

（3）想清楚自己现在在哪，现在是什么样的状态。

这一步是发现现状与梦想间的距离，找到哪条路径最合适。有的梦想很宏大，很长远，实现过程可能比较长，有的梦想则比较近。不论远期或近期，总有一条路径是通向梦想的，我们要做的，就是找到它、看到它。

（4）根据自己现状和梦想的状态，确立自己需要找什么人，需要做什么事，需要找哪些资源，需要主动学哪些知识。

这步是制订详细的学习和发展的行动计划。在通往梦想的路上，"打怪升级"是必须的。"打什么怪"要有计划性和行动力。通过行动提高自身素质和能力，寻找能帮助自己的资源，才能实现梦想。根据以上平衡计分卡的介绍，请将你未来5年的规划填入表4-11。

表4-11 人生规划表

规划维度	2026	2027	2028	2029	2030
财务与理财					
职业与事业					
学习与成长					
生活与休闲					

阅读思考

如何利用平衡计分卡这一工具规划你的大学四年？

第三节　规划我的大学

知识目标

◆了解大学阶段在职业生涯发展中的作用。
◆了解大学毕业的出路及准备。
◆了解明尼苏达工作适应理论的适用情境和方法。
◆大学期间职场准备的路径和方法。

能力目标

◆能应用明尼苏达工作适应理论评估自己的专业适应、实习适应及职场适应等情况,并有效应对。
◆能够结合自己现状初定自己的毕业方向,并做好相应的规划。

明德笃行

通过这一讲的学习,认识到选择大学出路不仅要结合自己的性格、兴趣、能力等因素,还要结合国家、社会的需要,大学生志愿服务西部计划(以下简称西部计划)、"三支一扶"计划(即支教、支农、支医和帮扶乡村振兴)、征兵入伍也是一个好的选择;树立正确的择业观,从校园到社会,面对未来,大学生站在人生重要的十字路口,要与时代同行,将自己的个人命运和国家命运相结合,用热情和奋斗描绘青春的底色。

章节导入

案例 4-5

规划筑梦,跨界摄影:小芊大学四年蜕变记

2018 年 9 月,小芊考入一所普通大学网络与新媒体专业,开启了自己的大学生活。小芊是一个开朗乐观、积极上进的人,虽然对于大学四年还没有一个很清晰的想法,但她确定她要过一个充实丰富的大学生活。

小芊知道大一是一个过渡阶段,需要为之后的学习和生活奠定坚实的基础。因此,她全身心地投入各门课程的学习,努力掌握各种基础知识和技能。大一的她努力学习,学习成绩连续两学期专业第一,获得了国家奖学金。进入大二,小芊一方面继续刻苦学习,同时开始注重个人素质的提升,积极参与各类活动。她加入了校新闻宣传部,负责公众号推文的撰写、编辑;在这里,她第一次接触相机,也正是这一次接触,让摄影的种子在她心中萌芽，从此她便爱上了摄影。

大三，班里的同学考研、考公、就业实习基本已经方向明确，小芊意识到自己对考研、考公并没有明确的想法，于是决定找实习工作开始实习，结合自己的兴趣和特长，小芊把实习岗位定在了新媒体行业。在老师的推荐下，小芊进入一家校友公司做实习摄影师。实习期间，小芊不断打磨自己的摄影技术。一点一滴地积累，为将摄影从兴趣转为职业打下了基础。大四时，小芊已经是视觉中国签约摄影师、浙江省体育摄影学会会员，并获得了"浙江省优秀毕业生"的荣誉称号。2022年6月，小芊以浙江省优秀毕业生的身份毕业，顺利入职杭州一家头部新媒体公司做专职摄影师。

案例思考：

1. 小芊是如何规划她的大学生活的？她大学四年每个阶段做了哪些事？
2. 小芊的大学职业成长故事，对你有哪些启示？
3. 想象：假如现在你即将毕业离校，你所期待的那时候的自己是什么样的，请用3个短句描述，要求越具体越好。

讲解与练习

一、大学的发展阶段及任务

在人生的各个阶段，我们都要经历不同的角色，大学阶段是职业的初步定向期，是人才成长的黄金期，是个体社会化的准备期。目标先于规划，规划先于行动，大学生在大学期间，要依据自己制定的目标，为自己制订贯穿大学全阶段的行动计划。

（一）适应期：适应大学，自我探索

刚进入大学，你对大学生活充满了憧憬与幻想，但这时你对大学生活还不够完全了解，目标的确立多来自自身成长的经历和外界的影响，即便有目标但往往比较空洞。这个阶段我们的主要任务是适应大学生活。高中阶段学习往往更加依赖老师的指导和监督，课程内容紧凑，考试频繁。大学的学习更加自主和独立，需要自我规划学习时间和进度，同时课程内容更加深入和广泛，强调批判性思维和创新能力。这期间，你可以多尝试参加学校的各种讲座、活动、比赛，通过拓宽涉猎面和实践体验，积极探索自身的兴趣、优势、能力等要素，为自己科学树立目标奠定基础。

（二）定向期：目标定向，职业探索

经过一段时间的学习与适应，你已经熟悉了大学生活的规律，并建立了一定的人际关系网，这时需要将精力更多地放在自身的成长上。往哪个方向成长成了迫切需要解决的问题。这时的你不仅仅需要自我探索，更需要了解社会和职场，通过探索了解社会发展的需要、企业对人才的需求、各职业发展的趋势等内容，为自己的目标定向做准备。你的探索会更积极有效，但是会受到经历、经验、阅历的影响，现阶段的你需要通过参加校园文化活动和社会实践活动逐渐找到自身价值与社会价值的契合点，初步确定职业

方向和毕业目标。

（三）提升期：针对提高，储备能量

在这一时期，由于目标不同，你和你的同学会出现不同的发展方向。选择考研的学生往往会专注在考研科目的备考、科研思维的训练，以及创新创业项目的申报实施上；选择留学的同学往往会专注在绩点的提升、语言的学习、背景的提升上；选择就业的同学往往更倾向于备考专业或行业相关资格考试，投入各种实习和实践活动以提升综合能力。此时的你更需要积极地向外探索，同时全面地反思自己，以便建立起更加贴近社会现实的工作理念和自我认知。

（四）冲刺期：全力冲刺，实现梦想

进入大学的最后一学年，经过系统的专业理论知识学习和实习实践训练，你掌握了一定的专业理论和专业技能，你的综合能力经过大学的历练得到了相应的提高。你的目标和方向经过对自己及周边环境全方位的探索也越来越清晰，此时也是你实现目标的关键冲刺期。这个阶段，除了要完成毕业论文、毕业设计，你很重要的任务是应试能力的提升，无论是求职的简历和面试，还是升学的笔试和面试，技巧的掌握可以让你离目标更近一步，成功圆梦。

二、大学毕业的出路及准备

大学生涯是职业生涯中非常重要的准备和规划阶段，所以当你踏入大学校园那一步起，你就步入了一个职业生涯的准备期和规划期。大学阶段是你最重要的知识、能力储备阶段，请你一定要以目标为导向，根据自身专业和条件因素进行规划执行，建立自己的职业锚。比如，假设你毕业后想当公务员，那么你在大学期间就要主动地加强自身的政策理论水平修养，加强个人语言表达能力、文字处理能力、组织协调能力的训练。

大学毕业可以选择的道路很多，如就业、创业、考研、出国、考公务员等，也正因为可以选择的道路较多，大学生往往会迷茫且不知所措。无论你将人生发展定位在哪个领域，落实到毕业后应该干什么这个问题上，往往都会有以下4种选择。

（一）升学

据教育部统计，2024届大学毕业生人数高达1179万人，2024年考研报名总人数为438万人。就业形势持续严峻，竞争态势愈加激烈。面对这样的形势，越来越多的人选择升学，考研能深化专业知识，提升学术能力，为未来职业发展奠定更加坚实基础；出国则能拓宽国际视野，增强跨文化交流能力，为个人成长和事业发展带来更多的机遇。两者都是提升个人竞争力的有效途径，可根据个人兴趣和职业规划选择。

1. 国内考研

如果你对某个专业非常热爱，且具备相应的研究能力，请你不要浪费你的爱好和能力，继续深造，建议在决定报考前，对以下问题有明确的答案：你报考的是什么学校和专业？你为什么选择它？你所报考的学校有什么特色？请先确定专业学校，接下来再做适当调整，你要如何安排你的考研路呢？可以参照以下步骤做准备（以四年制本科为例）。

（1）基础期。

一般是大一和大二。这一时期重点在学好考研基础课程，比如英语，重心可放在通过CET-4、CET-6；可以听听考研相关的讲座或向学长学姐了解考研，根据自己未来的职业定向，初步确定考研的专业方向。这一时期，也可以积极参与一些学生科研和专业竞赛项目，为考研复试积累素材。

（2）准备期。

一般在大三。在大三上学期，考研信息的全面收集是重点，你需要根据自己的考研专业方向，通过网络搜索、讲座、访谈等方式全面收集考研信息和资料。在这一时期，重点结合学校开设的专业课程学好专业基础课或自学要跨考的专业基础类课程，同时开始备考除政治以外的基础课课程，比如英语、数学等。这个阶段不必急于做模拟试题，而应着重于巩固和掌握基础知识。6月份应全面关注考研公共课的考试大纲，购买最新的辅导教材，为暑期的复习做好准备。

（3）决胜期。

一般指考研备考最后一个学期，往往又可分为强化期和冲刺期。强化期（7～10月）要转入重点专项复习，对各科目的重难点进行强化和掌握，强化解题能力的训练；同时，要关注各招生单位的招生简章，了解计划数招生、专业课辅导用书等，根据备考情况合理选报学校。冲刺期则更多地归纳总结，升华提炼，查漏补缺，强化应试训练。对于专业课，可采取五天一个周期、快速回顾知识点的方式，进行最后几轮复习。此外，12月初宜进行模拟试题练习，在规定的考试时间内完成，训练答题速度。

2. 境外留学

国内考研竞争激烈，因此很多人将目光投向了留学，硕士留学时间不同国家、不同高校均有不同，一般留学时间为1年或2年。建议在你决定留学前先确认以下问题：你申请的是什么学校和专业？为什么申请这个学校和专业？你认为自己适合出国吗？你打算如何准备申请材料？雅思、托福等考试如何进行复习？明确了以上问题后，接下来你还需了解留学途径，常见的路径有以下两种。

（1）留学中介。

留学中介是为出国留学人群提供留学签证办理服务、海外院校选择与申请和留学材料的准备提供相关咨询服务的留学机构，出国留学申请人可以将出国留学的相关事务托管于留学中介，申请人只需要准备和提供出国留学申请材料和考试成绩即可。学生在选择留学中介时要注意审查留学中介的留学办理资质。

（2）国内高校留学项目。

高校留学项目是指国内高校开办的一些出国留学项目，学生会先在国内上1～3年的国内课程，再到国外完成其余课程，最终获得国内外的学位证书。高校开办的出国留学项目一般分为国内一年的出国留学行前课程、国内两年的转学分课程和国内三年的HND（Higher National Diploma，英国高等文凭）留学项目，还有一些基于这3个项目基础上的学位延伸项目等。在选择这类留学项目时，学生要重点考察学校的办学经验和历史，以及项目所提供的最终学位是否能够得到国内的官方认证。

以四年制本科留学英国为例，你可以参照以下安排做好准备。

大一阶段：联系校留学服务中心（以下简称留服中心）进行初步咨询，了解留学基本要求和费用，跟家长沟通；同时保证好各科成绩，尽早通过大学英语四级。

大二阶段：一是要进一步进行留学咨询，根据目标院校和专业做好留学规划；二是要安排好雅思学习，一般学校留服中心有雅思班；三是要保证高绩点，必要时申请重修刷高绩点。

大三上学期：一是尝试参加雅思第一次考试；二是保证高绩点，有能力的同学多参与社团组织活动和校内外竞赛，丰富履历；三是可以安排必要的专业实习，提升专业背景。

大三下学期：一是刷高雅思分数，准备简历，申办护照；二是确定留学申请、校内留服签约，或自己准备、校内留服中心申请协助。注意，如果是艺术生，在该阶段需要开始准备初步作品集；如果有意向转专业申请的要多一些与意向专业相关的学习经历。

大三暑假：一是要完善简历，开始文书撰写工作；二是要确定目标院校和专业，确定要邀请的写推荐信的老师；三是准备申请材料：个人陈述、简历、在读证明、成绩、推荐信和获奖证书等加分材料。开始进行网申。如果是艺术生，在该阶段须完成作品集定稿。

大四上学期：一是要等待录取offer，熟知录取书里的各项要求；二是确定就读院校和专业，交付留位费（一般是1000～2500英镑）；三是雅思最终成绩未达标者递交语言班申请；四是申请住宿。

大四下学期：一是记得存学生本人名下保证金（人民币35万～45万元定存1～3个月）；二是整理毕业证和学位证、最终成绩单中英文版本并递交国外学校换取无条件录取通知书（unconditional offer）；三是按要求拿到CAS Letter（签证函）；四是规定医疗机构体检，整理英国签证材料，并提交申请。

大四毕业时：拿到签证，确定出发日期，预订机票。做好行前准备，整理必带清单，如学历成绩材料，打印签证函和录取通知书，准备行李等。

（二）就业

就业是中国大多数大学生毕业时做出的选择。当你把就业作为你的目标时，首先问自己几个问题：你的就业目标岗位是否与你所学的专业对口？你有什么优势、特点会让公司录用你？被录用岗位的主要职责是什么？它今后的发展路径有哪些？目前的收入是多少？将来的收入呢？然后明确在哪里就业。

1. 企业就职

国有企业、私营企业和外商投资企业，这是很多应届生都会面临的选择问题。

（1）国有企业。

国有企业（简称国企），是指国家对其资本拥有所有权或者控制权，政府的意志和利益决定了国有企业的行为。按照国有资产管理权限划分，国有企业分为中央企业（由中央政府监督管理的国有企业）和地方企业（由地方政府监督管理的国有企业）。国企一般相对稳定度更高，薪资层级也较清晰，会拥有更多的资源和机会，提供更多的培训和晋升机会。

（2）私营企业。

私营企业（简称私企），指的是由自然人投资设立或由自然人控股，以雇佣劳动为基础的营利性经济组织。包括按照《中华人民共和国公司法》《中华人民共和国合伙企业法》《私营企业暂行条例》规定登记注册的私营有限责任公司、私营股份有限公司、私营合伙企业和私营独资企业。私营企业的工作环境相对灵活，决策效率相对来说高一些，福利待遇根据所处的行业不同会有比较大的差距。

（3）外商投资企业。

外商投资企业（简称外企），是指依照中国法律在中国境内设立的，由中国投资者与外国投资者共同投资，或者由外国投资者单独投资的企业。外企工作环境国际化，企业文化差异较为明显，员工有机会接触到国外的管理理念和技术，职业晋升路径相对清晰。

当然，你也可以依托自身所学知识，发挥自身特长，以技术、工艺、产品或服务的创新成果为核心支撑，选择个人独立或组建团队的方式，创立属于自己的事业，比如开店、创办公司、进行投资等。建议在你决定创业前请先明确你为什么选择创业？创业过程中有什么收获？创业过程中遇到了什么困难？因为创业意味着创造某种有价值的新事物，在整个过程中需要具备创造性，这需要你付出大量的时间和努力。再加上创业存在很多风险，这些风险来自多个方面，有技术、资金、管理、政策及其他诸多因素，因此，在创业前一定要慎重考虑。

2. 考编

考编泛指参加公务员、事业单位、国企等考试，这些工作共同的特点是稳定、社会地位高。目前，很多人看到了工作稳定的优势，考编便成了当下未就业人群的优先选择。

（1）公务员。

国家公务员考试，是国家部、委、署、总局招考在中央国家机关的工作人员的一种方式，招考条件相对比较严格，一般均要求全日制本科应届、历届毕业生，部分职位要求硕士研究生。笔试内容包括公共科目和专业科目。公共科目包括"行政职业能力测验"（简称行测）和"申论"两科。其中，行测为客观性试题，申论为主观性试题，满分均为100分。公共科目笔试试卷分为3类，分别适用于中央机关及其省级直属机构综合管理类职位、市（地）级及以下直属机构综合管理类职位和行政执法类职位。所有报考者均须参加公共科目笔试。报名时间一般在每年的10月中旬，考试时间在每年11月底或12月初。

地方的公务员考试是指地方各级党政机关、社团等为招录机关工作人员和国家公务员而组织进行的各级地方性考试。以浙江省公务员考试为例，一般每年的11月报名，12月考试。笔试内容包括公共科目与专业科目。公共科目为所有岗位必考科目，包括"行政职业能力测验""申论"/"综合应用能力"两个科目。按照综合类、基层类、行政执法类、乡镇（街道）机关面向优秀村干部招考职位的不同要求，设置A卷、B卷、C卷、D卷四套试卷。"行政职业能力测验"（含A、B、C、D卷）为客观题，"申论"（含

A、B、C 卷）和"综合应用能力"（D 卷）为主观题，满分均为 100 分。

（2）事业单位。

事业单位是国家设立的具有一定公益性质的机构，事业单位有着稳定的政策保障，良好的薪资待遇，舒适的办公环境及较高的社会地位。和公务员一样需要考试，事业单位考试一般单独招考或由当地人力资源和社会保障局统一招考，各地招聘时间不同。凡符合报考条件的人员均可报名参加。特别是参公的事业单位的各项待遇与公务员无差，选择报考公务员的考生可同时报名参加事业单位考试。

（3）国有企业。

提到"铁饭碗"工作，除了公务员、事业编以外，国企也是不少人向往的"香饽饽"。相较于私企，国企更加注重员工的长期发展和社会稳定，国企提供的社保、公积金等福利待遇普遍优于私企。一般而言，国企在招聘员工时，倾向于通过校园招聘的方式来吸纳人才，这种方式为应届毕业生提供了一个更加公平、透明的竞争平台。

以银行为例，每年各家银行都会举行校园招聘，只招收当年的应届毕业生，若错失当年的校园招聘时机，便只能转而参与社会招聘。在校园招聘的过程中，通常不会对银行业从业人员资格证书（CCBP）有明确要求。值得注意的是，各银行的招聘流程存在差异，因此你需要自行访问各银行的官方网站或官方公众号，以查找具体的招聘流程和要求。如中国建设银行一般在 9 月就开始启动面向应届毕业生的校园招聘，招聘对象为当届的大学本科（含）及以上学历的毕业生。通过官网或官方公众号进行简历投递。招聘流程如图 4-13 所示。

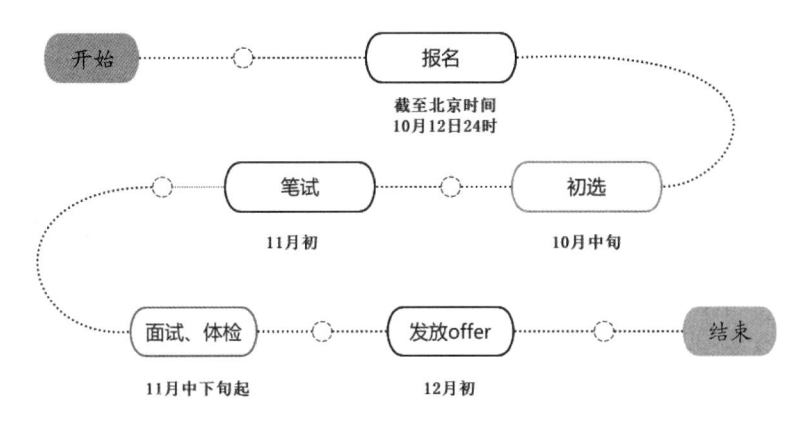

图 4-13　中国建设银行校园招聘流程

（三）志愿服务

1. 西部计划

西部计划由共青团中央、教育部、财政部、人力资源和社会保障部共同实施。该项计划从 2003 年开始实施，按照公开招募、自愿报名、组织选拔、集中派遣的方式，每年招募一定数量的普通高等学校应届毕业生或在读研究生，到西部基层开展为期 1～3 年的教育、卫生、农技、扶贫等志愿服务。西部计划一般每年 4 月开始报名，报名方式为：登录西部计划网站，通过"西部计划信息系统"选择至多 3 个意向服务省份，并可自主选择是否"服从调剂"。

西部计划的保障机制如图 4-14 所示。

西部计划的保障机制

（1）服务 2 年以上且考核合格的，服务期满后 3 年内报考硕士研究生的，初试总分加 10 分，同等条件下优先录取。
（2）可参加公务员定向招录。定向招录往往针对选调生、选调村官、"三支一扶"计划，还有西部计划。
（3）参加西部计划项目前无工作经历的志愿者，服务期满且考核合格后 2 年内保留应届高校毕业生身份。
（4）对于符合相应条件的志愿者，可享受相应的学费补偿和助学贷款代偿政策。
（5）服务期满考核合格的，依实际服务年限计算服务期及工龄，服务期满 1 年且考核合格后，可按规定参加职称评定。

图 4-14　西部计划的保障机制

2."三支一扶"计划

"三支一扶"计划则是由人力资源和社会保障部主导，各省（区、市）的人事、教育部门具体负责实施的一个项目。该计划鼓励高校毕业生到农村基层从事支教、支农、支医和扶贫工作，以推动农村基层社会事业的发展。服务期限通常为 2 年，期间会给予一定的生活补贴。服务期满后，毕业生可自主择业，并在择业期间享受一定的政策优惠。

以浙江省"三支一扶"计划为例，每年 7 月初，浙江省人力资源和社会保障厅发布"三支一扶"招募计划，招聘对象为：省内全日制普通高校应届毕业生，省外全日制普通高校浙江生源应届毕业生（不含成人教育培养类别等非本专科全日制高校毕业生）。招录流程为：发布招募公告—报名与资格审查—考试考察（笔试面试）—体检—公示—培训上岗等。

"三支一扶"计划的保障机制如图 4-15 所示。

"三支一扶"计划的保障机制

（1）为了加大对"三支一扶"人员的吸纳力度，服务期满且考核合格的人员，如果自愿留在服务单位，将有机会在编制限额内办理入编及聘用手续，享受相关待遇。若服务单位无编制空缺，也可在本县（市、区）缺编事业单位范围内聘用。
（2）"三支一扶"人员服务满 1 年并考核合格后，同样有资格按规定参加职称评定。对于那些参加"三支一扶"前无工作经历的人员，服务期满且考核合格后 2 年内，他们在参加机关事业单位考录（招聘）、落户、升学等方面也将享有与应届高校毕业生同等的政策待遇。
（3）对于服务期满且考核合格的"三支一扶"人员，在 3 年内报考硕士研究生时，初试总分将享受加 10 分的优惠，并在同等条件下优先录取。已被录取为研究生的应届高校毕业生参加"三支一扶"计划的，学校应为其保留入学资格。高职（高专）毕业生参加"三支一扶"计划服务期满考核合格的，还有机会免试入读成人高等学历教育专科起点本科。
（4）在事业单位或公务员考试中，通常会为"三支一扶"人员专门特设岗位，或提供加分政策。具体的加分额度根据不同考试而定，一般为 3～10 分。

图 4-15　"三支一扶"计划的保障机制

（四）应征入伍

按照本人自愿报名、学校推荐、体检政审、批准入伍的程序进行，由高校和所在地县（市、区）人民武装部门具体负责。一年两次征兵确定3月、9月两次征集窗口，分别与大学毕业生"就业季""毕业季"精准契合，大学毕业生从"校门"走向"营门"更加顺畅，优秀青年参军入伍将拥有更多的选择机会，也有利于聚焦改革强军、服务备战打仗、征集高素质青年。高校毕业生应征入伍享有的优抚政策如图4-16所示。

高校毕业生应征入伍享有的优抚政策

（1）享有优先报名应征、优先体检政审、优先审批定兵等优惠政策。

（2）优先选拔使用。同等条件下高校毕业生士兵在选取士官、考军校、安排到技术岗位等方面优先，表现优秀者可以直接选拔为军官。

（3）教学升学优惠。具有高等教育学历的士兵退役后，参加政法院校为基层公检法定向。岗位招生时优先录取；退役后3年内参加硕士研究生考试初试总分加10分，立二等功以上者，退役后免试推荐入读硕士研究生；具有高职（高专）学历者，退役后免试入读普通本科。

（4）补偿学费、代偿国家助学贷款、退伍助学金。

图4-16 高校毕业生应征入伍享有的优抚政策

到底哪一种出路适合你，请根据自己的实际情况，同时也要考虑你的个性特点。从职业生涯发展的角度看，这些出路并不对立或者冲突，就业只是早些进入社会，读研和出国留学是延后就业。最初的选择会影响未来的发展，但并非就失去了选择其他工作的机会，比如有些人会选择先工作几年后再去读研。

三、大学期间的职场准备

（一）资源准备

高校一般都设立了学校生涯就业咨询中心并开设了大学生生涯规划课程。你可以积极利用这些资源，如预约个性化的职业生涯咨询、选报生涯规划方面的选修课及参加职业体验探索营活动等。同时，也要善于利用身边的资源，特别是身边的老师、朋友和学长学姐。他们的经验、人脉和建议都是宝贵的财富。通过与他们交流，你可以更好地了解行业动态，获取求职技巧，甚至得到内推机会，为求职之路增添更多助力。

（二）心态准备

求职路上，心态准备至关重要。保持积极自信的状态，相信自己的能力与价值，是迈向成功的第一步。面对挑战与竞争，要有耐心与毅力，不断学习新知识、练就新技能，以增强个人核心竞争力。同时，保持谦逊开放的心态，愿意接受反馈、调整策略以适应不同岗位的需求。职场心态（workplace mindset）就是指在工作的时候对事物发展的反应和理解表现出不同的思想状态和观点。对于未知的职场，你可以从以下两个方面做好职场心态准备。

1. 从学生到职场人的角色转变

从大学生转变为职场人的过程，不仅需要学习职场文化和工作方法，还需要调整自我的心态，这一过程通常需要1～3年的时间来适应和磨合，主要包括以下两个方面。

（1）由"被动听话"到"主动解决"。

大学生在学校形成的一套学生思维方式其最大的特点是任务式完结工作，比如作业做完了就算结束了，期末复习把考试中会出现的知识点复习完就好了等。而职场思维是在学生思维的基础上进行"升级"，增加广度拓展深度，比如在按部就班地完成自己的工作任务后收集来自其他同事、领导的反馈，与其他同行业的从业者进行沟通，对自己的工作进行优化和反思。

（2）由"个体优秀"到"合作共赢"。

学生时期，习惯单打独斗，每个人任务明确，独立作业。只要肯埋头苦干就能拿高分。但工作并不是考试，在职场上，"团队"的概念十分重要，公司设立部门就是为了分工合作，提升效率。在职场中，互帮互助是常态，每个职场人都需要与同事合作共同完成任务。这就要求大学生必须重视培养和提升自己的沟通和协调能力，以充分发挥团队的优势。

2. 拥有"未来"生活角色视角

未来的职场只会更加波澜壮阔。因此在职业发展中你必须拥有"未来"生活角色视角，给自己定制一项"迁移"策略，未来的职场发展需具备以下3种观念。

（1）关注未来，拥抱变化。在科技日新月异的今天，关注科技发展、时代变化，敢于接受、尝试新的事物，保持好奇心，主动探索新技术与知识，拥抱变化才能找到新的机会。

（2）合理定位，学会平衡。科学认识自己的能力，合理定位自己的目标，才能减少焦虑，保持专注，提高效率；尝试找到工作、生活和学习的平衡点，成为一个高效率、高质量的工作者，也能更加幸福地生活。

（3）终身学习，专注长板。在AI时代，信息更新加快，终身学习成为必需品；制定持续学习计划，紧跟行业动态，培养自己的核心竞争力，才能成为职场常青树，在AI浪潮中稳健前行。

（三）能力储备

大学生创新创业竞赛和项目简介

在大学里，能力提升常见的路径包括专业学习、学生工作、社团活动、兼职实习四大类。

专业学习包括课堂学习、自主学习、专业竞赛、学生科研等。通过专业学习，你可以搭建知识结构、探寻职业的可能性、进行身份转换。高中学习以老师为主导，而大学更多的是学生自主学习。你可以通过信息查找或者联系学院负责竞赛的老师了解、参加本学科相关的专业竞赛，或者关注各专业的国家职业资格考试。比如财务管理专业的同学要考取初级会计师资格证，护理学专业的同学需要考取护士执业资格证。

学生工作包括班委、团支部委、团委和学生会、党务干部等，学生工作的经历可以提升你的可迁移技能、促进自我效能感提升、促进身份转换、提升服务他人的意识、探寻职业更多的可能性。

高校社团活动类型丰富多样，包括学术研讨、文艺表演、体育竞技和志愿服务等。参加社团活动不仅有助于提升学生的专业素养和实践能力，还能培养学生的团队协作能力和沟通能力。此外，社团活动还是学生展示自我、结交朋友的平台，有助于形成积极向上的校园氛围。

兼职实习也是大学生储备知识、提升能力最有效的方式之一。兼职在低年级可以作为职业体验，高年级则要有针对性地寻找兼职，以便成为你简历上的有效经历，或成为你提前获取就业机会的通道。大学生可以通过学校组织的招聘会、利用招聘网站或社交媒体平台寻找实习机会，也可以通过朋友或老师的推荐获得实习岗位。企业实习能帮助学生将课堂知识应用于实际工作，提升专业技能；能帮助学生建立人脉关系，为未来就业打下基础；通过实习，学生还可以培养自己的工作态度和职业素养，提升综合素质。

（四）履历准备

通过参加大学生生涯规划课等就业指导课程，你可以培养生涯教育意识，学到很多可以实际操作的生涯自我探索方式，以及制作简历的方法及面试技巧等。在求职准备中，履历的完善至关重要。在履历的准备过程中，需注重学业成绩、课外活动与实习经历。积极参与学术竞赛、志愿服务。同时也要定期更新简历，突出个人技能与成就。保持真诚，展现个人特点与潜力，为未来求职或深造打下坚实的基础。

四、职场的适应与发展

随着生活阅历的积累，你会对周边环境及自身有新的认识。在这个快节奏的现代社会中，生活和工作环境的不断变化会促使你持续地进行调整和适应。

（一）职场适应

职场适应，指的是个体在进入新的工作环境或面对工作环境中的变化时，通过调整自己的态度、行为、技能及工作方式，以有效地融入团队、完成任务、满足职位要求，并在此过程中实现个人职业成长和组织目标的过程。

大学是一所高等学府，同样也是一个"小型社会"。很多大学生选择进入学生会以期能在组织策划、团队协作与领导力等多方面锻炼自我，提前熟悉职场环境，为将来步入职场奠定坚实的实践基础。虽然学生会与职场环境在性质、目标及规则上存在差异，但两者在人际关系处理、沟通协调、责任担当、时间管理及个人成长等方面存在共通之处。

1. 建立良好的人际关系

职场中的人际关系同样适用于学生会。学会与不同背景、性格的同学相处，建立良好的沟通和合作关系，是高效完成任务和推动项目进展的关键。在学生会中，良好的人际关系还能帮助你获得更多资源和支持。

2. 主动沟通与反馈

在职场中，主动向上级汇报工作进展、向下级传达任务要求、与同事保持沟通是非常重要的。同样，在学生会中，你也需要主动与指导老师、部长及部员沟通，确保信息畅通无阻。同时，积极接受他人的反馈，不断改进自己的工作方式和方法。

3. 培养解决问题的能力

在职场中，面对问题和挑战是常态。同样，在学生会工作中也会遇到各种困难和挑战。这时，你需要学会分析问题、寻找解决方案，并勇于承担责任，积极解决问题。这种能力的培养对于你未来的职业发展同样至关重要。

4. 注重时间管理与效率提升

职场中时间就是金钱，学生会工作同样需要高效的时间管理。你需要合理安排时间，确保各项任务按时完成，同时注重提高工作效率和质量。这有助于你在学生会中树立良好形象，也为未来的职场生活打下基础。

5. 持续学习与自我提升

职场中需要不断学习新知识、新技能以适应变化，学生会工作也不例外。你要学习先进的管理策略和工作方法，并持续强化个人的综合素养与能力。这样，才能在学生会中脱颖而出，为组织的发展贡献更多力量。

职场适应是一个动态的过程，需要个体在工作中不断学习和成长，以适应不断变化的工作环境。成功的职场适应不仅有助于个人职业生涯的发展，也有助于提升组织的整体绩效和竞争力。

（二）明尼苏达工作适应论

该理论由美国著名心理学家明尼苏达大学利奥·罗圭斯特和雷内·戴维斯在20世纪60年代提出。它强调人境符合的心理学理论，指出只有当工作环境能满足个人的需求（内在满意），个人也能满足工作的技能要求（外在满意）时，个人在该工作领域才能够得到持久发展。如图4-17所示。

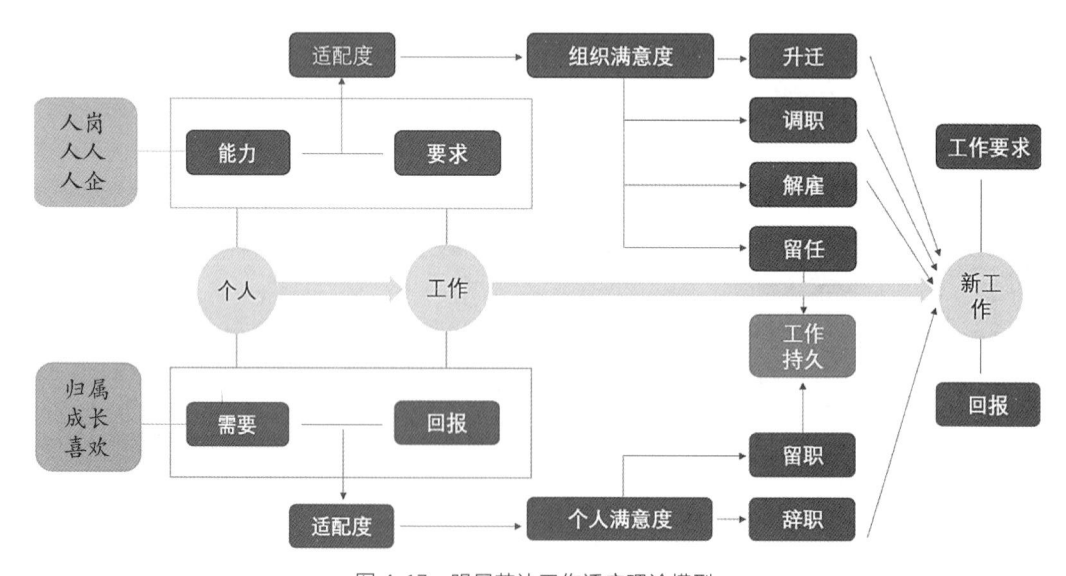

图4-17 明尼苏达工作适应理论模型

该理论将工作适应定义为一个持续的动态过程，该过程包括四要素：个人能力、工作要求、个人需求和工作回报。在一个组织（环境）中，想要有稳定的发展，需要达到个人满意度和组织满意度的平衡。

个人满意度是个人留在组织的原因。个人留在组织中，需要组织满足个人的需求，从马斯洛需求层次理论来看，从低到高，要满足的需求有生理需求、安全需求，归属与爱的需求、尊重的需求、自我实现的需求。因此，单位为个人提供薪酬、多样化的福利待遇、表彰与奖励机制，以及广阔的职业发展空间，旨在全方位满足员工的各项需求与期望。这些被称为增强系统。如果组织提供的增强系统大于个人的需求，那么个人将会在这个组织中继续发展，反之，增强系统不能满足个人需求，那么个人可能会选择离开这个组织。

组织满意度是组织对个人提出的要求，也就是对个人技能的要求。技能对应的是工作要求，技能高于工作要求，则组织满意度较高；反之，组织满意度低。高的组织满意度，可以让个人在组织中得到稳定长久的发展，比方说获得升迁、留任；反之则有可能被调整岗位甚至解雇。

一般来说，个人和工作岗位的关系主要有3种情况。

（1）人＞岗，即个人的能力超过了所处岗位的要求。这可能是因为个人在职业发展中积累了更多的经验和技能，使得个人能够更好地胜任岗位。在这种情况下，个人可能会感到不满足和没有挑战性，可以考虑寻求更高级的职位或者转向与个人能力匹配的领域。

（2）人＜岗，即个人的能力不足以胜任所处岗位的要求，这可能是因为个人缺乏相关经验或技能，或者个人的能力发展还不够成熟。在这种情况下，个人可以通过学习和培训来提升自己的能力，或者考虑转向更适合自己能力水平的岗位。

（3）人≈岗，即个人的能力和岗位要求大致相当。个人能够胜任当前的岗位，并且能够应对岗位上的挑战。在这种情况下，个人可以进一步发展自己的能力，以应对未来的职业发展需求。个人也可以考虑在同一领域寻找更具挑战性和提升空间的岗位，以继续推动职业生涯的发展。

练习4-5

案例4-5中，如果小芊现在所在的头部新媒体公司面临转型，需要她去兼一部分的招商工作，但是小芊不喜欢招商销售类的工作，如果你是小芊？你会怎么做？

_____

_____

明尼苏达工作适应论的核心是适应。强调在面临不适应的问题时，要么提高能力，满足组织的要求；要么降低期待，调适自己的心态。我们要改变那些可以改变的，接纳那些无法改变的。对于可以改变的，去提升我们的能力；对于注定无法改变的，去修正我们的期待。因此，对大学生而言，提升能力以适应周围的环境是你的主要任务。工作的本质是一个双向互动的过程，它要求个人主动展现能动性，积极调整自我以适应工作环境，同时也呼唤工作单位不断优化工作环境，为员工的成长与发展铺设坚实的基石，进而创造提升员工满意度的条件。这样的互动促进了双方之间的良性循环，实现了人境符合。

除了工作，明尼苏达工作适应论同样适用于大学里专业的适配。明尼苏达适应理论强调个人与专业的动态匹配的关系，为大学生提供了找到个人兴趣、能力与专业要求最佳契合点的有效路径。学生可以在学习过程中不断评估自己的兴趣、能力和专业要求的匹配度，并根据实际情况进行动态调整，不仅可以在专业学习中找到适合自己的发展方向，还能实现个人价值的最大化。

（三）职场的发展

1. 职业生涯三阶段模型理论及应用

职业生涯三阶段模型（见图4-18）是职业生涯大师古典在结合了前辈生涯大师的理论后开发出来的。这个理论的基本假设是，想要很快找到一份在兴趣、能力和价值观上完全和自己的需求相匹配的工作是非常有难度的，而这个过程是可以分阶段实现的，每个阶段都会有自己的关键课题来支持自我发展目标的实现。

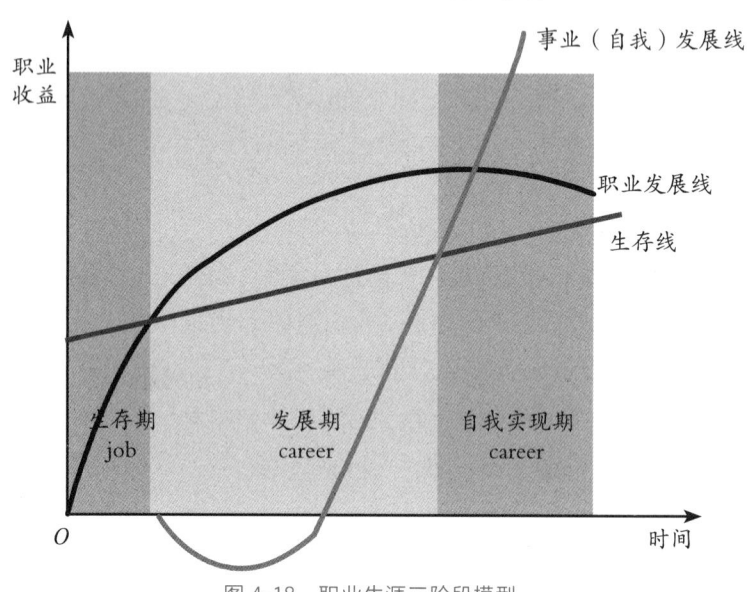

图4-18 职业生涯三阶段模型

生存线和职业发展线的相交点的左侧为生存期，只看这个阶段的名字就会明白该阶段要以生存为重，刚入职场的人多会经历这个阶段，这个阶段的人职业选择可能性不大，基本上是能做什么，做什么先保证生存再考虑未来发展。在这个阶段的职场人经常会犯一个错误是因为方向不清而不能或不愿安心做好手头的事情，磨炼自己的能力。殊不知很多能力是可以迁移的，当有一天你喜欢做的事来到身边而个人能力不够与之失之交臂时，就会悔恨终身。所以在这个阶段保证生存，磨炼能力是关键，为下个阶段的发展做好准备。

在生存线和职业发展线相交点出现的时候，有一条线也开始悄然出现，这条线便是事业线。当生存不再是问题时，或者说物质生活有保障的时候，精神生活就开始出现，这时我们开始问自己一个问题："我为什么要活着？"这就是发展期在做的事情，一方面在工作中实现职业的发展（职位晋升、收入提升），另一方面探索自己感兴趣并愿意为之奋斗一生的事业。所以在这个阶段磨炼能力，努力实现职业发展，并在此基础上去探索兴趣和事业方向，实现事业从探索到建立的过程。

生存期、发展期、自我实现期这3个职业生涯阶段，每个阶段都有对应的关键词和阶段性任务，如表4-12所示，对于大部分人来说很难跳过某个阶段。但每个阶段持续多长时间，因人而异，每个人可以自己把握每个阶段的速度。当有一天，我们依靠做自己感兴趣的事所实现的收入超过生存所需时便进入了自我实现期。要进入这个阶段并不是一件容易的事情，需要个人对自己持续深入地了解，找到自己的热爱所在，同时可以有能力实现变现。在这个时候就可以从原来职业赛道转换到自己热爱领域的赛道了。

目 胡玮炜和她的摩拜单车

表4-12 职业生涯三阶段关键词及对应任务

职业阶段	关键词	阶段性任务
生存期（3～5年）	生存	经济独立
发展期（6～10年）	发展	发展职业能力和获得资源
	探索	探索并发展职业可能，同时也自我探索
自我实现期（10年以上）	切换	重心从职业发展线转到事业（自我）发展线
	实现	自我实现

职业生涯三阶段模型理论对大学生生涯规划具有重要的启示作用。首先，大学生在校期间应当致力于专业知识的学习，精进专业技能，为未来就业奠定坚实基础。其次，大学生需要通过实习、兼职等方式积累工作经验，培养沟通能力、团队合作能力等软技能，提升自我竞争力，确保在毕业后能够顺利进入职场。最后，大学生在职业发展过程中也要不断探索自己的兴趣所在，并努力将兴趣转化为职业优势。通过坚持不懈地学习与实战积累，不断精进个人综合素质与创新能力，最终在热爱的领域内实现自我价值。

2. 职场的层级与发展

职场中的发展路径通常可以看作是一个有层级的金字塔结构，清晰地勾勒出每位职场人成长的轨迹。

初入职场时，大多数人都需从金字塔的底部——基础岗位起步，这一层级竞争力相对较低，容易被替代。然而，它是我们积累经验、提升能力的起点。在这一层级，你需要优化工作流程，提高工作效率，这样你就可以有更多的时间专注某个领域的学习，或者拓宽职场资源。

随着个人能力的增强与经验的深厚积累，你有机会晋升为专业人士，成为团队中不可或缺的骨干力量，你的竞争优势是比别人懂得专业领域的知识。在这一层级，你需要不断提升专业技能，勇于接受未知的挑战，解决更多的问题，成为某个领域的专家。

当你能够高效调动和利用各种资源（包括人力、物力、财力、信息等）来解决问题，实现目标时，你将进入到中层管理或领导职位。在这一层级，你需要不断积累专业知识与技能，拓宽人脉网络，同时展现出色的协调与整合能力，积极寻求合作机会，以达成个人与组织的双赢。

最终，少数精英将跨越更高层级，担任管理者的角色，乃至攀登至金字塔的顶端，成为CEO（chief executive officer，首席执行官）或企业创始人，掌舵整个组织的航向。在这一阶段，你需要关注如何构建一个能够自动成长的系统，如企业组织架构、个人品牌等，实现个人价值的最大化，同时带动团队和企业的持续发展。

这一路上，个人的能力、经验和资源如同基石般不断累积，构建起强大的职场竞争力，推动着每一位职场人不断迈向职业生涯的新高度。

作为大学生，如何提升个人职场竞争力，更快进入金字塔的上一个层级呢？

（1）明确自身定位。

大学生应明确自己在竞争力金字塔中的位置。通过自我评估，了解自己在体力、知识、技能、资源及系统方面的优势和不足。这有助于设定更加实际和可行的职业目标。

（2）知识积累与技能锤炼并重。

学生时代，知识积累为基石，大学生需深耕专业，拓宽视野，洞悉行业前沿。实践结合理论，实习项目助成长，提升综合素养。同时，应注意技能与才干并重，团队协作能力、沟通表达能力、领导能力的培养皆不可少。通过社团活动、竞赛历练，强化实操与问题解决能力。

（3）积累资源。

进入职场后，资源的积累变得尤为重要。大学生在校期间可以通过建立人脉网络、参与实习、加入行业协会等方式，积累宝贵的人脉资源和行业资源。这些资源将在未来的职业生涯中发挥重要作用。

（4）关注金字塔顶端。

虽然大学生可能暂时无法直接参与规则的制定，但应培养自己的系统思维能力。了解行业规则、企业文化和战略规划，有助于更好地融入职场环境，并为未来的职业发展奠定基础。

课后任务

任务主题：制定你的大学学年目标，并完成个人生涯发展报告

任务要求如下。

请结合本章的学习，参考表4-13的形式，制定你的大学规划，具体要求如下。

（1）聚焦大学的毕业目标或未来职业目标，将目标分解至每学年。

（2）针对每学年的目标制定具体的行动项目，并完成自己的学业规划表。

（3）在此基础上，结合课程前期学习的内容，完成你的个人生涯发展报告。

我的生涯发展报告（模板）

表 4-13 小芊的大学四年学业规划表

目标行动	大一	大二	大三	大四
知识目标	英语四级	熟练运用 Python	初级摄影师证	论文写作
行动计划	每天背10个单词，一周一套真题；利用早晚自习预习复习	每周自学练习4小时	系统学习摄影知识，加强实践拍摄	提前和导师确定选题和大纲
能力目标	逻辑思维能力	组织统筹能力	科研能力	求职技能
行动计划	独立思考，将学习知识整理成思维导图	参加学生会	作为项目负责人参加学科竞赛	学习简历制作、面试技巧
其他目标	获得奖学金	发展一门爱好	情绪管理	时间管理
行动计划	上课认真听讲，课后及时复习巩固	自学、练习摄影技术，多请教前辈	记录每天的情绪变化、触发因素及应对策略	统筹分配好论文写作、实习及就业的任务

课后阅读与思考

不要温顺地走入那良夜

如果我们的生命以80年计，我们的职业生涯一般会持续20～30年的时间（按照退休的最新规定，可能是40年）。在这个过程中，任何一个生命体，都会在某个阶段进入一个短暂而相对平稳的阶段。这就是所谓的舒适区，即我们所说的"盒子"。

舒适区理论把人的生存环境分为舒适区、延展区和恐慌区3个区域。成长的最佳方式是从舒适区走入延展区，扩展自己的能力范围。但是人们常犯的错误是一直希望待在舒适区，直到外力打破平衡，被迫一下子进入恐慌区。

无论我们怎么否认和回避，任何一个生命体都有生老病死。因为电影《星际穿越》而流行的诗句："不要温顺地走入那良夜"，是诗人狄兰·托马斯写给病重的老父亲的，也体现了人类对生命的终极的思考。

对很多人而言，思考"良夜"看起来还太早，但是，如果我们不勇敢地跳出自己的舒适的盒子，就会在未来某天突然发现自己置身于一个恐慌的地带，从舒适区一下子跌落到恐慌区，这是最坏的结果。

我们要做的不是等到老年，不是等到外力临近的时候再去"咆哮""怒斥、怒斥光明的消逝"。

所以，请勇敢地跳出自己的小盒子，打破舒适区，尽早进入延展区。

（资料来源：张辉.人生护城河：如何建立自己真正的优势[M].北京：人民邮电出版社，2019.）

阅读思考

舒适区理论对我们大学阶段的生涯规划有什么启示？

第五章
备战未来职场

CHAPTER 5

大学是大学生踏入职场前的过渡阶段，在这个阶段，通过不断学习、实践和反思，逐渐完成从学生到职场人的华丽转变，为自己的职业生涯奠定坚实的基础，因此提升职业素养以应对未来职场需要是大学生职业生涯教育中的重要环节。

　　职业素养是职场成功的基石，职业素养包含了职业精神、职业素质和职场礼仪等多个方面，具备良好职业素养的大学生能够更好、更快地适应职场环境，展现出较高的工作效率和质量，也能赢得他人的认可和信任，从而在职场站稳脚跟。

　　在新技术层出不穷的今天，创新成为推动个人和企业发展的关键动力，创新思维是个体最重要的职业素养之一。在人工智能快速发展的今天，那些知识性、重复性的、规则性强的工作在不久的将来可能将被取代，具有高人际交互性、高创新性的工作将成为未来职场的趋势，创新能力的培养变得尤其重要。只有在工作中具备创新思维，才能不断提出新的想法和解决方案，为企业创造更多价值，为自己创造独特的核心竞争力。

第一节　提升职业素养

知识目标

- ◆了解职业精神的内涵和价值。
- ◆掌握职业精神的基本内容和实质。
- ◆了解职业素养的含义和内容，掌握提升职业素养的路径和方法。
- ◆了解职场礼仪。

能力目标

- ◆塑造职业精神，提升职业素养，提高就业竞争力。
- ◆能够将职业礼仪应用到日常生活交际中去。

明德笃行

通过这一讲的学习，认识到职业精神培育和职业素养提升的重要性，熟悉并掌握相关策略与技巧。2020年11月24日，习近平总书记出席全国劳动模范和先进工作者表彰大会并发表重要讲话时强调："劳动者素质对一个国家、一个民族发展至关重要。当今世界，综合国力的竞争归根到底是人才的竞争、劳动者素质的竞争。"[1]提高劳动者素质，事关改革发展稳定大局，对高质量发展及新质生产力发展至关重要。同时，中华民族素有礼仪之邦的美誉，自古以来皆推崇幼承庭训、尊师重道、传习礼仪的优良传统。大学生应通过职业礼仪的学习，继承和发扬中华民族传统美德，展现专业素养和个人魅力。

章节导入

案例 5-1

买土豆的故事

两位年轻人，阿诺德和布鲁诺，受雇于同一家店铺，领着同样的薪水。然而，一段时间之后，阿诺德很快得到了晋升，布鲁诺却仍在原地踏步。布鲁诺很不满，认为老板区别对待、待遇不公。终于有一天他到老板那儿抱怨。老板一边耐心地听着他的抱怨，一边心里盘算着怎样向他解释清楚他和阿诺德之间的差别。

"布鲁诺先生，"老板开口说道，"请您现在到集市一趟，看看今天早上有什么货物出售。"

---

[1] 习近平在全国劳动模范和先进工作者表彰大会上的讲话[N].人民日报，2020-11-25（02）.

> 布鲁诺从集市上回来向老板报告，今早集市上只有一个农民拉了一车土豆在卖。
> "有多少呢？"老板问。
> 布鲁诺赶快戴上帽子跑回集市，回来告诉老板有40袋土豆。
> "土豆价格是多少呢？"老板又问。
> 布鲁诺又第三次跑到集市上问来了价格。
> "好吧，"老板对他说，"现在请您坐到这把椅子上，不要说话，看看阿诺德怎么说。"
> 阿诺德很快就从集市上回来了。向老板汇报说到现在为止只有一个农民在卖土豆，一共40袋，价格是多少；土豆质量很不错，他带回来一个让老板看看。这个农民一小时以后还会弄来几箱西红柿，据他看价格非常公道。昨天他们铺子的西红柿卖得很快，库存已经不多了。他想这么便宜的西红柿，老板肯定会要进一些的，所以他不仅带回了一个西红柿做样品，而且把那个农民也带来了，现在正在外面等回话呢。
> 此时老板转向了布鲁诺，说："现在您知道为什么阿诺德的薪水比您高了吧！"
>
> （资料来源：根据网络相关资料整理）
>
> **案例思考：**
> 1. 如果你是布鲁诺，你会怎么回复老板呢？
> 2. 布鲁诺和阿诺德有什么区别？
> 3. 你觉得一名优秀的员工应当具备什么素质呢？

讲解与练习

一、职业精神的培育

（一）职业精神内涵

职业精神由"职业"与"精神"构成。根据《辞海》的定义，职业是人们所从事且赖以谋生的工作的性质、内容和方式。"精神"是指人的意识、思维活动和一般心理状态。职业精神是与职业活动密切相关，具有职业特征的精神与操守，是在各种实践活动中逐渐形成的道德规范与工作准则，比如劳模精神、工匠精神、企业家精神等。

美国麻省理工斯隆商学院教授埃德加·沙因认为，敬业、尽责、进取、合作、忠诚、创新、高效、服从，是优秀员工必备的职业精神，也是职业基准——最基本的职业道德准则。

敬业，热爱本职工作，认同就职企业。敬业是从业者对其职业的尊崇与热爱。企业选拔人才的根本准则在于其对职业的忠诚与投入，即敬业精神。职业精神所要求的敬业，蕴含着深厚的主观追求和清晰的价值观念。这些主观追求与价值观念构成了从业者行动的内在准则，确立了职业实践中价值追求的方向。

尽责，履行岗位职能，不找任何借口。在职业生涯中，对工作负责是最基本的要求。无论一个人从事什么样的行业，承担什么样的工作，都有应尽的责任。尽责的从业者能依据履行责任的要求，对自身职业行为的动机进行自我评估与审查，并对行为进行自我监督。"天下难事，必作于易；天下大事，必作于细。"只有对自己、对他人、对组织负责，细节一丝不苟，凡事尽力而为，才能在承担责任的过程中实现自身的价值，赢得尊重与认可。

进取，自信乐观主动，挑战工作压力。进取是从业者的重要品质，也是职业生涯成功的关键因素之一，它体现了个人对于职业发展和工作成就的不懈追求。进取的从业者总是带着思考去工作，会为自己设定明确的目标并为之努力奋斗，敢于挑战困难和未知，敢于打破常规推动创新，不懈地汲取新知与技能，持续提高个人的专业素养和市场竞争力。

合作，友爱团结互助，协作共同进步。合作是一种社会成员为达到既定目标或共同目的，彼此配合的一种联合行动或方式，它可以调动团队成员的资源与能力。瑞士心理学家卡尔·荣格曾列出这样一个公式：I+we=Fully I（我＋我们＝完善的自我），意思是一个人只有将自己投身于集体之中，方能最大限度地发挥并实现自身的价值。好的合作可以呈现系统效应，产生"1+1＞2"的合力，推动团队发展，也可以营造团队归属感，给予成员安全感，塑造团队凝聚力，提升整体效能。

忠诚，坚守职业本分，维护企业利益。忠诚是员工对其所在组织的忠心和承诺，是组织稳固的基石。忠诚不仅仅是表面上的服从，而是一种深层次的价值认同和行为表现，如遵守规章制度、努力工作、积极参与、维护公司利益和荣誉、对组织目标和文化的认同等。如同士兵必须忠诚于统帅，员工也应该忠诚于企业。美国商业界的传奇人物李·艾柯卡曾说过："无论我为哪一家公司服务，忠诚都是我的一大准则。我有义务忠诚于我的企业和员工，到任何时候都是如此。"违背忠诚原则，不论是个人还是集体，都将承受相应的损失和后果。

创新，敢于打破常规，习惯创造革新。创新的核心在于"新"，是在思想、方法、产品、技术、服务等方面的创造性变革或改进，是推动社会进步、经济发展、组织和个人成长的重要驱动力。世界上唯一不变的是变，在硅谷，几乎每年有高达九成的创新公司破产，这里的公司和创业者们坚信"世界属于那些永不满足的人"这一箴言。这就要求从业者在完成既定目标任务之余，提出新思想、创造新理念、发明新方法，以变应变、以变求胜，不懈追求并努力实现事业的成功。

高效，以业绩为向导，获取最大效益。高效是指在保证质量的前提下，以尽可能少的时间和资源投入，达到或超过预期的目标和效果。从业者应当具备一定的科学文化素养和精湛的专业技能，也要能按时、按质、按量地完成工作任务，最好事半功倍。要想在职场中脱颖而出，最好的办法就是在规定的时间内用最简单省力的方法获得最佳成效、创造更大价值。

服从，遵守组织纪律，坚决执行指令。服从是从业者对组织规则、决策、权威等的尊重和遵循。服从有助于维护组织稳定、提高工作效率、增强团队协作能力。《逸周书·文传解》曾言："令行禁止，王之始也。"服从是第一生产力，但服从又是一种平衡的艺术，既要遵守规则、尊重权威、为团队和组织的目标做出必要的妥协和配合，又要保持独立思考和道德判断，确保个人行为既符合组织利益又不失个人价值判断和职业操守。

（二）职业精神的价值与意义

国家富强需要职业精神。职业精神的凝聚关乎整个国家强盛目标的实现，国民的职业精神直接影响着人民生命财产安全和社会的稳定，是一个国家和民族在应对生存与发展挑战时所展现的能力强弱的客观而关键的衡量标准。中国海军核潜艇从无到有，从弱到强，这一切都离不开"中国核潜艇之父"黄旭华。在核潜艇研制过程中，黄旭华院士面临着国内外技术封锁和重重困难。但他没有退缩，而是带领团队白手起家，一路攻克种种技术难关，实现了中国核潜艇从无到有的历史性跨越。他的这种精益求精、攻坚克难、勇于创新的精神，是推动国家科技进步和产业升级的重要力量，是国家富强不可或缺的精神财富。只有当每一个成员在其社会位置上充分演绎好角色、履行好职能、发挥好作用，才能汇聚起磅礴之力，积蓄起推动国家向前的强劲动力。

社会进步需要职业精神。中国工程院院士钟南山，无论是抗击非典还是应对新冠疫情，都毫不犹豫地站在疫情防控第一线，致力于呼吸系统疾病的研究和治疗，不断提高个人的专业技术和职业能力，为病患带来更优质的医疗照护，进而促进医疗卫生领域的持续进步与发展。杂交水稻之父袁隆平，在经费短缺、条件艰苦的情况下，仍坚守在实验室，不懈地进行实验、细致观察、梳理数据、撰写研究报告，历经数载春秋的潜心钻研，方才使得杂交水稻的研究成为现实，为社会的整体进步提供了宝贵的动力和启示。职业精神关系到社会整体效率的提高。唯有每个人都深爱自己从事的职业、勤勤恳恳，社会才能顺畅运作，形成一个紧密相连的有机体，发挥出整体的效能。

个人发展需要职业精神。从个人角度来看，职业精神是决定职业生涯发展的关键因素。职业精神实质上确定了职业人的道德规范与工作标准，它代表着人才素质变化的性质和方向，它传递着一种重要的信息，社会需要"敬业、尽责、进取、合作、忠诚、创新、高效、服从"的从业者。一个人的职业精神是通过教育、自身社会实践和社会影响逐步形成的。社会和职场是不断变化发展的，工作岗位也会不断产生新的精神要求，没有良好的职业精神就难以取得突出的工作业绩，它唤醒并激发了人的主观能动性、创造性的进一步发挥，进而极大地丰盈和拓宽了自我的内涵。

（三）劳模精神、工匠精神和企业家精神

1. 劳模精神

新中国成立之前，中国共产党先后在苏维埃革命根据地和陕甘宁边区培育、树立和表彰劳动模范；新中国成立后开展了全国性的劳动模范表彰活动，劳模评选表彰的制度化为劳模精神的生成奠定了基础。在2020年11月24日举行的全国劳动模范和先进工作者表彰大会上，习近平总书记对新时代劳模精神进行了概括和提炼，指出"在长期实践中，我们培育形成了爱岗敬业、争创一流、艰苦奋斗、勇于创新、淡泊名利、甘于奉献的劳模精神"[①]，为当前弘扬什么样的劳模精神提供了方向与内容指引。

劳模精神是中国共产党人精神谱系中的重要组成部分，是社会主义核心价值观的体现，也对个人职业生涯有着深远的价值和意义。劳动模范不仅是我们学习的典范，更是

---

① 习近平在全国劳动模范和先进工作者表彰大会上的讲话[N].人民日报，2020-11-25（02）.

指引我们前行的精神灯塔。

"爱岗敬业、争创一流"是本色和追求。这体现出劳动者对岗位和职业的高度热爱和专注，对事业无止境地追求和拼搏。要求我们对自己所从事的工作抱有深厚的情感和认同感，全身心投入，不断追求卓越和创新，最终为实现个人价值和社会进步贡献自己的力量。

"艰苦奋斗、勇于创新"是作风与品质。"宝剑锋从磨砺出，梅花香自苦寒来。"2016年4月26日，习近平总书记在知识分子、劳动模范、青年代表座谈会上指出，"要坚持艰苦奋斗，不贪图安逸，不惧怕困难，不怨天尤人，依靠勤劳和汗水开辟人生和事业前程"[1]。只有在持之以恒中，不怕苦、不怕累、不畏艰难，"保持锐意创新的勇气、敢为人先的锐气、蓬勃向上的朝气"[2]，"勇于推进理论创新、实践创新、制度创新、文化创新以及各方面创新，通过革故鼎新不断开辟未来"[3]，才能日新又新，永不止步。

"淡泊名利、甘于奉献"是境界与修为。"非淡泊无以明志，非宁静无以致远。"在任何时期，"淡泊名利、甘于奉献"始终是劳动模范在岗位默默耕耘中坚守的无私价值取向。无论哪个行业，都需要涵养定力、克服焦躁，摒弃急功近利与名缰利锁，才能在名利面前保持初衷，在无私奉献的道路上践行使命。

2. 工匠精神

"工匠精神"本指工匠或手艺人对产品精雕细琢、追求极致的理念。2020年11月24日，习近平总书记在全国劳动模范和先进工作者表彰大会上阐明了"执着专注、精益求精、一丝不苟、追求卓越"[4]的工匠精神内涵。

"工匠精神"对于个人来说，是干一行、爱一行、专一行、精一行。执着专注和精益求精，促使个人在专业领域不断深耕；一丝不苟和追求卓越使个人能够适应市场变化，为职业发展开辟更广阔的空间。

"执着专注"是立身之本。执着专注意味着长期坚守在特定的领域，对工作全身心投入和持久热情，择一事终一生。如古代庖丁解牛，从"所见无非牛者"，眼里看到的是一只完整的牛，到"未尝见全牛也"，看见的不是完整的牛，而是牛身上的肌理，再到"以神遇而不以目视"，凭借精神和牛接触，而不用眼睛去看，整整22年对解牛技艺的执着专注，才能每一刀都精准无误，游刃有余。"壁画医生"李云鹤，23岁起就进入洞窟修复壁画，60余年修复了4000平方米壁画、500多身塑像，用一生守护千年敦煌。习近平总书记在江苏考察时曾说："我们说大器晚成，大器是什么？就是那些最好的东西、最高精尖的东西，这些东西都不是一下子可以做成的，都要下很大的功夫，甚至要用毕生精力。希望大家立志高远、脚踏实地，一步一步往前走，以十年磨一剑的韧劲，以'一辈子办成一件事'的执着，成就有价值的人生。"[5]

---

[1] 在知识分子、劳动模范、青年代表座谈会上的讲话[N]. 人民日报, 2016-04-30（02）.
[2] 习近平参加上海代表团审议：保持锐意创新勇气蓬勃向上朝气 加强深化改革开放措施系统集成[N]. 人民日报, 2016-03-06（01）.
[3] 全党必须始终不忘初心牢记使命 在新时代把党的自我革命推向深入[N]. 人民日报, 2019-06-26（01）.
[4] 习近平在全国劳动模范和先进工作者表彰大会上的讲话[N]. 人民日报, 2020-11-25（02）.
[5] 葛彬超. 葆有"一辈子办成一件事"的执着[N]. 人民日报, 2023-09-27（13）.

"精益求精"是不懈追求。它要求工匠们在已有成就的基础上，不断寻求改进与创新，力求达到更高的标准与境界。"中国陶瓷艺术大师"朱文立，为破解釉料配方，走遍大街小巷，历经千辛万苦找寻古汝瓷残片；为寻找釉料原土，踏遍汝州的山川河流；为烧制汝瓷，尝试了328个配方，每个配方至少烧制3次。历经1500多次失败，终于研制出天青釉，再现"天青"一色，填补了汝窑空白。正是精益求精的精神促使他们不断积累知识、锤炼技艺、精进能力。

"一丝不苟"是优良作风。一丝不苟是对细节的高度关注与严格把控，在每一个细节上力求完美，不容许有任何疏忽。卓越的工匠绝不会因为操作熟练就粗心大意，反而会在熟练的基础上更加严谨，而越严谨，技艺也就越精湛。"深海钳工"管延安，在参与港珠澳大桥建设期间负责沉管舾装等相关作业，在深海条件下实现了厘米级的精准对接，确保了沉管安装接缝处的间隙小于1毫米，安装了60多万颗螺丝却无一丝差错，创下了5年零失误的深海工程奇迹。每上一个螺丝，他都要至少检查三遍，他最常说的一句话是"再检查一遍"，强调最多的是"反复检查。""偏毫厘不敢安"，只有在每个细节上倾注匠心，才能在细节中打磨出高品质。

"追求卓越"是初心使命。追求卓越是对现状的超越，表现在工匠不断挑战自我，突破极限，设定高标准并致力于达成甚至超越这些标准。"火药雕刻师"徐立平，30余载深耕于航天发动机固体动力燃料药面微整形工作，这一环节被誉为固体火箭发动机生产中最险峻的工序，俗称"雕刻火药"。在工艺上要求误差不超过0.5毫米，而他却始终将误差精准控制在0.2毫米以内。他还创新研制了20多种药面整形刀具，获得多个国家专利，其中一种更是被单位命名为"立平刀"，以表彰其卓越贡献。"千万锤成一器"，追求卓越，就要终身学习、持续创新，不断提升技能和水平，以匠心成就经典，以平凡铸就非凡。

练习 5-1

你认为互联网时代还需要工匠精神吗？为什么？

_____

_____

3. 企业家精神

党的十九大报告指出，要"激发和保护企业家精神，鼓励更多社会主体投身创新创业"[1]。党的二十大报告指出要"完善中国特色现代企业制度，弘扬企业家精神，加快建设世界一流企业"[2]。2021年9月，党中央批准了中央宣传部梳理的第一批纳入中国共产党人精神谱系的伟大精神，企业家精神就在其中。企业家精神是"企业家"与"精神"的结合体。"企业家"这一概念由法国经济学家理查德·坎蒂隆在1800年首次提出，是指能够使经济资源的效率由低转高的企业所有者或经营者。"企业家精神"是企业家特

---

[1] 习近平. 决胜全面建成小康社会 夺取新时代中国特色社会主义伟大胜利: 在中国共产党第十九次全国代表大会上的报告[EB/OL].(2017-10-27)[2024-08-09].https://jhsjk.people.cn/article/29613458.

[2] 习近平. 高举中国特色社会主义伟大旗帜 为全面建设社会主义现代化国家而团结奋斗: 在中国共产党第二十次全国代表大会上的报告[N]. 人民日报, 2022-10-26（01）.

殊技能（包括精神和技巧）的集合。

企业家精神可以培养个人的独立能力、凝聚团队力量、激发创新意识，面临挑战和抉择时，能够主动思考并独立解决，具备良好沟通的能力，促进精诚合作。在职业发展中，能够不断学习，寻找新的机会和方向。

杰弗里·蒂蒙斯教授指出，成功创业者的性格特质包括6个方面：强烈的事业心和坚定的信心、领导才能、创造或者寻找机遇的执着、对于风险和不确定性的承受力、创新能力、超越自我的动力。德鲁克认为，企业家精神中最主要的是创新，"企业管理的核心内容，是企业家在经济上的冒险行为，企业就是企业家工作的组织"。经济学家张维迎认为，企业家的本质是"敢于冒险、不守常规的创新精神"。因此，企业家精神的核心是创新精神、冒险精神。

创新精神体现为敢于摒弃陈旧观念与事物，致力于开创新观念与新事物的勇气，涵盖了创新意识、兴趣、勇气、决心及相关的思维过程。优秀的创新精神是培养创新能力不可或缺的要素。

冒险精神的本质在于勇于探索未知、勇于接受挑战并勇敢面对失败。比尔·盖茨非常注重培养自己的冒险精神，在他看来，机会总是伴随着风险，成功的首要因素就是冒险精神。相关学者也指出，冒险是企业家区别于其他人群的显著特征。但冒险绝不等于鲁莽，冒险是在具有明确目的性的基础上，对目标的实现具有充足的信心，同时具有抵抗控制风险的能力和承担责任的勇气。在创业与经营的道路上，企业家勇于冒险、敢于挑战，唯有如此，方能于险峻之巅领略无限美景。

体验活动 5-1

投掷硬币

准备1个杯子和1枚硬币，根据投掷距离计算分数，距离越远分数越高，三个投掷位1、2、3，得分分别是4、2、1分（见图5-1）。每人试投一次，各小组5分钟讨论方案，并确定参赛人员和顺序。每组选出3位代表参加，分3轮投币，每次派出1人，按总分排名。

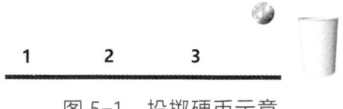

图 5-1 投掷硬币示意

讨论与分享：
1. 在比赛过程中，你是如何排兵布阵的？
2. 体验完投掷硬币后，你如何理解冒险精神？

二、职业素养的提升

（一）职业素养内涵

哈佛大学罗恩·理查德认为，素养是一种后天行为模式，具有主观能动性，而不是被自动激活的。素养包含各类行为，而不是单一的某个行为。在特定情境发展过程中，它们是动态的、特殊的，而不是严格执行的规定行为。比主观意愿更重要的是，素养必须与必要的能力相结合。素养激励、激发与引导能力的发展。由此，我们可以这样理解，职业素养是后天逐步形成的，是人类在职业活动中的行为、能力和综合品质。

西北大学李纯青教授团队认为，积极心态、敬业并自动自发地多做一些、没有任何借口地执行任务、沟通协调、团队合作是5种重要的职业素养。

北京大学庄明科教授、知名生涯教育专家谢伟从"独立人""互动人""协作人"3个角度，将大学生职业素养分为自我突破、人际影响、高效团队3个模块，提出了10项最基本的职业素养，如图5-2所示。

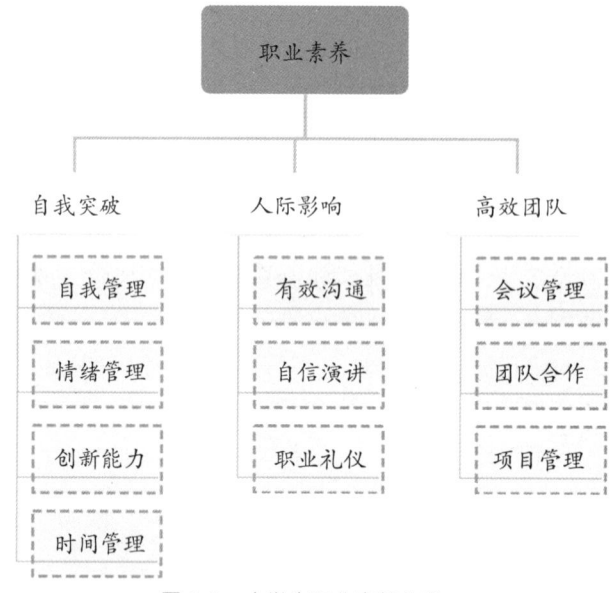

图5-2 大学生职业素养分类

智联招聘发布的《2020年秋季大学生就业报告》中，对企业看重的人才素质进行了调研，研究发现，责任心、抗压能力、人际沟通是企业最重视的通用素质，如图5-3所示。

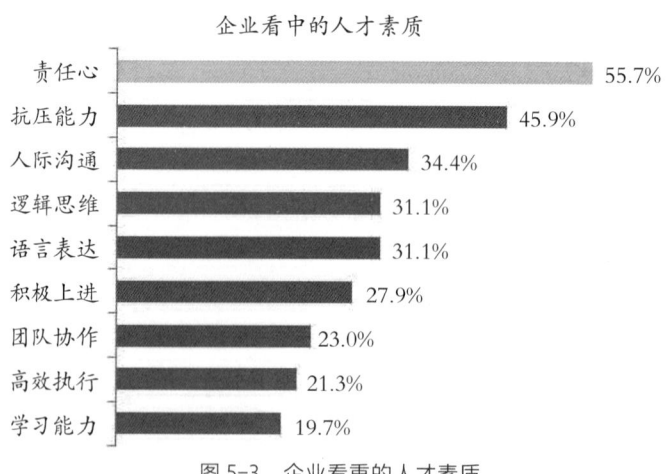

企业看中的人才素质

素质	比例
责任心	55.7%
抗压能力	45.9%
人际沟通	34.4%
逻辑思维	31.1%
语言表达	31.1%
积极上进	27.9%
团队协作	23.0%
高效执行	21.3%
学习能力	19.7%

图5-3 企业看重的人才素质

（二）职业素养的提升

劳动者的就业能力与其职业素养息息相关。为什么从事同一种职业的人，有的业绩丰硕有的平庸无为？为什么同一专业的毕业生即使从事同一行业，有的成功有的失败？难道从事一定的职业，具备一定的专业知识和专业技能就一定能成功吗？个体的成就是众多因素交织而成的结果，取决于其掌握的专业知识和技能，更在于其在职业生涯中所展现的诸多细致而卓越的职业素养。企业看重的职业素养有责任心、抗压能力、人际沟通能力等。因此，从现在开始有意识地培养企业所需要的职业素养，就能为未来的发展积累成功的资本和智慧。

1. 责任心

责任心是立业之本，是对事情敢于负责、勇于主动负责的态度。它不仅是职业素养的核心，也是个人品质的重要体现。作家维克多·雨果在其作品《笑面人》中曾说过："我们的地位向上升，我们的责任心就逐步加重。升得愈高，责任愈重。"对于学生来说，责任心意味着能够主动承担工作责任，不推诿、不懈怠，确保任务高效、高质量完成。

在学校里，责任心有助于学生高标准地完成学业任务，可靠地完成分配给他们的任务，为将来的职业生涯做好准备。在组织中，责任心关系到组织的运营效率与团队凝聚力。具有高度责任心的员工能够预见问题、积极解决，减少错误与损失。同时，责任心也是组织文化的重要组成部分，能够激发员工的归属感和使命感，促进团队合作与共同进步。那么，如何提升责任意识呢？

明确职责、主动承担：提升责任心需要明确自身角色与职责，知道哪些是自己应当负责的任务和事务。作为大学生，我们要承担学习的责任，同时，也应积极参与学生会社团组织、关心帮助同学、参加各类竞赛和实践。在遇到问题或挑战时，展现出积极的态度，主动寻求解决方案，而不是逃避或归咎于他人。主动承担不仅能够展现个人的能力和价值，也能赢得他人的信任和尊重。

设定目标、结果导向：真正的负责是对结果负责，结果导向意味着将关注点放在最终的成效上，以成果的质量和达成程度为评判标准。在制定学业或工作目标时，利用SMART原则，定期检查进度、调整策略，确保每一项活动或决策都能朝着目标结果推进。

制订计划、高效执行：一分部署，九分落实。明确目标后，需要制订计划，并强有力地执行。制订计划是将目标转化为具体行动步骤的过程。一个详细、合理的计划能够合理分配资源、人员和时间，确保任务有序进行。高效执行是按照计划坚决地付诸行动，完成预定目标，如图5-4所示。对于大学生来说，高效执行从敢于接受任务开始。

高效执行四步法

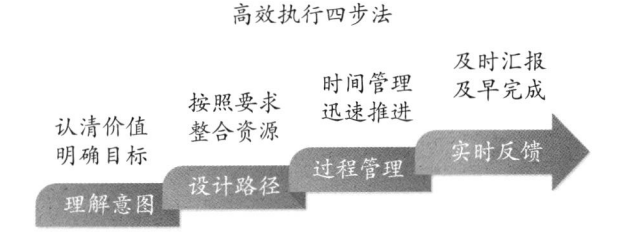

认清价值 明确目标 → 理解意图
按照要求 整合资源 → 设计路径
时间管理 迅速推进 → 过程管理
及时汇报 及早完成 → 实时反馈

图 5-4 高效执行四步法

2. 抗压能力

抗压能力是个体在面对工作、生活中的压力与挑战时，能够保持冷静、积极应对，并有效管理自身情绪与行为的能力，是个体在逆境下对心理压力和负性情绪的承受与调节的能力。

抗压能力不仅能够帮助个体在高压下保持高效工作状态，减少因压力导致的失误与低效，还能促进个人心理健康，提升整体工作满意度和幸福感。大学生面临着学业、社交、就业等多重压力，提升抗压能力不仅能够帮助学生更好地应对日常生活中的挑战，也能为未来求职做好准备。那么如何有效提升呢？

积极心态：提升抗压能力，首先需要培养积极的心态，学会从挑战中寻找机遇，将压力视为成长的契机，简而言之，就是"一切都往好处想"。美国作家拉尔夫·沃尔多·爱默生曾说过："逆境有一种科学价值，一个好的智者是不会放弃这种机会来学习的。"如果戴着不同颜色或功能的眼镜，就会看到不一样的世界。美国思维教授赖安·戈特弗雷森在《心态》一书中提出了4种积极心态，如图5-5所示，通过理解和培养这些积极心态，个人可以更好地应对挑战，实现职业上的成长与成功。

开放型：能接受犯错的可能性，寻求真相和最好的思维方式，能够意识到自身以外的因素也在促成他们的成功。

进取型：愿意接受挑战，拥有一个让自己可以向前进发的明确目的和目标，主动为自己设定目标并努力实现。

成长型：相信自己和他人都能改变自己的能力、禀赋和才智，重视学习和成长。

外向型：将他人视为有巨大价值的人，认为所有人都很重要，都是有价值的。

4种积极心态

图 5-5 赖安·戈特弗雷森的4种积极心态

时间管理：加强时间管理和任务规划，确保工作有序进行，可以减少因时间紧迫而产生的焦虑感，帮助人们从容面对挑战和压力。效率大师艾维·利提出了6点优先工作制，遵循"要事第一"原则，每天列出6件最重要的事情，按序号从1～6排序，先全力以赴做好第一项，直至完成或达到要求，然后开始第二项、第三项，依此类推。在实践中，如规划大学生活时，可以利用"四象限法则"做好重要性排序，再利用6点优先工作制，高效完成。

情绪管理：情绪管理是个体识别、理解、接受、表达、调节、控制并有效地处理自己和他人情绪反应的过程。每个人都有情绪不好的时候，如学业不顺的焦虑、人际沟通不畅的烦闷、考试前的紧张等（见图5-6）。这些情绪容易带来心理波动，严重时还会引发身心不适。认知调节对情绪管理非常重要，如利用情绪ABC理论识别并调整认知和信念，改变自己的情绪反应。此外，还可以通过环境调节，选择一个环境优美的地方或者前往那些能够给自己带来快乐的地方，放松身心；或者通过人际调节，与家人朋友分享心得，寻求支持与建议，排解情绪。

activating events
诱发事件

beliefs
信念（对事件的认知、看法、解释）

consequences
情绪和行为反应

图 5-6　情绪 ABC 理论

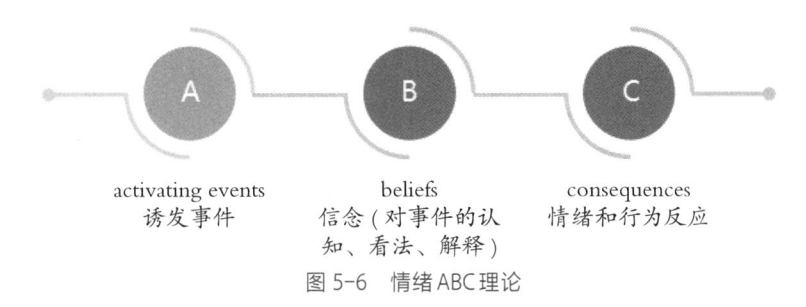

美国著名心理学家阿尔伯特·埃利斯提出的情绪 ABC 理论认为，人的消极情绪和行为结果 C 不是诱发事件 A 引起的，而是对这件事的认知、看法、解释即信念 B 引起的，所以我们可以通过改变我们的信念，来改变我们的情绪。

3. 人际沟通

体验活动 5-2

撕纸游戏

每组 3 张白纸，每一轮由组长内心确定一个想要呈现的动物形象，告知其他组员，组长先撕第一下，组员轮流，每人只能撕一下，最终小组撕出一个动物形象。但每一轮告知方式不同，第一轮不出声，不做任何言语和非言语沟通；第二轮可以用手势进行交流；第三轮可以用语言进行交流。

讨论与分享：

1. 哪一轮撕出的动物形象最清晰？
2. 体验完撕纸游戏后，关于沟通你有什么新的思考？

沟通是人与人之间、人与群体之间，用任何方法或形式，交换、传递、分享信息、思想、情感的过程，它不仅是信息传递的基本方式，更是建立关系、解决问题、促进合作、实现目标的重要桥梁。

沟通包括将信息编码发送、媒介传递、接收反馈等多个过程，如图 5-7 所示，它在日常生活、工作、学习及社会交往中扮演着至关重要的角色。作为学生，我们需要跟同学、老师、朋友沟通，以完成小组作业、参与社交活动、协调生活学习；进入职场，需要与同事、上下级、客户、合作伙伴等沟通，以协调工作流程和任务分配。杰克·韦尔奇说过："管理就是沟通、沟通再沟通。"那么如何实现有效沟通呢？

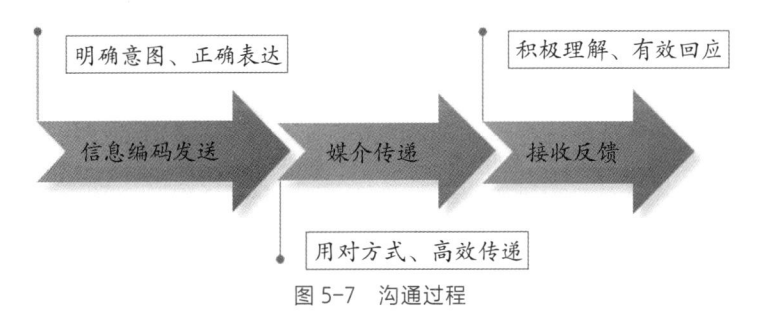

明确意图、正确表达 → 信息编码发送

用对方式、高效传递 → 媒介传递

积极理解、有效回应 → 接收反馈

图 5-7　沟通过程

明确意图、正确表达：在开始沟通之前，明确沟通目的和期望结果；梳理想要传递的信息，避免传递模糊或误导性的信息；根据沟通对象的背景情况、情绪状态等，选择得体合适的表达方式；用简洁明了的语言阐述观点，确保信息能够被对方准确接收，可以通过举例、类比或重复关键点来加强表达效果。

用对方式、高效传递：沟通方式包括言语、非言语、书面等方式，根据沟通内容的紧急性和重要性，沟通对象的偏好，选择恰当的沟通方式，如面对面交谈、电话、邮件、会议、演讲、即时消息等。注意肢体语言、面部表情和声音语调等非言语信息的表达。

积极理解、有效回应："3F倾听"指的是在和他人沟通时，倾听对方关注的事实（fact）、感受（feeling）和目的/意图（focus）。这种方法是由非暴力沟通倡导者马歇尔·罗森博格博士和"全球情绪能力运动"先驱汤姆·斯通的研究结果发展而来的（见图5-8）。利用3F倾听法则，耐心专注地听取对方的观点，不打断、不评判，通过点头、微笑等肢体语言来鼓励对方继续表达。必要时复述对方的观点，确认是否正确理解对方的意图。在理解对方观点的基础上，适时反馈，给予积极、建设性的回应，可以表达赞同、提出疑问或分享自己的看法，以促进更深入的交流。

Fact	Feeling	Focus
倾听事实，不带偏见地接受对方话语中的客观事实	通过语音、语调乃至肢体语言感知对方的感情	把握对方的真正意图

图 5-8　3F倾听

三、职业礼仪的养成

案例 5-2

最后一道考题

企业的公关部计划招聘一名员工，经过笔试和数轮面试最后只剩下5位候选人，小王是其中之一。公司通知这5位求职者，最终的决定将由经理层会议敲定，请大家先行回家，等待公司最后的决定。

几天后，小王收到了一封来自公司人力资源部的邮件，邮件写道，虽然小王面试表现较为优异，但由于此次招聘名额有限，非常遗憾未能入选。小王的资料将进入公司的人才库，如有岗位空缺将会联系告知。另外，应聘时提交的个人材料会原件寄回，为表示感谢，特附一份公司产品的优惠券，感谢支持！

在收到邮件的两天后，小王如期收到了自己的资料和优惠券。落聘虽然伤心，但小王也被公司的诚意所打动，心怀感激的她，顺手花了三分钟时间写下了一封简短的感谢信回复公司。出乎意料的是，两周后，她接到了公司的录用电话。原来，那封邮件正是公司设下的最后一道考验。

其他四位候选人同样收到了邮件和优惠券，但只有小王回复了邮件并礼貌表达了感谢。她之所以脱颖而出，只因为多花了三分钟去感谢。

（资料来源：根据网络相关资料整理）

案例思考：
1. 小王为何能被录用？
2. 你如何看待职场礼仪？

讲究礼仪是中华民族的传统美德，也是现代公民应遵循的道德规范。礼仪是一门应用性、实践性、综合性学科，是对礼节、礼貌、仪态和仪式的统称，是人们在社会交往活动中，相互尊重、约定俗成、共同认可的行为规范。

对个人而言，礼仪是其道德品质、文化素养及社交能力的外在体现；对于社会而言，礼仪是国家文明程度和社会习惯的反映。中华民族素以礼仪之邦著称于世，"礼"是中国传统文化的核心。孔子在《论语·季氏》曾言："不学礼，无以立。"荀子也曾言："人无礼则不生，事无礼则不成，国家无礼则不宁。"缺乏礼仪，人难以在社会中立足；行事不遵礼节，难以成事；国家无礼法，必致动荡不宁。足见礼仪的重要性。

职业礼仪是人们在职业活动、商务交往等职业场所中应当遵循的一系列礼仪规范，包括仪容仪态着装、会面交谈、邀约接待、日常办公、求职面试等。

练习5-2

你能想到的职业礼仪有哪些？

_____
_____

（一）仪容仪态和着装

仪容即容貌，由发式、面容及人体所有未被服饰遮掩的肌肤所构成。《礼记》中就曾提到"正仪容，齐颜色，修辞令"。仪容是静态的，应干净、整洁、简约、端庄。在发型发式上，要长度得宜，男士讲究前发不覆额，侧发不掩耳，后发不及领。女士选择适合自己的、得体大方的发型。但都要干净整洁、梳理整齐、恰当修饰、式样端庄。在面容上，无异味、无异物。男士剃须修面，保持清洁，女士淡妆为主，切不可浓妆艳抹，香气浓烈扑鼻。此外，手臂和腿脚也需注意，指甲干净整洁，不宜过长。

在讲究仪容的同时，也应关注仪态。仪态是动态的，是一个人的举止神态，由具体部位的动作和整体的协调组成。首先，站立时，标准的站姿，从正面观看，全身笔直，双目平视，两肩齐平，双腿并拢，两臂自然下垂，庄重挺拔。其次，坐姿。坐时讲究尊卑有序，客人先坐、长辈先坐、女士先坐等。坐椅面的2/3处，女士两腿并拢，男士可以适当分开，双手自然或交叠放置腿上。在重要场合，尽量不要跷二郎腿。再者，行走时，要匀速直行、步幅得体、不出声响。古人言，站如松、坐如钟、行如风，就是对良好仪态的最好诠释。

着装指的是一个人的穿衣打扮。在职业礼仪中，对着装的基本要求是整洁、雅致、得体、规范。在商务活动或正式场合中，男士常穿西装。穿西装要会穿且合身，遵循三色法则，正式场合全身上下颜色不能多于3种。在鞋子、腰带、公文包等重要配饰的选择上要注意"三一定律"，即三种配饰选择同一个颜色，首选黑色。女士职业服装一般以正装、套裙为宜，最好穿丝袜，不宜穿露脚趾的凉鞋，注意色彩协调、搭配得宜、符合身份。此外，着装有一个通用的基本原则——TPO原则。TPO是时间（time）、地点（place）和目的（objective）3个英文单词的首字母组合。该原则是指人们在着装时应考虑到具体的时间、地点和目的。

（二）会面交谈礼仪

会面即见面，是人际交往的起始环节。心理学上有一个首因效应，即双方在初次交往中形成的第一印象对未来交往关系产生的深远影响。因此，初次会面是非常重要的。会面礼仪是双方会面之际应遵守的礼仪规范，包括称呼、握手、介绍、交谈等。

称呼是在人际交往中使用的称谓。双方在初次见面、因公或对外交往中，要使用正规的称呼，体现出谦恭和敬意。平时多以"您"相称，在知道学位、职务、职称或职业的情况下，可以姓氏加其中之一，如李博士、钱院长、周教授、林医生等。在不知道具体信息的情况下，可以用"先生""小姐""女士""夫人""太太"等相称。

初次见面，通常会互相行礼，对中国人来说，握手是最常见的见面礼节。握手时，一般尊者居前，即上级、年长者、职务较高者、女士或已婚者率先伸手，同时需起身站立，保持目光接触，面带微笑，使用右手，掌心垂直于地面，力度适宜，时长适中，不宜只握住指尖，也不宜过度握手到整个手腕，不要动作幅度太大用力推拉抖动，也不要左手插兜，最好摘下手套和墨镜，同时也不妨稍事寒暄、稍作问候。

介绍分自我介绍和介绍他人。自我介绍要把握时机，在初次见面、对方感兴趣、不妨碍工作的情况下，根据不同场合简明扼要地介绍自己的姓名、单位、职务、工作、来访原因等信息，语气清晰、大方得体。介绍他人时，要提前有所准备，尊者居后，即先介绍位低者、晚辈、男士、未婚者、主人等。根据现场情况，可只介绍姓名，较为正式时可以加上单位、职务，必要时可以着重介绍某一方面，如双方来自同一个地方、毕业于同一所院校等，加深双方印象。

交谈是人际交往的重要手段，在职场中，交谈是与人沟通的桥梁。《礼记》中的修辞令就是指说话的艺术，包括语言的选择、语气的运用及表达方式等。在选择谈话内容时，要选择对方感兴趣或者擅长的话题，有所谈，也有所不谈，如不谈隐私、不谈机密、不诋毁他人、不妄议是非。表达时，语气真挚、用语文明、语言清晰、语速适中；倾听时，不打断不抬杠不挖苦，眼神交流或适当点头示意。就像杰勒德·尼伦伯格在《进入人们的内心世界》一书中评论道："若想让交流变得顺畅，请像重视自己的感受一样重视对方。请在商谈之初就表明议题，并在开口之前先斟酌一下，如果你是对方，你愿不愿意听这些话。如果你希望对方认可你的观点，请先接受他的观点。"

（三）邀请接待礼仪

在职业生活中，讲究常来常往，来而不往非礼也，交往是必不可少的场景，不同应用场景有不同的礼仪规范，包括商务邀请、迎送接待等。

商务邀请是人们在日常工作和交往中不可缺少的一环。从形式上分，商务邀请包括电话邀请、面对面口头邀约、书面邀请。书面邀请又包括请柬、邀请函、电子邮件、传真等。书面邀请更为正式，可以口头邀请在前，书面邀请在后。从内容上看，要合理合法，遵纪守法，根据具体对象安排具体内容，行程安排合理，时间地点适宜且明确。从时间上看，最好提前一个星期或提前一个月发出邀请，给对方适当的准备时间和空间，并且在正式开始前约一星期联系被邀请方再次确认是否出席。

客户接待与拜访是商务交往中最基础、最日常的工作。接待客户的时候应该注意，在客户到来前整理好房间、文件资料、茶具茶杯。接待人员的级别应该根据客户的级别而定，双方的职位应该相匹配。接待客户时，迎客、乘车、乘电梯、上下楼梯、引导、餐饮等都有相关的礼仪规范，接待人员遵守规范、讲究礼貌、彰显素质，会给客户留下深刻的印象和美好的回忆。

（四）日常办公礼仪

办公室是一个处理工作业务的场所，办公室礼仪是在办公场所中需遵循的礼节与行为准则。遵循办公室礼仪，不仅是对同事的尊重，更是每个人在人际交往中展现礼貌和素养的最直观方式。在自己办公室，要保持卫生整洁，上班到达办公室后，不妨跟同事领导打个招呼；临时离开时跟同事或领导做好报备，急事电联；下班离开时，整理好桌面和资料，关灯关门闭窗。到他人办公室时，应先敲门，征得对方同意后方可进入；如对方正在谈话，要稍等静候，如有急事，也要寻找合适时机，礼貌询问："对不起，打断一下"。如对方在忙，可离开稍后再来。在别人办公室不宜逗留过久，也不宜乱动他人物品，离开时应礼貌告别并询问是否需要关门。

对于大学生来说，寝室既是生活场所也是办公场所，兼具生活、工作、学习的多重作用。在寝室或学校其他办公场所，也应遵守办公礼仪，做到文明规范，和谐友爱。

电话是目前最普遍最快捷的通信工具之一，电话沟通也能体现一个人的性格品行。因而，掌握正确的、礼貌待人的电话沟通方法是非常必要的。电话礼仪包括接听和拨打两个方面。

接听电话时，应使用正确的姿势，停止不必要的其他动作，面带微笑、专心地接听。一般在铃响三声之内接起电话，主动问候"您好"，自报家门；如不知道对方是谁，不要直接问"你是谁"，可以礼貌询问"对不起，请问您怎么称呼"。明确对方身份和来电原因，电话机旁备好纸笔，必要时记录对象、时间、地点、事由等重要事项，语速适中，语言得体。谈话完成后，感谢对方来电，互道再见，并等对方挂断后放下电话。

拨打电话时，确认好电话号码是否正确，选择合适时机，不宜过早也不宜过晚，非紧急情况尽量在上班时间联络他人，勿选择休息时间。接通后主动问候，主动介绍自己和去电事由。一般而言，公务电话报单位名称，私人电话报姓名，社交电话报单位、部门、姓名，询问对方是否方便接听。提前准备谈话内容，简明扼要，重点突出，表达全面，通话时间宜短不宜长，遵循通话三分钟原则。谈话完成后及时致谢，礼貌再见，不要急于挂断电话，一般地位高者、上级、长辈、客户、被需求方先挂。

电话礼仪代表着一个人的外在形象，并非只局限于工作或正式场合，也体现在日常生活中。作为大学生，在平时与人交往沟通、电话语音联络时，也要遵守礼仪规范，自觉养成懂礼仪、讲文明的好习惯，知书达理，礼貌待人。

（五）求职面试礼仪

求职面试是进入就业市场的第一步，一个良好的礼仪表现会给面试官留下积极的第一印象。面试礼仪包括简历递送、面试着装、时间管理、进门就座、问候作答、离开询问等。

面试前需提前准备电子或纸质简历，准备着装。着装通常选择款式简洁、大方得体的西装、衬衣或与面试岗位相协调的服装，搭配合适的下装和鞋子，避免颜色过于花哨，款式过于浮夸，保持干净整洁正式。

面试时要保持仪容得体，妆容素雅，提前到达面试地点，提前将手机设为静音或关机，敲门征得同意后方可进入。作答时坐姿端正，举止文明，和面试官保持适当距离，做好表情管理，保持眼神交流，不要有抖腿、双臂交叉等不必要的小动作，语言简洁有力，逻辑清晰，重点突出。

面试结束后，及时道谢，礼貌离开。起立的动作要稳重得体、安静自然，离开时询问是否需要关门，后续可适当礼貌询问面试结果。

课后任务

任务主题：找一找岗位职业素养

任务要求如下。

以小组为单位，查找与所学专业相关的一个岗位或自己的首选职业，了解并整理其职业素养要求，并就以下问题进行阐述。

（1）职业素养的现实需求与自己之前所了解的有哪些差距？

（2）对照现实需求，自己还需要重点提升哪些职业素养？

（3）应该怎样提升自己的职业素养？

课后阅读与思考

"中国天眼"之父南仁东：人生为一大事来

南仁东，500米口径球面射电望远镜（FAST）工程首席科学家、总工程师，"中国天眼"之父。1945年出生于吉林辽源，本科就读于清华大学无线电系，硕士毕业于中国科学院天文学专业。1993年，南仁东前往日本出席国际无线电科学联盟会议，对日本等国在无线电科学领域的科研成果感到惊叹，萌生了利用贵州喀斯特洼地，建设"中国天眼"FAST的想法。为此，他辞去了国外的高薪工作，当时他在国内一年的工资仅仅是国外一天的工资。

对这一想法，当时几乎所有专家都不看好：选址、论证、立项、建设，每一步都充满挑战。技术和工程上的巨大难度，让许多发达国家都望而却步。

为了给这个理想中的"巨无霸"找到合适的"家"，12年里，南仁东带着300多幅卫星遥感图像，跋涉在中国西南的深山峻岭之中。有一次，暴雨如注，山洪裹挟着泥沙汹涌而下，足以卷走树木，南仁东在攀登一座山头查看一处洼地时，不慎失足跌落，幸好两棵小树挡住了他，他靠着救心丸爬回垭口。

终于，工程在2007年获得国家批准立项。这么大的射电望远镜，关键技术无先例可循、关键材料亟须攻关、现场施工环境非常复杂，工程的艰难程度远超想象。在审核危岩和崩塌体治理、支护方案时，不懂岩土工程的南仁东，用了一个月的时间学习相关知识，对方案中的每一张图纸都仔细审核、反复计算，指出方案中的错误，提出了大量宝贵的意见。"他是个天文学家，但为了FAST，他把自己练成了通才，拿起电焊机能焊得有模有样，给机械专家提点问题也总在点子上。"张蜀新说。

2015年，FAST项目后期，70岁的南仁东被确诊肺癌晚期。手术结束后3个多月他就忍着病痛返回施工现场。2016年，"中国天眼"落成启用。2017年9月15日，南仁东先生病情恶化，最终抢救无效不幸离世。

如今，"中国天眼"成果频出，不断拓展人类观测宇宙的视野极限。他用22年的信念和热情，让中国睁开了天文学界的"天眼"，而他却永远闭上了双眼。南仁东先生化作天上的一颗星，用闪烁的光芒引领着中国天文学家们，继续探索宇宙最深处的奥秘。

（资料来源：詹媛. 人生为一大事来：记"中国天眼"之父南仁东[N]. 光明日报，2017-09-28（15）.）

> **阅读思考**
>
> 南仁东先生建造"天眼"的历程对你有什么启示？

第二节　提高创新能力

知识目标

◆了解创新的概念和含义。
◆学会如何在身边寻找创新的灵感，激发创新的内驱力。
◆了解创新思维，学会创新的方法。

能力目标

◆掌握激发创新灵感，提升能力的方法。
◆掌握并会运用创新思维。
◆能熟练运用创新思维工具。

明德笃行

通过这一讲的学习，认识创新对于国家、社会的重要意义；培养学生的创新思维和创新能力，助力自身的职业生涯，为创新型国家建设、社会的进步发展做出力所能及的贡献。在社会高速发展，科技日新月异，AI机器人、无人驾驶汽车等新鲜事物已经进入大家视野，未来更多的新概念、新方法、新技术会带给人们更优质的生活，不断推动社会的进步。大学生作为推动社会发展的主力军，必须具备创新精神，不但要勇于接受新兴事物，更要带头创造、创新。

章节导入

案例5-3

五次工业革命浪潮

人类社会从传统农业社会转向现代工业社会，进而进入人工智能时代共经历了五次工业革命浪潮。每一次工业革命都是人类发展史上的一个重要阶段，为社会创造了巨大的生产力，使社会面貌发生了翻天覆地的变化，从而引发了社会的重要变革。

18世纪从英国发起的技术革命是技术发展史上的一次巨大革命，它开创了以机器代替手工工具的时代，大大提升了生产效率。19世纪最后30年和20世纪初，科学技术的进步和工业生产的高涨，被称为近代历史上的第二次工业革命。世界由"蒸汽时代"进入"电气时代"。工业重心由轻纺工业转为重工业，出现了电气、化学、石油等新兴工业部门。由于19世纪70年代以后发电机、电动机相继发明，远距离输电技术的出现，电气工业迅速发展起来，电力在生产和生活中得到广泛的应用。从20世纪四五十年代以来，在原子能、电子计算机、微电子技术、航天技术、分子生物学和遗传工程等领域取得重大突破，标志着新的科学技术革命的到来。这次科技革命被称为第三次科技革命。20世纪后期，以新能源和生物技术为重点的第四次科技革命拉开了系统科学、计算机科学、纳米科学与生命科学的理论与技术整合的序幕。而如今我们正在经历着以人工智能为核心的第五次工业革命，辅助机器人、智慧家居、移动智能设备渐渐成为人们生活中不可缺少的一部分，为人们带来更便捷的高品质生活。

案例思考：
第五次工业革命会给我们的生活带来什么样的变化？

讲解与练习

一、创新的内涵

（一）创新的定义

创新是指人类为了某一需求，不断探索世界，从而提出一种前所未有的新思路与新方法，或者说在原有的某种事物和方法的前提下进行改进与更新，创造出新的事物。在英语中，innovation（创新）这个词起源于拉丁语，有三层含义：第一，更新；第二，创造新的东西；第三，改变。20世纪初，美籍奥地利经济学家约瑟夫·熊彼得（以下简称熊彼得）在《经济发展理论》（1912年）一书中提出了创新理论。1942年，熊彼得的创新理论体系完成。熊彼得对"创新"的定义，既包括"前所未有"，也包括对原有的"重新组合"和"再次发现"。熊彼得给创新定义了3种不同层次的要素，"创造"当然是创新，但"再次发现"和"重新组合"也是创新。也就是说发现、发明、改良、创造等都属于创新的范畴。首先我们要清楚这些和创新相关概念，才能更好地理解创新的内涵。

1. 发现

发现是指经过研究、探索等，看到或找到前人没有看到的事物或规律。新的发现是我们认识世界，探索世界的重要成果。重视观察发现，重视现象的研究是创新的重要组成部分。

2022年7月，电子科技大学材料与能源学院张亚刚教授团队在国际著名学术刊物 *Infomat*（《信息材料》）上发表了论文，首次通过在水中系统的实验研究，发现了在水体系中直接观察到Mpemba效应的条件，破解了Mpemba效应之谜。Mpemba效应指在同等体积、同等质量和同等冷却环境下，温度略高的液体比温度略低的液体先结冰的现象。而这一现象的发现者却是坦桑尼亚马干巴中学一个名叫姆潘巴（Mpemba）的中学生。当时，姆佩巴和其他同学在老师的指导下学做冰激凌，因为害怕冰箱被占满，于是姆潘巴迫不及待地把热牛奶塞进了冰箱，没想到一个半小时之后，热牛奶最先结冰。一般来说，水温越低，越先结冰，而牛奶中含有大量的水，应该是冷牛奶比热牛奶先结冰才对。这个偶然的发现让姆潘巴十分困惑，他把这个疑惑从初中带到了高中，他先后请教了几个物理老师，都没有得到答案，甚至受到了嘲笑，但执着的姆潘巴并没有放弃。他趁着达累斯萨拉姆大学物理系主任丹尼斯·奥斯伯恩（以下简称奥斯伯恩）博士到他们学校访问的机会，又提出了自己的疑问。奥斯伯恩博士并没有对他的问题嗤之以鼻，并按照姆潘巴的陈述做了冷热牛奶实验，结果观察到了姆潘巴所描述的颠覆常识的怪现象，和姆潘巴共同撰写了关于此现象的一篇论文。姆潘巴因为重视自己的发现，最终获得了尊重，这一颠覆常识的怪现象也被以他的名字命名。

2. 发明

发明指在现有知识技能的基础上，人们运用创新能力，通过实验、探索，从而得到新的事物或方法。我们现在的便捷生活就依赖于许多平凡的人所创造出的不平凡的发明。洗衣机、扫地机器人的发明解放了家庭主妇的双手，飞机的发明大大缩短了远距离行驶的时间，工业流水线的发明大大提高了生产效率等。随着人工智能技术的成熟，在一些复杂的内窥镜手术中引进达·芬奇机器人手术系统，以提高手术的精度。达·芬奇机器人手术系统以麻省理工学院研发的机器人外科手术技术为基础。Intuitive Surgical公司随后与IBM、麻省理工学院和Heartport公司联手对该系统进行了进一步开发。目前该系统已经被广泛用于成人和儿童的普通外科、胸外科、泌尿外科、妇产科、头颈外科及心脏手术。达·芬奇外科手术系统是一种高级机器人平台，其设计的理念是通过使用微创的方法，实施复杂的外科手术。主刀医生坐在控制台中，位于手术室无菌区之外，使用双手（通过操作两个主控制器）及脚（通过脚踏板）来控制器械和一个三维高清内窥镜。正如在立体目镜中看到的那样，手术器械尖端与外科医生的双手同步运动。外科手术机器人的内窥镜为高分辨率三维（3D）镜头，对手术视野具有高达10倍的放大倍数，能为主刀医生带来患者体腔内三维立体高清影像，使主刀医生较普通腹腔镜手术更能把握操作距离，更能辨认解剖结构，提升了手术精确度，从而大大增加了高难度腔镜手术的成功概率。

3. 改良

改良是指对原有的物品、技术或方法进行完善、提升，从而提高生产力或用户体验感。我们生活中的很多产品随着时代的发展会渐渐退出我们的生活，但如果对他们进行一定的改良，他们又会重新被人们青睐。我们都知道油菜是种子植物油的重要来源之一，如何通过品种改良来提高油菜的含油量是农业界的重要课题之一。2024年5月，第六届全国油菜科技大会在陕西杨凌举办。陕西省杂交油菜研究中心在会上宣布，其育种团队如今已成功培育出含油量为66%的油菜种质资源（普通油菜籽出油率仅为30%～40%），是目前已知的全球含油量最高的油菜种质，这意味着中国油菜高油育种已达到国际领先水平。

（二）创新的价值

1. 创新是国家强大的基石

新中国成立以来不断发展前进，这要归功于各个领域劳动者的创新和努力。如果没有先进的武器，就无法抵御外敌，无法保证国家的安全稳定；如果没有高尖端的机器设备，我们的制造业还将停留在手工作坊阶段，无法大规模高质量地发展，更别提成为世界工厂了；如果没有前沿的农业技术，国民的温饱难以保障，无法安居乐业。

虽然在一些领域，我国还无法打破发达国家的技术壁垒，但科学家们、各行各业的从业者们不懈努力、勇于创新，不断缩小与发达国家的差距。创新是高质量发展的第一动力。世界知识产权组织《专利合作条约》（PCT）体系提交的国际专利申请量，是衡量全球创新活动广泛使用的指标之一。2020年，尽管疫情导致全球GDP下降3.5%，但PCT体系国际专利申请量仍增长了4%，达到27.59万件，数量创历史新高。其中，中国的申请量达68720件，同比增长16.1%，继续位居PCT体系最大用户位置。可见中国对创新的重视，离开了创新，国家将故步自封，很难长足发展。

2. 创新是社会前进的助推器

如今我们习以为常的一些事物在古代人看来却是不可思议的。古代人们要绕地球一周可能要用上毕生的时间，现代有了飞机，不到一星期的时间就可以绕地球一周。在如今的第五次工业革命浪潮中，以互联网、物联网、大数据、人工智能等技术的融合和创新为基础，将引领全球产业向智能化、网络化、数字化方向发展。在这个过程中，各种新技术不断涌现，将极大地改变我们的生活方式和工作方式。

3. 创新是企业生存的造血机

在市场经济背景下，企业之间的竞争十分激烈，优质企业要面对的不光是国内的竞争对手，更有不少实力雄厚的国际跨国公司。在各领域技术高速革新的时代，创新是帮助企业在竞争中脱颖而出的"金钥匙"。企业的创新是多方面的，可以涵盖产品技术创新、工艺流程创新、销售服务创新、商业模式创新等，任何一个方面的创新都可能帮助企业带来质的飞跃，从而在残酷的商战中生存并壮大。我国著名的民族企业华为的成长就是企业创新发展史。1987年，任正非与五位合伙人共同出资2万元成立了华为公司。这时的华为只是香港一家生产用户交换机（PBX）的公司的销售代理，既没有自己的产品，也没有自己的技术。1992年，华为开始自主研发面向酒店与小企业的PBX技术并进行商用。并于1999年，在印度班加罗尔设立研发中心，从此在自主研发这条路上越走越远，越走越精彩。2020年，华为技术有限公司以5464件申请量连续第四年成为PCT体系申请量最大的申请人。如今的华为在云计算、大数据、企业园区、数据中心、物联网等领域，不断强化产品与创新方案，并推动在智慧城市、平安城市，以及金融、能源、交通、制造等行业广泛应用。197家世界500强企业、45家世界100强企业选择华为作为数字化转型的合作伙伴。可以说，正因为致力于创新才成就了今日的华为。

4. 创新是个人的核心竞争力

古今中外凡是在某一领域有所建树的人都离不开创新能力，创新能帮助你在人群中脱颖而出，走向成功。全国五一劳动奖章获得者邓远平在技校毕业后进入采气厂成为一名采气工人，从业30余年间，他从一名普通采气工成长为"采气专家"、"首席技师"、全国劳动模范，他职业生涯蜕变的关键就得益于他勇于创新、精益求精的工作态度。他说自己最愿意做的三件事：一是去现场解决问题；二是要能够革新，搞一些发明创造；三是给大家传授技术。他先后研制出技术创新成果近60项，其中14项获国家实用新型专利。正是不断地实践、研究、创新，使他的事业走向了成功。

大家或许觉得"创新"是专属于顶尖人才的能力，对普通人来说遥不可及，其实不然，邓远平的经历就是最好的证明。陶行知说过："处处是创造之地，天天是创造之时，人人是创造之人。"创新能力并不是与生俱来的，更多的是靠后天的创新意识激发出来的。时刻保持创新的热情，时刻关注问题的解决，创新其实就在身边。

（三）创新的原则

创新不能是不切实际的夸夸其谈，他必须有科学性和可操作性。我们要考量一个创新项目是否有价值，是否能为人们所接受，就要遵循以下5个原则。

1. 科学原理原则

创新不得违反科学规律，不然将无法实现。在能量守恒定律出现之前不断有科学家提出各种关于"永动机"的设想，大家希望有这样一个不需外界输入能量或仅在开始时输入能量的条件下便能够持续不断运动的机械，做到一劳永逸。直到19世纪中叶，伟大的能量守恒与转化定律被发现，大家才意识到能量在转化过程中会产生损耗，"永动机"是不存在的。可见创新的方向十分重要，如果这个创新从一开始就是伪科学，那么注定不会有结果。因此。我们在进行创新构思时，要注意以下几点：①审视创新的基本原理是否科学、可行；②新设计的功能能否实现；③这个创新是否能被社会接受，从而具有推广应用的价值。

2. 机理简单原则

在现有科学技术和社会条件下，如不限制技术复杂性和投入成本，所付出的代价可能远远超出这个创新所带来的价值，使得这个创新的设想变得毫无意义。比如在沙漠等缺水环境下的污水净化系统，即便污水处理过程合理科学，如果工作效率极低、污水处理成本极高，将很难推广，这就使这项创新停留在试验阶段，无法造福人类。

3. 构思独特原则

"创新"顾名思义要有"新"的部分，不能是大多数人都能想到或者做到的。创新贵在独特，可以是"人无我有"创造出新的事物或方法，也可以是"人有我优"，在别人的基础上改良。当你走进星巴克时，可能会注意到一款有着细长脖子，线条流畅，类似于牛奶瓶的保温瓶，优美而极简的造型让消费者眼前一亮，留下深刻的印象。这就是经常出现在时尚杂志和名人明星手中的S'well保温瓶，这款不锈钢材质的保温瓶这几年可谓风靡美国，几乎成为时尚达人们的必备单品。这款保温瓶具有保温效果好、自身重量轻（500毫升容量的保温瓶重量只有200多克）的特点。最吸引各位时尚达人的是它精美的外观和丰富的颜色（90款不同颜色、图案供选择）。最重要的是设计者基于这种高颜值外观而赋予这款保温瓶与传统保温杯不一样的产品定位。该保温杯的设计者把S'well定义为保温杯中的"奢侈品"、时尚达人手中的"时尚配饰"和"时尚礼物",这就使得这款保温瓶和其他保温杯所面向的消费群体完全不同,因此从一开始传统的保温杯就不是它们的竞争对手。

4. 相对最优原则

相对最优原则有两层含义:一是这个创新点与现有的方法或者产品相比在某些方面有明显的优势,这是这项创新存在的最基本意义;二是指完美无缺的创新是不存在的,只专注于某个或者某几个方面深入创新,做出优势和特色也是值得鼓励的。而且在生活中,某一项创新的价值也许不能马上体现,但也许换一个使用时间或使用空间,结果会是积极的,或者这个创新项目的部分创意是值得肯定的,只需经过调整就能显现价值。所以对于创新,并不一定要大而全,有比较优势就有价值。

5. 从小处思考原则

德鲁克曾写道:"有效创新从小处开始,而并非宏伟壮阔。"哪怕一个小点子,只要一丝不苟地追求下去,价值也会比浮夸不实、哗众取宠的东西要有意义。我们总是容易放眼宏大的项目,而忽略身边细微的闪光点。事实上即便像航空母舰这样的庞然大物的建造与改进也是通过无数细小的部件完成的。我们何不从自己身边的细节着手,开启创新的大门。比如斜口杯的诞生就来源于销售人员对于细节的思考。他通过长时间的观察发现,鼻梁普遍较高的欧洲人喝咖啡喝到咖啡较少时就要大角度倾斜杯口,杯口就会碰到鼻子,想要把整杯咖啡喝完还必须仰头才行,既费力,又不斯文。于是设计出了风靡欧洲市场的斜口咖啡杯。后来又有人对斜口杯进行了改良,只把杯口的一半切成斜口,这样在清洗完毕倒扣沥水的时候,还能保持杯子内部空气流通,加快了杯子内部水份晾干的速度,有助于减少细菌滋生(见图5-9)。

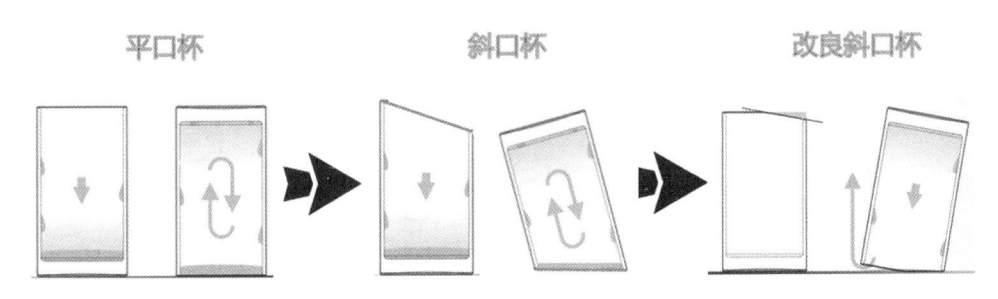

图 5-9　斜口杯示意

(四)创新的过程

英国心理学家艾伦·格雷厄姆·沃拉斯提出了创新的过程可以分为 4 个阶段,即准备阶段、酝酿阶段、豁朗阶段和验证阶段,这是关于创新过程的影响最大、传播最广的理论之一。

1. **准备阶段——提出问题**

第一阶段是一切发明与创造的开端、源泉。我们首先要发现问题,搜集必要的资料并结合以往的认知,产生解决问题的动力,才能催生后续的创新。当然,我们首先要确认解决这个问题是否具有社会价值,不然没有价值的创新是无法延续的。

2. 酝酿阶段——求解问题

进入第二阶段,我们就要对所有现有的信息和资源进行筛选、加工,并探索解决问题的关键。这一阶段可能会耗费较长的时间和较多的精力,但这个阶段至关重要,它决定了是否能找到突破口,解决问题。

3. 豁朗阶段——突破问题

这个阶段是一个由前面阶段的积累而产生质变的阶段。我们不但要依靠前面阶段的积累,更要勇于打破思维定式、另辟蹊径,才能找到问题的突破口。新的方法、新的观念一开始都是薄弱、模糊的,我们要不断完善、改进。

4. 验证阶段——求证问题

新的方法、观念是否有效,这就需要通过实践来验证。一般来说,最好由多个人共同验证,这样避免了创新者带着感情色彩做出不够公正、客观的评价。

> **练习 5-3**
>
> 1. 请尽可能列举一次性筷子的作用。
> 2. 你的好朋友沉迷于网络游戏,你有什么方法能帮他?
> 3. 请在一分钟内列举出尽可能多的"禾"偏旁的字。
> 4. 一位农场主临终前把一块田地(见图 5-10)分给四个儿子,他提出每个儿子所分得的土地的大小和形状均要相同,应该怎么分割?
>
> 图 5-10 田地分割形状

二、创新的准备

虽然人人皆可创新,但是机会是给有准备的人的,我们要做好充足的创新准备,才能做到有效创新。我们首先要创造一个有利于创新的环境,保证创新的小苗能够健康成长,而不是半途被毁灭;接着我们要怀有创新意识,敏锐地捕捉周围的创新灵感,让创新的种子萌芽;最重要的是我们要具备创新的能力,在确定创意的价值后,将其实施落地,服务社会、造福人类。

(一)创新的环境

除了充分的创新意识,外在的环境鼓励也很重要。外部环境驱动分多个方面。

1. 家庭环境

人们的性格、处事方法在很大程度上受原生家庭影响。严苛、刻板的家庭氛围很难培养出有创造力的人才。大家可能会认为完全自由开放的家庭环境最有利于培养孩子的创新精神。其实不然，完全开放没有约束的家庭环境可能会造成孩子自由散漫的性格，从而无法静下心来学习知识。没有足够的知识储备，很多创意只是不切实际的空中楼阁，无法走到实施阶段。严格和民主并重的家庭生活是最有利于激发孩子的创新才能的。在这样的家庭里，孩子受良好的教育而不自由散漫，又能够随时抒发自己的见解，并得到尊重。当孩子的创新点得到肯定时，会信心大增，从而引导他进行下一步的创造活动。

2. 学习环境

创新是要在一定的知识储备的基础上才能进行的，没有相关领域的知识甚至没有常识无法创造出有价值的金点子。孩童时期主要的学习场所是学校。学校不仅要教授学生知识，更要教给学生运用和更新知识的能力，鼓励学生独立思考、全面发展。特别是进入大学后，学校的管理模式和初高中不同，课堂知识已经不再是学生的主要知识来源，一次社会实践、一次社团活动或者一次学科竞赛都可以带来创新的火花。

3. 朋辈环境

物以类聚，人以群分，平时相处较为紧密的朋友、同事、同学等所形成的朋辈群体对一个人的行为方式有很大的影响。在青春期阶段以后，这种影响甚至会超过家人的影响。很多成功的企业家的初创团队就是由同学、朋友组成的。志同道合、优势互补的一群人进行创新活动，成功概率会更高。在大学期间，同学们可以借助科研、竞赛等平台结识志同道合的伙伴，共同开启创新之旅。

4. 社会环境

既有完善的法制体系，又有民主的沟通、发展渠道的社会体制才是最有利于创新的。完善的法律体系保证了一个安定、公平的环境；民主的沟通、发展渠道能够激励人民积极开拓、创新。同时，社会、政府对发明创新者的肯定和扶持也是十分重要的。比如，1988年，国家科学技术委员会制订了"火炬"计划，该计划是促进高技术、新技术研究成果商品化，推动高技术、新技术产业形成和发展的部署和安排，从技术、经费等全方位支持高新技术的推进。有了社会、政府的肯定，大家的创新热情就会持续高涨，从而开发出更多优秀的创新项目，推动社会进步。

总之，小到家庭，大到全社会，环境对发明创造者的影响是持续、深远的。我们要重视发明创造，更要重视利于发明创造的环境的打造。

（二）创新的意识

创新的火苗源于提出问题，培养创新意识就首先要学会提出问题。爱因斯坦说过，提出一个问题往往比解决一个问题更重要，因为解决一个问题也许是一个数学上或是实验上的技能而已，而提出新的问题、新的可能性，从新的角度去看旧的问题，却需要有创造性的想象力，而且标志着科学的真正进步。在提出问题之前我们首先要做以下的准备。

1. 自信心：敢于挑战权威，表达新思想

我们很容易迷信权威，当自己的思想与既存的权威理论相违背时，我们更倾向于否定自己。迈出挑战权威的第一步是十分不容易的。在一次国际指挥家大赛中，参赛的指挥家们被要求指挥同一支曲子。轮到日本青年指挥家小泽征尔时，他指挥到一半，忽然觉得乐谱有一个地方不和谐，应该是错了。于是，他鼓起勇气，停下指挥，向评委们指出了这个错误。但评委们却坚持说乐谱没有问题。小泽征尔只能重新开始指挥，可到了刚刚那个不和谐地方，他再次停了下来，这次他十分坚定地说："不，一定是乐谱错了！"话音刚落，评委们不约而同地站了起来为他鼓掌，祝贺他获得大赛金奖。

原来乐谱确实有错误，这是大赛给参赛者们设置的一个陷阱。其实，其他不少参赛者也发现了这个问题，只是害怕挑战权威，不敢发声。只有小泽征尔秉着严谨的艺术态度，勇敢地指出了这一处错误，赢得了金奖。

2. 好奇心：探究新事物，接受新挑战

好奇心是对于未知事物特别关注的强烈兴趣，对陌生领域刨根问底的极大热情，对熟悉领域潜心钻研的无限执着。因此，好奇心是人类开启创新探索之路的原动力。没有好奇心，就没有科学的发展、社会的进步。天文学家不断提升天文观测设备的远度和广度，是源于好奇心，为了不断探知神秘的外太空；人们发明深海探测装置，也是源于好奇心，是为了了解浩瀚的大海里的秘密。

3. 观察心：从细节着手，发现新视角

仔细观察、发现问题才是解决问题的开端。常言细节决定成败，很多创新、改良都源于细节上的改变。德鲁克曾经说过："行之有效的创新在一开始可能并不起眼。"确实，一个看似普通的细节上的改变，往往让平常的事物变得不同寻常。美国石油大王约翰·戴维森·洛克菲勒（以下简称洛克菲勒）的第一份工作是查看生产线上的石油罐盖是否自动焊接封好。经过仔细观察，他发现：原本将一个装满石油的桶罐焊接好，共需39滴焊接剂，如果能把焊接剂减少一两滴，是不是会节省成本？经过反复试验后，他研制出了"38滴型"焊接机。每焊接一个石油罐节省的虽然只是一滴焊接剂，但是每年却为公司节省了5亿美元的开支，懂得观察是他成功的秘诀之一。

人生的创新不是一蹴而就的，而是从细节观察开始。改良焊接机这个毫不起眼的人生小插曲给了洛克菲勒努力创新的动力。有了这样的创新意识，就必定能够做到"人无我有，人有我新，人新我变"，从而走上成功的道路。

4. 进取心：坚持不懈，不断创新

伟大的创新都不是一蹴而就的，如果遇到困难就放弃退缩，那人类的发展就会停滞不前。纵观整个人类文明发展历史，我们会发现正是各行各业的从业者不安于现状，勤于思考，勇于尝试，才造就了我们日新月异的美好生活。

2015年屠呦呦因为发现青蒿素——一种用于治疗疟疾的药物，而获得诺贝尔生理学或医学奖。然而发现青蒿素的过程十分艰辛。1967年，当时在中医研究院中医研究所的屠呦呦临危受命，翻查了上百份古典医籍，从中汲取创新灵感。她需要对关于疟疾的2000多个药方进行一一实验排查，这是一项十分艰巨的任务。在实验初期的很长一段时间里，她运用传统的萃取方法却一无所获，但不服输的屠呦呦继续查阅古代医学典籍，甚至不惜以身试药，终于研制出青蒿素，被推广到全世界，世界上的疟疾死亡人数

下降了50%，多个国家甚至彻底根除了这一疾病。

> **练习 5-4**
>
> **创新意识培养**
>
> （1）观察立体车库的运转原理，思考是否有更优的方式。
> （2）观察你家周围道路从早到晚的车流量情况，提出交通信号灯设置的优化方案。
> （3）观察新认识的人，从他的着装细节判断他的职业。

（三）创新的灵感来源

创新不一定源自高端的实验室，更多的是从平凡生活的细节中得来。灵感来源是多方面的，在这里无法一一列举。以下为大家归纳部分创新灵感来源，帮助大家打开思路。

1. 顺应时代发展趋势

随着AI技术的日渐成熟，我们的生活、工作世界都在发生着天翻地覆变化。生成式AI会导致大量的人工岗位被AI取代，人类工作会受到负面影响。但同时AI也会创造出新类型的就业岗位，例如AI训练师，这将为就业市场带来福音，同时也对人类需要掌握的技能提出了更高要求。

我们的创新项目如果跟不上时代潮流，甚至是违背时代发展方向的，那么终将以失败告终。因此，我们的项目要有前瞻性，在充分的社会、市场调研基础上，大胆预测未来的趋势，顺势而为，找到机遇的风口。

随着世界各国的交流活动日益频繁，AI智能语音翻译器应运而生。由于精通多国语言的志愿者不多，2023年第十九届亚运会在杭州举行时，为保证赛事的顺利举行，亚组委果断引入了AI智能语音翻译器，作为运动员和志愿者之间沟通的桥梁，大大提升了运动员的体验感，沟通难题迎刃而解。

2. 解决生活中的痛点

我们经常会在生活中发现一些不合理、不方便的地方，如果这种"不合理""不方便"是大家公认的，就说明这个生活痛点有改良创新的空间，这便是我们的突破口。虽然生活的痛点就在我们身边，但只有有心人才能发现，并且只有有决心的人才能将项目落地实施。

> **案例 5-4**
>
> **"饿了么"的诞生**
>
> 2008年，还在上海交通大学机械与动力工程学院读硕士一年级的张旭豪认为，只要自己的项目能解决市场痛点，就是有价值的。一次，他和室友边打游戏边聊天，突然感到饿了，准备打电话叫外卖，要么打不通，要么路程太远不配送。解决这个痛点便成了张旭豪创新的起点。张旭豪和康嘉等同学一起，将上海交通大学闵行校区附近的餐馆信息都收集整理了一遍，并印成一本叫"饿了么"的外卖广告小册子，在校园内分发，然后在宿舍接听订餐电话。收到订单后，他们先去对应的餐馆取餐，再送到顾客手里。

这就是"饿了么"的雏形。之后，张旭豪团队通过互联网扩大覆盖面，把"饿了么"做大做强。2011年3月，"饿了么"注册会员已超过2万人，日均订单3000份。这一战绩很快引起了美国硅谷一家顶级投资公司高度关注，接洽数次后，"饿了么"成功融资100万美元。如今"饿了么"平台已经融入广大青年的生活，大家想点外卖时就会想到"饿了么"。

3. 利用闲置、废弃的资源

我们经常说"垃圾是放错地方的资源"，也就是说已经被大家放弃的事物或者方法，在别的领域可以发挥价值，找到他们的价值就可以成为创新的突破口。转换思维，发现和创造新的用途，往往就能变废为宝。

变废为宝

4. 失败中带来的经验

有的时候一次错误的操作所带来的失败也会激发创新的灵感，但是你必须是一个有心人才能从失败中汲取营养。一位笨拙的材料研究者不小心将实验的烧杯打破了，烧杯摔在地上却没有成为危险的尖锐的碎片。原来这个烧杯在之前的实验中装过塑料却未被彻底清洗，表面残留的塑料把玻璃碎片粘在一起才使得碎片没有散落开来。之后科学家们就发明了安全玻璃，在两层钢化玻璃中嵌入一层塑料，广泛运用在汽车、飞机和特种建筑物的门窗上。

三、创新思维

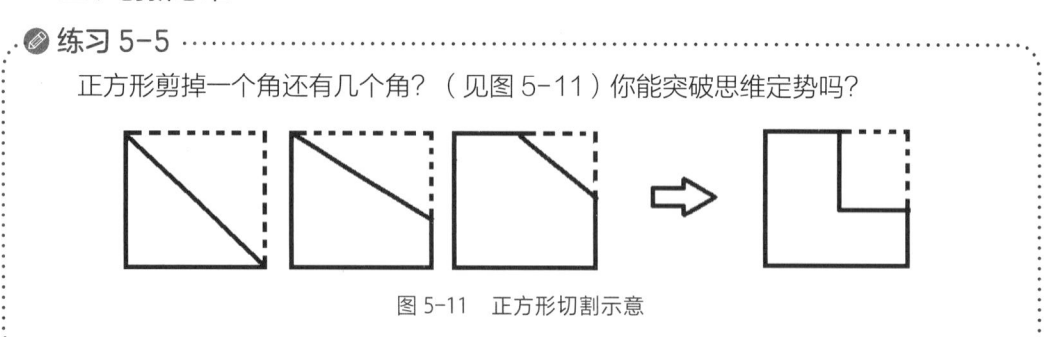

练习 5-5

正方形剪掉一个角还有几个角？（见图 5-11）你能突破思维定势吗？

图 5-11　正方形切割示意

（一）创新思维的内涵

思维是人对客观存在的事物经过思考后的认知和反应。思维与直接的感官相比，是更为高级的认知形式，是认知的感性阶段。

在生活中，我们长期接触一样事物后往往会形成固定的思维方式，并且每次都会按照这一固定的思维方式去处理这些事物，这就是思维定势。思维定势阻碍了新方法、新理论的诞生，因此与之相反的创新思维就变得极为重要。

创新思维是指在已有经验的基础上，寻找另外的途径，从某些事实中探索新思路、发现新关系、创造新方法以解决问题。

（二）克服思维创新的障碍

1. 克服思维定式

我们时常会被思维定式所束缚。思维定式又称习惯性思维，是指人们按习惯的、比较固定的思路去考虑问题、分析问题。思维定式是人通过不断学习和多次实践累积下来的经验和形成自己独有的对世界、对客观认识的规律和途径。思维定式是一种按常规处理问题的思维方式，它可以省去许多摸索、试探的步骤，缩短思考时间，提高效率。在日常生活中，思维定式可以帮助我们解决90％以上的问题。但同时思维定式会使解题者墨守成规，难以涌出新思维，做出新决策，不利于创新思考，造成知识和经验的负迁移。

2. 摆脱经验偏见

人们对于事物的判断往往源于自己的经验和偏见。哲学家叔本华说过："阻碍人们发现真理的障碍，并非事物的虚幻假象，也不是人们推理能力的缺陷，而是人们此前积累的偏见。"如果让人们判断一场盗窃案的嫌疑犯，一位是斯文优雅的绅士，一位是衣着邋遢的流浪汉，在没有任何线索的情况下，大家一定会觉得流浪汉嫌疑更大。

> **案例 5-5**
>
> **没有鸟的笼子**
>
> 一位心理学家曾和一个人打赌说："如果给你一个鸟笼，并挂在你房中，你就一定会买一只鸟。"这个人同意打赌。心理学家买了一只漂亮的鸟笼给他。当人们走进他的屋子时就问："你的鸟怎么死了？"他立刻回答："我从未有过一只鸟。""那么，你要一只空鸟笼干吗？"那个人不想多费口舌解释。
>
> 后来，只要有人走进他的屋里，就会问同样的问题。他的心情因此而烦躁，为了不再让人询问，他干脆买了一只鸟装进了鸟笼里。
>
> 买一只鸟比解释为什么只有一只空鸟笼要简单得多。人们经常是先在自己的头脑中挂上鸟笼，最后就不得不在鸟笼中装上一只鸟。

3. 养成批判思维

在我们日常生活中，我们经常会迷信一些公信度高的媒体或者权威专家。我们很少会去思考："真的是这样吗？""会不会有别的可能呢？"但正是因为大家缺少这样的批判性思维，一些伪真理存在了数百年才被打破，这种从众心理严重阻碍了人类发展的脚步。批判性思维是一种在思考问题时，时常带着反省和怀疑的态度的思维方式，这与一味接受不做任何反驳的海绵性思维相反。

（三）创新思维的常见形式

1. 逆向思维

也叫反向思维，指改变以往的思维顺序，从相反方向来认识事物，思考问题。从事物的对立面思考问题，能够更好地抓住其本质，突破性地挖掘出新的途径。例如"电生磁"与"磁生电"，"风生电"与"电生风"都

换个角度看问题

是逆向思维的范例。

2. 侧向思维

又称旁通思维，指沿着正向思维的旁侧开拓新思路，利用其他领域的知识，从侧面迂回解决问题的思维方式。

> **案例 5-6**
>
> **点水成金**
>
> 19世纪初，在美国西部掀起了"淘金热"。当时年少贫穷的亚默尔也加入了淘金大军。美国西部气候干燥，十分缺水。淘金的人们在极度口渴时，脑子里只想要一壶凉水。不少人吵嚷着："谁给我一壶水，我给他一块金币！"说者无意，听者有心。在一片渴望喝水的吼叫声中，亚默尔毅然放弃淘金，转而挖水渠运水。他雇了几个人挖水渠，终于把河水引入水池，再通过细沙沉淀，变成可饮用的清水。他开始了卖水的买卖，口干舌燥的淘金者蜂拥而至，他们辛苦攒下来的金币都进了亚默尔的口袋。这些金币成为亚默尔后续的商业之路的第一桶金。数年后亚默尔成了屈指可数的富翁。

3. 发散思维

又称辐射思维、求异思维。指对某一问题或事物思考的过程中，不拘泥于已有的方法、范围、规则，提出尽可能多的方案。如同车轮的辐射条以车轴为中心向四周扩散的一种思维方法。发散思维强调的是灵活新颖、以量求质。

> **练习 5-6**
>
> **训练发散思维**
>
> （1）请在5分钟内说出20种以上缓解交通拥堵的方法。
> （2）请在3分钟内说出10种以上勺子的用途。
> （3）请在2分钟内说出10个以上带"门"的字。
> （4）给下面的故事编写结尾，可以有多个不同的结尾。
>
> 有三兄弟：大哥和二哥好吃懒做，只有三弟勤劳聪明。长大后三人分别成了家。有一天，兄弟三人在一起喝酒，大哥提议："我们三人分别说话，但互相不得怀疑，如有怀疑就得罚一斗米。"酒后，大哥说："大家总是说我懒，现在每天早上家里的母鸡一报晓，我就起来了。"三弟摇摇头说："谁听说过母鸡会报晓的？"大哥笑了笑说："好！你不信我的话，罚一斗米。"二哥接着说："我比较懒，所以家里穷得猫被老鼠撵着跑……"三弟又连连摇头，二哥得意地说"你又不信，再罚一斗米。"接下来，轮到三弟说了……

4. 收敛思维

又叫求同思维、聚合思维、集中思维，是从已知的多个条件、方案或目标中寻求唯一最优答案的思维方式，表现为"以多趋一"。特点是使思维始终集中于同一方向，使思维条理化、简明化、逻辑化、规律化。

练习 5-7

训练收敛思维

有一家烟草公司正准备隆重推出一款新型香烟——"环球牌"香烟,却正好碰上全国性的禁烟运动。"推广香烟品牌"和"禁烟运动"是截然相反的两件事,如何才能既宣传了香烟品牌,又不与禁烟浪潮相违背呢?

请你运用收敛思维,拟一条广告标语,不超过 20 字。

_____

_____

(四)创新思维工具

1. 头脑风暴

头脑风暴法(brain storming)是 1939 年现代创造学奠基人美国人 A.F. 奥斯本提出的,是一种创造能力的集体训练法。它以小组的形式,无限制的自由联想和讨论,产生观念或激发创新设想。

(1)头脑风暴的实施原则。

①自由思考。提倡独立思考,自由发言,任何有可能的方案都可以提。

②会后批判。禁止对队友的言论进行现场批判,保证所有组员都能没有阻碍地畅所欲言。等所有方案都给出后再筛选可行的方案。

③以量求质。所有队员群策群力,给出尽可能多的答案,越多越好。先保证有一定量的候选方案,再来评估各个方案的有效性。

④见解无专。鼓励"搭便车",巧妙地利用他人的设想,引出自己的点子。即便相似也无妨。

(2)头脑风暴的操作流程。

①确定主题。主题最好是明确的,有多种方案的,如果本身解决方案就受多方限制,那讨论的价值就不大了。

②会前准备。需要确定小组讨论成员,一般 5~10 人为宜。人太多会拉长进程,人太少不利于互相启发。会议场所最好是可以围成一圈的小型会议室。

③头脑风暴。组员们围成一圈,按一定的方向(顺时针或逆时针均可)轮流讲述自己的方案;一轮讲完就开始第二轮、第三轮等,当有成员已经没有思路时可以跳过,由下一位成员讲述;直至所有成员都表示没有新的方案为止。阐述过程中可以指派一名记录人员专门记录,或者由每位发言人在共同的大纸上自行记录。

④会后评价。大家经过讨论和推敲,删除不可行的方案,确定最优方案。

练习 5-8

小组成员进行头脑风暴,尽可能多地写出和自己专业相关的职业。

_____

_____

2. 思维导图

思维导图（the mind map）又叫心智图，是英国心理学家东尼·博赞发明的一种思维工具，是表达发散性思维的有效的图形思维工具，它简单却又极其有效，是一种革命性的思维工具。思维导图运用图文并重的技巧，把各级主题的关系用相互隶属与相关的层级图表现出来，把主题关键词与图像、颜色等建立记忆链接。它以一种独特有效的方法驾驭整个范围的大脑皮层技巧——词汇、图形、数字、逻辑、节奏、色彩、空间感。它是表达发散性思维的有效图形工具（见图5-12）。

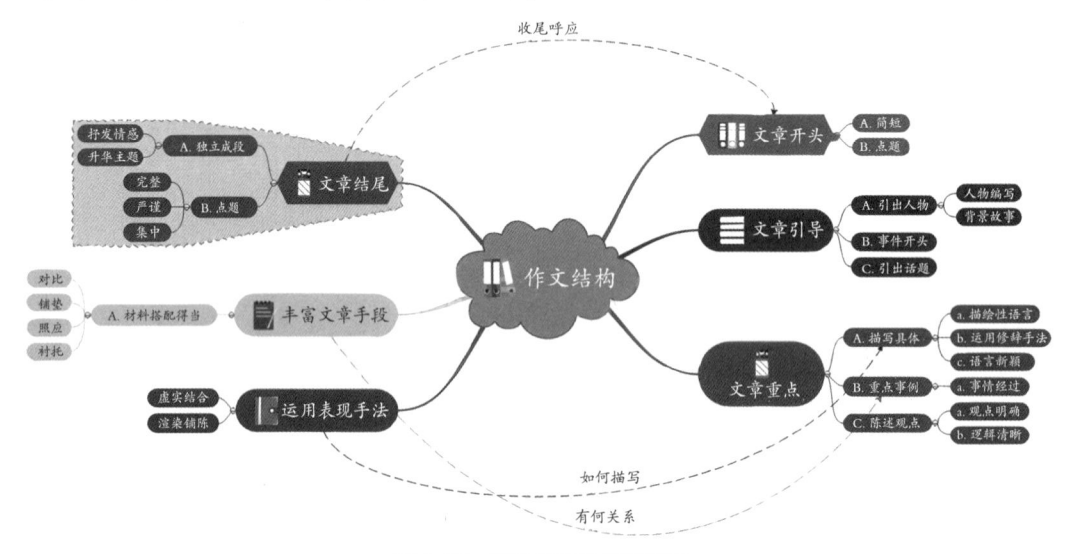

图 5-12 作文结构的思维导图

（1）思维导图的优势。

①用多个层级表示，有助于理清思路。

②图上只体现关键词，帮助学习者把注意力集中在关键知识点上。

③可加辅助插画，图文并茂，有助于加深记忆。

（2）思维导图的绘制流程。

①在白纸中心绘制主题，可以图文并茂。

②确定主要分支，并用不同的颜色将各个主要分支与中心主题连接。注意连接时用曲线，模仿大脑神经的形态。

③在每条分支上写上关键词，并画上相关图案帮助记忆

④如果主要分支下面有二级甚至第三层级分支的，可以模仿主要分支绘制，只是起始点从主要分支末端开始。

练习 5-9

以你的大学规划为主题，绘制一份思维导图。

3. 世界咖啡

世界咖啡（World Cafe）并不是真的在咖啡馆里喝咖啡，而是一种在轻松、自然的环境下集体探讨的形式，如同在咖啡馆里聊天一样，所以被称为"世界咖啡"。世界咖啡通过营造好友们聚在一起喝咖啡聊天的情境和氛围，让背景各异、观念不一，甚至素不相识的人能够围坐在一起，进行心无挂碍的轻松交流和畅谈，让深藏的思想碰撞出火花，形成集体的智慧。

（1）世界咖啡的原则。

①提出会议内容：明确交流目标、参加人数及会议地点。

②创造宜人环境：提供一个轻松的、舒适的、安全的环境。

③探究相关问题：问题要简单明了、引人入胜、焦点集中。

④鼓励贡献见解：尊重和鼓励每个人的独特贡献。

⑤糅合不同观点：鼓励参与者提出不同观点并建立观点间的联系。

⑥聆听、洞察与理解：不隐藏个体贡献，集中共同关注点，孕育思想的一致性；注意倾听，串联和构筑出共同想法；当人们鼓励彼此做更深入思考时，最容易催生创造思维。

（2）世界咖啡的实施流程。

①会前准备。

参会者不少于12人，分成4～8人一组，至少3组。选择一个温馨的场所进行，灯光不必太亮，可以放一些柔和的轻音乐，甚至可以准备一些饮料、点心。每组成员围坐在一张圆桌前，每张圆桌上准备好纸、一套彩笔和一个"讲话棒"。接下来的活动中，轮到发言的组员需拿起"讲话棒"发言，让发言者更有仪式感。

②会议热身。

指定一名主持人，全程引导大家按流程参与活动。每桌指定一名桌长，其他人为组员。由桌长抽取本桌要讨论的主题，并写在本组的白纸中间。

③会中讨论。

第一轮讨论：第一轮开始，讨论持续20～30分钟，桌长负责控制好每位组员的发言时间。第一轮讨论结束后除了桌长留在原地，将组员发言内容里印象深刻的关键词写在白纸上（尽情涂鸦），其他组员被称为"旅行者"，去其他讨论组进行第二轮讨论。

第二轮讨论：桌长对新来的组员表示欢迎后，介绍本桌主题（但不能介绍上一轮讨论结果，以免限制新组员的思路）。接下来，开始第二轮20～30分钟计时，并做好每位组员的发言记录。第二轮分享结束后，桌长展示第一轮组员的讨论结果和第二轮组员探讨，进行思维碰撞。第二轮的组员可以对第一轮组员的讨论结果进行"挑刺"，也可以帮助完善。在第二轮讨论中，组员换桌讨论的流程可以进行2～3次，视需求而定。

第三轮讨论：组员们都回到最开始的那组，分享在其他组学到的经验，继续完善本组的主题。

④会后总结。

每组把记录的白纸展示在大家面前，以桌长主讲、组员补充的形式向大家分享本组的讨论成果。

4. 六顶思考帽

六顶思考帽是英籍马其他裔学者爱德华·德·博诺博士开发的一种思维训练模式，或者说是一个全面思考问题的模型。它是一种"平行思维"工具，避免参与者将时间浪费在互相争执上。运用德博诺的六顶思考帽，可以有效减少团队中的分歧，使成员们思考变得更清晰，使团体中无意义的争论变成集思广益的创造，使每个人变得富有创造性。全球很多大企业在使用六顶思考帽的方法后，大大缩短了会议讨论时间。芬兰最大的跨国集团ABB公司讨论一个国际项目往往要花30天，但运用了六顶思考帽之后，讨论时间缩短为2天。一个IBM的高层实验室使用这个方法后，会议时间减少为原来的1/4。

（1）六顶思考帽的优势。

①引导团队成员从不同角度思考同一个问题，使各种不同的想法和观点能够很和谐地融合在一起。有效避免团队成员之间的争执，提高团队成员的集思广益能力。

②用"平行思维"取代批判式思维和垂直思维。这种思维区别于批判性、辩论性、对立性的方法，而是一种具有建设性、设计性和创新性的思维管理工具，思考问题更为全面。

③它使思考者克服情绪感染，剔除思维的无助和混乱，摆脱惯思维枷锁的束缚，以更高效率的方式进行思考。

④避免自负和片面性。六顶帽子代表了六种思维角色的扮演，它几乎涵盖了思维的整个过程，既可以有效地支持个人的行为，也可以支持团体讨论中的互相激发。

（2）六顶思考帽的作用。

六顶思考帽的作用如图5-13所示。

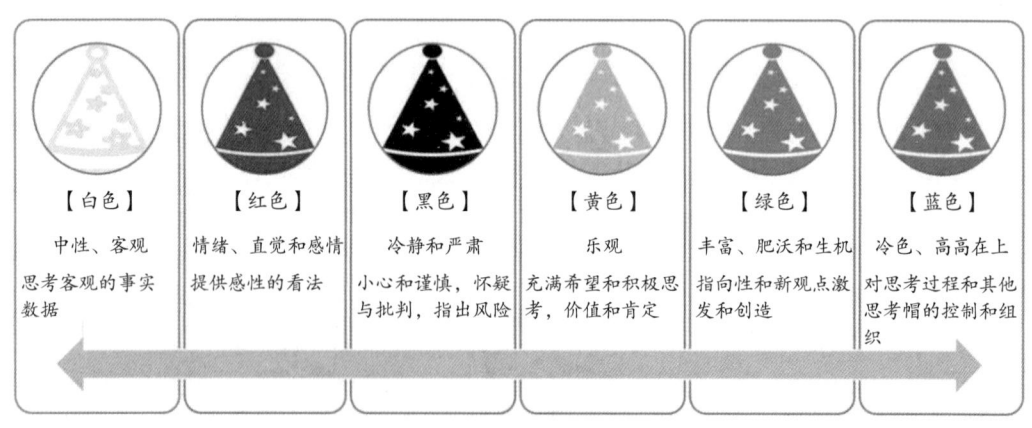

【白色】	【红色】	【黑色】	【黄色】	【绿色】	【蓝色】
中性、客观 思考客观的事实数据	情绪、直觉和感情 提供感性的看法	冷静和严肃 小心和谨慎，怀疑与批判，指出风险	乐观 充满希望和积极思考，价值和肯定	丰富、肥沃和生机 指向性和新观点激发和创造	冷色、高高在上 对思考过程和其他思考帽的控制和组织

图5-13 六顶思考帽的作用

①白色帽子：代表中立、客观。代表客观事实和信息的帽子，不带有任何感情色彩地处理信息的功能。

②红色帽子：代表情绪、直觉和情感。代表情绪、直觉和情感的帽子，带有主观的观点和感觉的功能。

③黑色帽子：代表冷静、严肃。代表小心和谨慎的帽子，意味着警示与批判，带有

发现事物消极方面的功能。

④黄色帽子：代表乐观、积极。代表充满希望的积极思考的帽子，带有识别事物的积极因素的功能。

⑤绿色帽子：代表丰富、生机。代表有创造力的帽子，创造性地解决问题的功能。

⑥蓝色帽子：代表控制全局、高高在上。对全过程和其他思考帽进行控制的帽子，具备指挥其他帽子、管控整个思维进程的功能。

（3）六顶思考帽应用流程。

用"六顶思考帽"来解决我们工作中存在的问题，会有意想不到的效果。

运用"白色思考帽"来搜集各工作环节的信息或收集各个部门存在的问题，汇总基础数据，从而发现问题。

戴上"绿色思考帽"，各层次管理人员都用创新的思维去思考这些问题，从而尽可能产生更多的解决方案，供后续分析思考。

接下来，分别戴上"黄色帽子"和"黑色帽子"，对所有的解决方案进行正面和负面的分析，将每个方案的优点和缺点罗列出来。

这个时候，再戴上"红色思考帽"，从经验、直觉上，对已经过滤的问题进行分析、筛选，并做出决定。

在整个思考和分析的过程中，还要用到"蓝色思考帽"，对过程进行把控。比如，当参与讨论者钻牛角尖，思路停滞不前时，就需要领导者戴上"蓝色思考帽"，提醒大家调换思考帽，进行不同角度的分析和讨论问题。

课后阅读与思考

晴雨驿站

安安出生在制伞世家，家里经营一家中等规模的制伞厂。安安家的制伞厂是从小作坊起家的，在父亲和叔叔兢兢业业的努力下，伞厂不断扩大，伞的品质也不断提升，得到了一些国外高端伞企的青睐，得到了不少国际订单。虽然伞厂效益好了，收入也高了，但这些伞的知识产权都属于外国企业，这点也是伞厂发展的瓶颈所在。从小在伞厂长大的安安立志要带着伞厂突破瓶颈。大学里安安选择了电子商务专业，希望能在销售渠道上为伞厂开辟新的道路。课余时间，她还会和表哥一起研发属于自己的功能伞。大三时她紧紧抓住机会，加入了自家伞厂和国际知名企业合作的项目。在与对方洽谈过程中，安安坚持使用自家伞厂的核心技术，并要求在对方品牌logo边上加印自家伞厂的品牌logo，并得到了对方的认可，从此安安带着自家伞厂迈出了自主创新的第一步。

安于现状似乎不会出错，但想要成为强者就必须不断创新，掌握主动权，才不会被时代淘汰。

❓ 阅读思考

如果你是安安，还可以从哪些方面对产品进行提升？

第三节　创新活动策划（实践课程）

知识目标

- ◆通过对本章的学习，了解活动创意的来源。
- ◆掌握活动策划的基本知识和创新方法。
- ◆学会活动策划的撰写。
- ◆完成一份活动策划方案。

能力目标

- ◆掌握活动策划的基本知识、方法和技巧。
- ◆具备独立策划和组织各类活动的能力。
- ◆提升组织能力和团队合作能力。
- ◆提升解决问题的能力和活动中的应变能力。

明德笃行

通过这一讲的学习，引导学生认识到活动策划的重要性，培养他们对活动策划的兴趣，以及参与活动的积极性。通过介绍各种有意义的活动案例，如企业活动、社会公益活动，尤其是校园文化活动等，引导学生关注社会、关注民生、关注校园活动，培养他们的无私奉献精神，提高他们策划活动的积极性。通过阐述活动策划书的撰写、案例分析、小组讨论等方式，培养学生的创新意识和创新能力、策划活动的能力及团队协作精神，让他们学会独立思考、勇于尝试，学会在互相支持中达成目标，为未来的职业发展打下坚实的基础。

章节导入

　　进入大学以来，校园里组织了各种形式多样的活动，比如刚进校时的开学典礼、学校组织的各类讲座、学科竞赛、文艺活动、体育比赛等。大家回顾一下，令你印象比较深刻的是哪几个活动，这些活动让你印象深刻的原因是什么？

讨论与分享：
1. 回忆并分享进大学以来印象最深刻的一次活动是什么？
2. 让你印象深刻的原因是什么？
3. 如果给你一次机会举办一场活动，你想做什么活动？

实践主题：大学活动策划

实践要求如下。

（1）活动主题聚焦在思想引领类、生涯规划类和能力提升类的活动。

（2）应用上一节所学的创新思维的方法和工具集体共创完成一份大学活动策划的思维导图。

（3）活动策划内容包括活动主题、目的、基本要素（时间、地点、对象）、活动流程及组织、活动准备（人、财、物）、活动宣传（前、中、后）、注意事项等。

讲解与练习

一、活动的创意

活动创意是指在策划各类活动（如商业活动、文化活动、社交活动、体育活动等）过程中，所产生的具有创新性、独特性的想法和概念。它是活动策划的核心要素，能够使活动从众多常规活动中脱颖而出，吸引目标受众的参与。活动创意是活动策划中至关重要的部分，一个好的活动离不开好的创意。一个有创意的活动主题，能很好地吸引客户或参与者的眼球，使活动更具影响力和吸引力，并给对方留下深刻的印象。

（一）活动的创意来源

活动的创意来源有很多，常见的有以下几点。

1. 用户需求

了解用户的需求和兴趣，从中寻找创意灵感。例如，可以通过调查问卷、用户反馈、社交媒体等方式获取用户的需求和想法，然后进行整理和分析，从中找到有价值的创意。

2. 热点事件

关注社会热点事件和流行趋势，从中寻找与活动相关的创意。例如，可以通过分析热点事件和趋势，设计与之相关的互动活动，吸引用户的关注和参与。

3. 创意大赛

举办一些比赛，比如创业金点子大赛等，鼓励用户或内部员工提出创意，并进行评比，这可以激发更多人的参与和创造力。

4. 跨界融合

跨行业合作可以带来新的创意灵感。例如，可以将不同行业的特点和元素融合在一起，设计出有趣的活动内容。

5. 品牌故事

了解品牌文化和故事，从中寻找与活动相关的创意。例如，可以通过讲述品牌故事，设计出具有品牌特色的活动内容，吸引用户对品牌的关注和认同。

6. 创新技术

利用新技术和工具，可以创造出新颖的活动形式和体验。例如，可以通过使用虚拟现实、增强现实等技术，设计出具有科技感和互动性的活动内容。

此外，还可以通过参考其他成功活动的策划和执行方式来启发新的活动创意。总的来说，活动的创意来源是多元化的，只要善于观察、思考和借鉴，就可以找到适合自己活动的创意灵感。

（二）校园活动的创意来源

校园活动，指的是在校园里，由学校或组织举办的面向全校师生涉及文化、体育、娱乐、户外素质的拓展活动及其他相关活动。校园活动的组织者可以是各级校组织、社团、企业等，但特点必须是面向全校师生，并在全校产生一定的影响。校园活动既要吸引广大师生参与，也要有创意，主要可以从以下几个方面来考虑。

1. 学生需求

了解学生的兴趣爱好、个人成长成才方面的需求，研究他们经常讨论的话题，找到活动的创意点。针对比如职业探索、求职应对等就业需求，以及日常交友、运动健身、文娱活动等生活需求设计和开展活动。

2. 社会热点

了解社会各界普遍关注、讨论或引起情绪的事件、信息等，找到能引起师生兴趣并积极参与的活动创意。如疫情防控宣传、支付宝新年集福活动、重大体育赛事、环境保护问题等。

3. 学校工作

指围绕学校工作需要来思考活动创意。比如针对学校"十四五"规划、校庆、学科专业建设、升学推进、学科竞赛等工作，开展一些具有创新性的学校活动。比如为了鼓励同学们积极考研，可以围绕考研工作组织举办与考研相关的讲座、座谈会、经验分享会、考研导师结对等活动。

4. 政策价值

可以根据国家出台的一些政策和制度出发，设计一些具有社会价值的活动。比如，2021年中共中央办公厅、国务院办公厅印发了《关于加强社会主义法治文化建设的意见》，提出"社会主义法治文化是中国特色社会主义文化的重要组成部分，是社会主义法治国家建设的重要支撑"。为加强社会主义法治文化建设，可以组织"12·4"国家宪法日、"宪法宣传周"等系列活动，推动宪法宣传教育常态化、制度化。另外，为了让学生铭记历史，可以举办"12·13国家公祭日"活动，强化学生的爱国主义精神。

5. 灵感激发

灵感是指人们在创新思维过程中突然产生的富有创造性和启发性的思维火花，是一种创造性思维的表现形式。灵感通常是在特定情境下，人们通过观察、体验、交流、学习、借鉴等过程，激发了创造力和想象力，从而产生新的想法、思路和创意。比如抖音、B站、短视频等自媒体中的内容、生活中一些不经意发现的有趣的事可以激发出创意灵感，然后将灵感融入活动设计中。

总的来说，校园活动的创意来源是多元化的，只要善于观察和思考，结合学校实际，就可以找到适合广大师生、有价值的校园活动创意。同时，也可以通过与其他学校或组织进行合作，共同策划和举办具有特色、交叉合作的活动。

二、活动策划的内涵价值

（一）活动策划的定义

活动策划是指根据特定的目标和需求，运用创意和策略，对活动的内容、形式、流程等进行全面规划和设计的过程。它涵盖了活动的各个方面，包括主题确定、场地选择、时间安排、人员组织、宣传推广、预算管理等。在企业经营中的活动策划往往是提高其市场占有率的有效行为，可有效提升企业的知名度及品牌美誉度。在校园里的活动策划往往更多地指向学生的思想引领，同时也是校园文化建设和学生成长成才的需要。

（二）校园活动的价值

校园活动是指在校园内开展的各种活动，包括学术、文化、艺术、体育、社会调研实践、节日等活动。校园活动的价值主要体现在以下几个方面。

1. 促进学生的全面发展

校园活动可以提供多种多样的活动形式和内容，包括文艺演出、体育比赛、社团活动、社会实践等，这些活动可以培养学生的兴趣爱好、技能和能力，促进学生的全面发展。

2. 增强学生综合素质和自信心

校园活动可以锻炼学生的组织能力、沟通能力、领导能力等，提高学生的综合素质和核心竞争力。同时，通过参与组织校园活动可以让学生获得成就感和自信心，增强学生的自尊心和自我认同感。

3. 增强学生的团队合作精神

校园活动通常需要学生之间的合作和配合，可以培养学生的沟通能力和团队合作精神，提高学生的社会适应能力。

4. 提高学生的创新能力和创造力

校园活动可以为学生提供创新和创造的机会和环境，鼓励学生尝试新的活动形式和内容，激发学生的创新意识和想象力，培养学生的创新能力和创造力。

5. 增强学校的凝聚力和文化氛围

校园活动可以促进学校师生之间的交流和互动，加强师生之间的认同感，形成团结向上的校园文化氛围，增强学校的向心力和归属感。

总之，校园活动的价值是多方面的，不仅可以丰富学生的校园生活，还可以增强学校的文化氛围和凝聚力，促进学生的全面发展。学校应该积极组织各种形式的校园活动，鼓励学生积极参与，以提高他们的综合素质和能力。

三、活动策划的思路

（一）活动的5个要素

活动策划是一项复杂的任务，它需要综合考虑多个要素来确保活动的顺利完成。总的来说，一个完整的活动一般包含以下5个方面（见图5-14）。

图 5-14　活动的 5 个要素

1. 想法（idea）

即活动的创新和创意，这是一个活动的核心，也是活动的主要目的，活动的开展都应该是围绕它来进行的。关键是目标要聚焦，组织这个活动要达到什么目的，满足什么需求，带来什么价值。比如，学校组织教师节活动，目的在于营造尊师重教文化，让学生学会感恩，同时让教师提升教师身份意识和工作价值感。

2. 计划（plan）

关键就是要制定活动方案，并对活动方案进行选择和优化，这是对活动想法的扩充和完善，也是后期活动执行的方案。主要包括：活动背景、活动目的、设计思路、活动详情（活动前、活动中、活动后）、时间进程和人员安排、费用预算（赞助的考量）等。

3. 宣传（campaign）

通过各种渠道（如社交媒体、邮件、广告、短信等）向目标受众宣传和推广活动，提高活动的知名度和影响力。活动宣传须目标精准且覆盖面广，精准地定位活动的目标人群，并对活动进行广泛的宣传是活动成功的重要因素之一。

4. 执行（implement）

没有执行力一切都是空谈，执行就是对活动计划落实到位，按照计划，组织活动进行，确保活动的顺利进行。要求分工明确、流程清晰、时间把控、物资采购、分层宣传。比如教师节活动，要考虑礼品选择、对象确定和数量统计、采购和包装、组织实施、分时宣传等。

5. 总结（summary）

即对整个活动过程进行复盘，总结活动的效果，深化认识，吸取经验教训。

（二）活动策划的流程

1. 明确活动目的和目标

活动目的和目标在活动策划中都具有重要的地位。活动目的通常是指整个活动的宏观目标，它是整个活动的指导思想，通常会在活动开始前进行定义并公布。这个目的可能是为了推广产品、提高品牌知名度、增强组织凝聚力或者是其他商业或非商业目标。而活动目标则是具体的、可衡量的目标，它通常会基于活动目的，具体描述了如何达成该目的，并且会使用一些具体的、可量化的指标来衡量活动是否成功，例如参与人数、收入、社交媒体互动量等。活动目标的设定应该根据活动的主题、目的和参与者的需求来确定，并具有明确性、可衡量性、可实现性、相关性和时限要求。

2. 撰写活动策划书

在进行活动之前，需要撰写活动策划总体方案也就是活动策划书。活动策划书是活动策划过程中的一种书面文件，它详细记录了活动的目的、背景、名称、时间、地点、受众分析、内容策划、形式设计、时间表、预算和资源需求、风险控制等内容，是活动策划者对活动进行系统、周密、科学的安排的体现。活动策划书可以帮助活动策划者更好地理解活动的各个方面，协调各个部门和参与者的行动，确保活动的顺利进行，并最终达成预期的目标。

3. 进行活动预算

活动预算是活动策划和执行过程中不可或缺的一部分。活动预算的重要性体现在多个方面。首先，合理的预算可以确保活动有足够的资金支持，避免因资金不足而影响到活动的各个方面，包括内容、形式、宣传、人员等。其次，活动预算可以帮助活动策划者更好地了解活动的成本和费用，从而更好地规划和管理活动的各个流程和细节，确保活动的顺利进行。此外，活动预算还可以帮助活动组织者与赞助商进行谈判，争取更多的资金支持，提高活动的质量和影响力。最后，活动预算的制定和执行也是组织者财务管理能力的一种体现，有助于提高组织者的专业水平和声誉。

4. 明确人员分工

明确活动人员分工是活动策划和执行过程中的重要一环。人员分工可以使各个参与者明确自己的职责和任务，确保活动的各个环节能够顺利进行。活动的人员分工通常是在活动策划阶段进行的，根据活动的内容、形式和目标群体的需求，来确定不同人员的工作职责和任务。具体来说，活动策划人员需要综合考虑各种因素，包括人员的专业背景、技能特长、时间安排等，来确定每个岗位的人员。然后，将这些任务分配给相应的人员，并确保每个参与者了解自己的职责和要求。在分工完成后，还需要建立人员沟通机制，如定期会议、微信群、邮件等，以便及时处理活动中出现的问题和困难，确保活动的顺利进行。同时，还需要对人员进行培训和指导，提高他们的专业水平和效率。总之，活动的人员分工需要科学、合理、高效地进行，以确保活动的各个环节能够顺利进行，达成预期的目标。

5. 预备紧急备用方案

预备活动紧急备用方案是为了应对可能出现的紧急情况和意外事件而制定的预案。在活动策划中，需要考虑可能出现的风险和问题，比如天气变化、设备故障、重要人物临时有事缺席等，并制定相应的应对措施，以确保活动的安全和顺利进行。比如学生进行军训演练时，就要考虑到学生有可能由于身体原因突然晕倒，校方就要安排医护人员值班并配备急救药品。在制定预备活动紧急方案时，需要充分考虑各种可能的情况和风险，并进行演练和测试，确保在真正出现紧急情况时能够迅速、有效地应对。同时，还需要与相关部门和机构建立联动机制，共同应对紧急情况。

6. 活动效果评价

活动效果评价是活动策划和执行过程中不可或缺的一环。通过活动效果评价，可以了解活动的成果和不足，以便在下次活动中进行改进。活动效果评价可以从多个方面进行，包括参与者的反馈、活动数据的统计和分析、社交媒体和宣传渠道的反馈等。参与者的反馈是最直接、最真实的效果评价，可以通过问卷调查、面对面采访等方式收集参与者的意见和建议，了解活动的优点和不足。除了参与者的反馈，还可以通过活动数据的统计和分析来评估活动的成果和影响力。例如，可以统计参与者的数量、参与时间、互动次数、销售收入等数据，分析这些数据与活动目标之间的差距，从而评估活动的成效。在活动效果评价后，需要总结经验和教训，并在下次活动中进行改进。例如，可以改进活动内容、形式、宣传、人员分工等方面，以提高活动的质量和影响力。同时，还需要根据参与者的反馈和数据分析结果，不断优化活动流程和细节，提高活动的满意度和成果。

（三）活动策划的注意事项

一个完整的活动策划需要考虑到很多因素，例如目标受众、参与人员、场地布置、设备购置、餐饮安排、娱乐节目、安全措施、预算和宣传推广等。需要综合考虑各种因素，制订详细的活动计划，并对可能出现的问题制定应对措施，以保证活动的顺利进行。在活动策划中，需要注意活动的主题要鲜明、活动流程要顺畅、参与人员的互动要自然、活动氛围要轻松愉悦，同时也要注意节约资源、控制成本和预算。总的来说，活动策划是一个综合性的项目管理工作，需要考虑到很多方面，以确保活动的成功和客户的满意。

（四）校园活动策划的核心要点

校园活动有别于一般的企业活动，从目的角度来看，企业活动则更注重商业推广和品牌建设，而校园活动面对群体是校园里的师生，主要关注学生的社交、娱乐和成长，以及教师的感受。因此，在校园活动策划中要把握以下几个核心要点。

1. 目的要明确

确保校园活动要符合学校、学生和教师的要求和期望。目的就是要满足学生的需求和兴趣，提高学生的综合素质，促进学生的成长和发展。

2. 创意是关键

校园活动应该具有创意、趣味性和教育性，能够吸引学生的参与，同时注重学生的体验和感受，提供丰富多彩的娱乐、文化、体育等活动形式，让学生在学习之余能够放松身心、拓展视野、增强能力和获得成长。

3. 安全是重点

在策划校园活动时，需要充分考虑安全和风险控制问题，制定相应的安全措施和应急预案，加强组织和管理，确保活动的安全和顺利进行。

4. 宣传是前提

宣传和推广是校园活动成功的关键之一，策划者需要利用各种渠道和方式，如校内外的媒体、社交媒体、海报等，宣传和推广活动，吸引更多的参与者，提高活动的知名度和影响力。

总之，校园活动策划需要注重目的、创意、组织、安全、宣传和推广等方面，以确保活动的成功和影响力。同时，还需要根据学校、学生和教师的需求和期望，不断优化活动内容和形式，提高活动的满意度和成果。

四、活动策划书的撰写

（一）标题

（1）由单位、（时限）、内容和文种组成。如"××大学暑期社会实践活动策划书"。

（2）由内容和文种组成。如"升国旗仪式策划方案"。

（二）文头

指大型专题活动策划方案在必要时设置方案的文头，具体包括活动名称、主办单位、承办单位、策划人等。

（三）正文

具体包括活动背景、活动目的、活动思路、活动详情、活动预算、活动进程、活动赞助等。

1. 活动背景

通常是指为什么组织这个活动，以及活动所处的环境和时机。它可以包括一些外部因素，如社会热点、时事问题、政策变化等，也可以包括组织内部的因素，如学生的需求、学校的政策等。通过分析活动背景，可以更好地理解活动的目的和意义，以及如何组织和实施活动。

2. 活动目的

是活动的灵魂和核心。具体指活动的核心构成或策划的独到之处及活动所产生的意义，如经济效益、社会效益、媒体效应等。指通过组织这个活动想要达到的效果和目的。它可以包括提高学生的参与度、增强学生的团队合作精神、提高学生的文化素养、促进校园文化的建设和发展等。

3. 活动思路

是活动的主线（流程图），是指策划活动时所考虑的思路和方法，是整个活动的宏观规划和设计，它提供了一个整体的框架和思路来指导活动的策划和实施。通过清晰的活动思路，可以更好地规划活动、组织资源和人员、实施活动、评估效果等。在制定活动思路时，需要考虑活动的可行性和安全性，确保活动的顺利进行。同时，还需要考虑活动的创意和吸引力，以吸引更多的参与者参与活动。

4. 活动详情

活动详情则是具体活动的细节和安排，包括活动对象、活动主题、活动方式、活动时间及地点、宣传计划、活动注意事项、活动物资预计等。通过详细的活动详情，可以更好地组织活动、安排人员和物资、确保活动的顺利进行。在制定活动详情时，需要考虑活动的主题和目标，以及参与者的需求和兴趣，以确保活动的吸引力和可行性。

5. 活动预算

投入和产出的评估。活动预算是指为组织活动而进行的资金预算，包括活动所需的物资、场地、设备、人员、餐饮、交通等方面的费用。通过活动预算，可以确保活动的资金充足，并合理安排，避免浪费和财务风险。在制定活动预算时，需要考虑活动的规模、内容和形式、参与者的数量和特征、学校的政策和资源等因素，以确保预算的合理性和可行性。在制定预算时需要对活动的各项费用根据实际情况进行具体计算，并适用清晰的方式表现出来。

6. 活动进程

活动进程是指活动进行的具体流程和安排，包括活动的开始和结束时间、各个环节的顺序和时间、重要时间节点、人员安排、参与者的互动和交流等。通过详细的活动进程，可以确保活动的顺利进行，并提高参与者的体验和满意度。

7. 活动赞助

如冠名赞助、协力赞助、友情赞助等。校园活动赞助是指企业或其他组织为学校活动提供资金、物资或品牌支持，以扩大企业影响力或丰富校园文化生活。活动赞助可以解决学校活动的经费和资源问题，同时也能够提高企业的社会形象和品牌知名度。学校活动赞助商的参与方式多种多样，包括提供资金、物资、场地、设备等。学校在与赞助商合作时，需要考虑到赞助商的品牌形象和校园文化之间的协调性，以确保双方的合作能够达到共赢的效果。

课后阅读与思考

某高校主题青春集市活动策划书

一、活动主题

体验宋代点茶，定格美好瞬间。

二、承办单位

茶艺社、汉服社。

三、活动目的及意义

本次活动旨在通过宋代点茶这一非遗项目的展示和互动参与，加深大家对于茶文化及相关传统文化的了解和认识，丰富同学们业余生活。

四、参与人群

全校师生。

五、宣传内容及方案

线上宣传：2023年11月12日—11月14日

（1）树人茶文化公众号推送：具体活动形式及流程。

（2）将相关宣传海报转发至各个班级微信群，吸引同学们参加。

六、活动时间、地点

时间：2023年11月14日 16:30—19:30。

地点：小操场。

七、预计人数

50～100人。

八、活动形式

集市摆摊的方式，宋代点茶知识介绍和展示，体验"茶百戏"和"漏影春"的点茶玩法的体验。

九、活动流程

（1）前期准备：布置场地、准备物料。

物料包括：8套点茶工具、10个保温壶、卡纸若干、剪刀5把、小筛子5个、茶席布2块、抹茶粉2包、白茶粉1包、小礼品100份。

宣传准备：海报制作、推文制作、现场摄影摄像、现场采访和撰稿人员安排。

（2）活动现场：共3个区域：专业展示和观赏区、点茶体验和问答区、剪纸创作区（可用于漏影春）。前两个展区由茶艺社负责，后一个展区由汉服社负责，具体分工见附件。

（3）活动结束：现场清理人员安排。

十、财务预算

物料购买费用，详见采购表。

十一、风险管理

安全措施：在举办活动期间，安排巡查和引导人员，防范通道拥挤等带来安全隐患，并报保卫处备案。

食品安全：茶粉采购要在保质期内的品牌茶粉，除专业展示台点茶仅用于观赏，不作为食用。

场地预案：当天气原因无法在室外举办时，移至大学生活动中心举办。

十二、效果评估和总结

效果评估：通过问卷调查和反馈意见收集，对宣传效果进行评估，对活动的满意度和成效进行评比（如了解同学们对茶文化的认识程度和兴趣变化）。

总结经验：复盘本次的整个过程，发现不足、优化流程，为今后的宣传活动提供参考和借鉴。

注：本活动最终解释权归主办方所有。

> **阅读思考**
>
> 1. 这份策划书是否完整？
> 2. 你对这份策划有没有什么建议？

参考文献

埃文斯，林赛.质量管理与质量控制[M].焦叔斌，译.北京：中国人民大学出版社，2010.

保罗·D.蒂戈尔，巴巴拉·巴伦-蒂戈尔.就业宝典:根据性格选择职业[M].熊勇，译.北京：中信出版社，2002.

鲍利斯.你的降落伞是什么颜色？[M].陈玮，陈邵锋，梁峰，译.北京：中信出版社，2020.

贝尔宾.团队角色：在工作中的应用[M].李和庆，蔺红云，译.北京：机械工业出版社，2022.

博内特，伊万斯.人生设计课[M].周芳芳，译.北京：中信出版社,2022.

布伦特，丹特.团队赋能:大师的18堂团队管理课[M].徐少保，王琳，译.北京：北京联合出版社，2019.

蔡践.执行力是干出来的:打造高效执行力的77个关键[M].北京：中国纺织出版社，2021.

陈龙春.大学生职业生涯规划与发展[M].杭州：浙江人民出版社，2015.

陈万思，职业生涯规划[M].北京：高等教育出版社，2023.

崔凯，龙绘锦.大学生职业生涯规划与就业指导[M],南京：南京大学出版社，2019.

德博诺.六项思考帽[M].马睿，译.北京：中信出版集团，2016.

弗雷.技术陷阱:从工业革命到AI时代,技术创新下的资本,劳动与权力[M].贺笑，译.北京：民主与建设出版社，2021.

高玉卓.团队凝聚力量[M].北京：中国电力出版社,2012.

戈特弗雷森.心态[M].李恩宁，译.北京：国际文化出版公司，2021.

葛向东,陈工孟.创新思维训练与创造力开发[M].北京：经济管理出版社，2017.

古典.跃迁:成为高手的技术[M].北京：中信出版集团，2017.

古典.你的生命有什么可能[M].长沙：湖南文艺出版社，2014.

哈伯德.数据化决策[M].邓洪涛.译.广州：世界图书出版公司，2018.

黑贝尔斯，威沃尔.有效沟通[M].11版.李业昆，何辉，译.北京：电子工业出版社，2016.

胡柯柯.活动策划实战案例大全[M].北京：清华大学出版社，2019

怀斯曼.团队赋能:打造快速成长的高效能团队[M].潘婧，译.北京:中国友谊出版社，2019.

金正昆.商务礼仪教程[M].7版.北京：中国人民大学出版社，2023.

金志浩，王成家，孙晓静.大学生职业生涯规划与发展[M].北京：中国石化出版社，

2022.

克劳格,苏森,路特莱奇,等.赢在性格[M].王善平,等译.北京:电子工业出版社,2016.

克庹伯,列文.幸运绝非偶然[M].泊洋,译,武汉:长江文艺出版社,2006.

劳尔.天才也怕入错行[M].游琬娟,译.长春:吉林人民出版社,2000.

黎恒.无领导小组讨论研究现状和理论进展[J].人类工效学,2005,11(3):61-63,67.

李艾丽莎,张庆林.目标设定理论与人力资源管理[J].重庆大学学报(社会科学版),2006(4):64-70.

李纯青.职业素养开发与训练[M].北京:清华大学出版社,2022.

李萍.唤醒生涯:生命成长视阈下的生涯教育[M].北京:机械工业出版社,2020.

林壬璇.大学生职业生涯发展与规划(含实践训练工作手册)[M].2版.北京:中国人民大学出版社,2023.

卢埃林,霍尔特.适合比成功更重要[M].古典,译.北京:中信出版社,2013.

麦可思研究院.2024年中国本科生就业报告[M].北京:社会科学文献出版社,2024.

塞韦特.把时间留给最重要的事[M].郝渧,译,北京:中信出版集团,2010.

沙因,曼伦.职业锚:变革时代的职业定位与发展[M].陈德金,冯展,译.北京:电子工业出版社,2016.

沙因.员工精神:优秀员工的职业基准[M].宁一,译.北京:地震出版社,2004.

申荷永.团体动力学:理论与实践[M].长沙:湖南出版社,1996.

石建勋.职业生涯规划与管理[M].北京:清华大学出版社,2012.

石伟.目标与时间管理[M].北京:中国人事出版社,2011.

苏航.文案创作与活动策划[M].北京:人民邮电出版社,2018.

苏文平.大学生职业生涯规划与发展[M].北京:中国人民大学出版社,2019.

田志刚.你的知识需要管理[M].沈阳:辽宁科学技术出版社,2010.

王孝晨.大学生职业生涯规划的反馈机制研究[J].江苏海洋大学学报(人文社会科学版),2011(22):33-35.

吴谅谅,何琪."无领导小组讨论"的应用[J].中国人力资源开发,2001(7):33-35.

肖冬平,梁臣.社会网络研究的理论模式综述[J].广西社会科学,2003(12):166-168.

徐蔚.职业生涯规划实践[M].北京:清华大学出版社,2018.

徐智华.如何有效地进行招聘面试[J].企业家天地下半月刊(理论版),2007(5):227-228.

许湘岳,邓峰.创新创业教程[M].北京:人民出版社,2011.

薛维峰.性格分类理论与模型的简要综述[J].科技信息,2013,(13):489.

闫洪雨,王妍,高龙.职业沟通与团队合作[M].苏州:苏州大学出版社,2022.

叶奕乾,孔克勤,杨秀君.个性心理学[M].4版.上海:华东师范大学出版社,2000.

因克森.理解生涯：九种你必须了解的职业隐喻[M].高中华，译.北京：中国轻工业出版社，2011.

殷雷.评价中心的基本特点与发展趋势[J].心理科学，2007，30（5）：1276-1279.

友荣方略.SMART目标管理法[M].北京：北京人民邮电出版社，2022.

约翰逊.决策[M].王吉美，赖晓琳，译.北京：中信出版集团，2023.

曾鸣.设计师性格：岗位匹配在设计管理中的应用研究[D].长沙：湖南大学，2007.

张辉.人生护城河：如何建立自己真正的优势[M].北京：人民邮电出版社，2019.

张宇微，等.从零开始玩转活动策划[M].北京：电子工业出版社，2018.

赵晓璃.从极简到极致：在擅长的领域做一个厉害的人[M].北京：电子工业出版社，2018.

钟谷兰，杨开.大学生职业生涯发展与规划[M].2版.上海：华东师范大学出版社，2016.

钟思嘉，金树人.大学生职业生涯规划：自主与自助手册[M].北京：高等教育出版社，2017.

周文霞，谢宝国.职业生涯研究与实践必备的41个理论[M].北京：北京大学出版社，2022.

朱丹.超级搜索术[M].北京：电子工业出版社，2020.

庄明科，谢伟.大学生职业生涯规划[M].2版.北京：中国人民大学出版社，2019.

Judge T A，Higgins C A，Cable D M. The employment interview of recent research and recommendations for future research [J]. Human Resource Management Review，2000（10）：383-406.